BAEDEKER
SMART

AMSTERDAM

**Perfekte Tage
in der Grachten-
metropole**

Verlag Karl Baedeker – www.baedeker.com

Inhalt

Kapiteleinteilung: siehe vordere Umschlaginnenseite

★ TOP 10

Was muss ich gesehen haben? Unsere TOP 10 helfen Ihnen, von der absoluten Nummer eins bis zur Nummer zehn, die wichtigsten Sehenswürdigkeiten einzuplanen.

⭐1 GRACHTEN ► 88
Hunderte von Grachten durchziehen die Altstadt, gesäumt von alten Bäumen und prächtigen Kaufmannspalästen. Amsterdam ist wie dazu geschaffen, vom Wasser aus betrachtet zu werden (Abb. links).

⭐2 RIJKSMUSEUM ► 120
Rembrandt, Vermeer & Co: Das Rijksmuseum ist einer der größten Kunsttempel in ganz Europa. Unbestrittener Höhepunkt ist die Ehrengalerie mit Rembrandts »Nachtwache«.

⭐3 VAN GOGH MUSEUM ► 124
Zu seinen Lebzeiten war Vincent van Goghs Kunst unverkäuflich, heute erzielt sie Rekorderlöse in den Auktionshäusern. Die weltweit beste Sammlung seiner Werke findet sich in Amsterdam.

⭐4 JORDAAN ► 92
Stimmungsvolle Architektur, ein dörfliches Ambiente und malerisch-verträumte Ansichten bestimmen das Bild des ehemaligen Arbeiterviertels Jordaan. Top: die versteckten *hofjes*.

⭐5 ANNE FRANK HUIS ► 96
Von außen ahnt man nicht, welch ein Drama sich hinter der Fassade des Kaufmannshauses an der Prinsengracht abgespielt hat. Heute ist es ein beeindruckender Ort der Erinnerung an das Schicksal der Anne Frank, die sich hier zwei Jahre lang versteckt hielt.

⭐6 DE WALLEN ► 56
Prostituierte, Coffeeshops und die ältesten Häuser der Stadt: Jede Stadt hat ihr Rotlichtviertel, wo die normalen Regeln außer Kraft gesetzt sind; aber so wie in Amsterdam ist es nirgends.

⭐7 STEDELIJK MUSEUM ► 128
Das Stedelijk bringt als Hauptausstellungsort der Stadt für moderne Kunst mit aufregenden und anspruchsvollen Arbeiten Kunstliebhaber auf den neuesten Stand. Seit 2013 hat es einen futuristischen neuen Anbau.

⭐8 VONDELPARK ► 130
Einheimische und Touristen strömen gleichermaßen in die große grüne Lunge der Stadt, um die vielen Freizeitangebote wie das kostenlose Freilichttheater, den Rosengarten, die Brunnen und Cafés zu genießen.

⭐9 SCHEEPVAARTMUSEUM ► 146
Das 17. und 18. Jh. waren das goldene Zeitalter der Amsterdamer Handelsflotte. Deren Geschichte wird im Schifffahrtsmuseum anschaulich gemacht.

⭐10 WESTERKERK ► 101
Eine der ersten protestantischen Kirchen Amsterdams und letzte Ruhestätte von Rembrandt. Ihr Turm trägt die schwerste Glocke der Stadt und bietet eine herrliche Aussicht.

DAS
AMSTERDAM

Erleben, was die Stadt ausmacht, ihr einzigartiges Flair spüren. So, wie die Amsterdamer selbst.

MIT DEM FIETS DURCH DIE STADT

Mieten Sie ein **Fahrrad** (►28) und radeln Sie entspannt durch den Grachtenring, durch die engen Gassen des Jordaan, quer über den Dam oder am Ufer des IJ entlang. Tun Sie es den Einheimischen gleich: Fahren Sie zu zweit nebeneinander her oder gegen die Einbahnstraße, denn das ist hier erlaubt. Ein Café für eine Pause findet sich unterwegs immer. Wer nicht alleine losfahren will, schließt sich einer **geführten Tour** an, die viele Radverleiher anbieten (z.B. zweistündige Tour mit Yellow Bike, tgl. 13.30 Uhr, Nieuwezijds Kolk 29).

MULTIKULTI AUF DEM MARKT

Vor allem samstags tummelt sich halb Amsterdam auf den Straßenmärkten, um Gemüse und Fisch zu kaufen, aber auch wegen der frischen Sirupwaffeln und knusprigen Frühlingsrollen, die hier *loempia* heißen. Am größten und multikulturellsten ist der **Albert Cuyp Markt** (►165), beschaulicher geht es auf dem **Noordermarkt** (►112f) und in der benachbarten **Lindengracht** zu. Anschließend sind ein Stück Apfelkuchen und ein *koffie verkeerd* im **Café Winkel** (►47) beinahe Pflicht.

FETTIGE VERSUCHUNG

Heiße, knusprige Pommes mit einer ordentlichen Portion cremiger Mayonnaise, serviert in einer spitzen Tüte: Wem läuft bei dem Gedanken nicht das Wasser im Mund zusammen? Die besten Pommes gibt es in Amsterdam an kleinen Straßenständen, die entweder auf dem Markt stehen oder einen festen Standort haben. Die beliebte Pommesbude **Vleminckx** in der Voetboogstraat (►47) hat sogar 20 Sorten Mayonnaise im Angebot. Alternativ essen die Amsterdamer ihre *frietjes* mit indonesischer Erdnusssauce, aber niemals mit Ketchup.

JETZT FAHR'N WIR ÜBERN SEE...

Wenn die Amsterdamer einmal dem Gedränge in der Innenstadt entfliehen wollen, besteigen sie eine **Fähre über das IJ**. Eine kostenlose fünfminütige Bootsfahrt, bei der man den herrlichen Blick über das Wasser genießen kann, führt ans andere Ufer. Dort lockt wahlweise ein Besuch des lauschigen alten **EYE Film Institute** (►90, 132; Fähre zum Buiksloterweg, IJpromenade 1, tgl. 10–1 Uhr) oder eine Radtour über den **Nieuwendammerdijk** (✛207 nordöstl. von F5) der früher einmal ein Deichdorf war und he. te

GEFÜHL

In den Straßencafés an der Lindengracht herrscht eine lockere Atmosphäre.

Das Amsterdam Gefühl

Das EYE Film Institute

ein Stück Bilderbuchholland am Stadtrand ist. Einkehren kann man im idyllischen Hafencafé **'t Sluisje** (tgl. ab 12 Uhr, Nieuwendammerdijk 297, www.cafehetsluisje.nl).

PROOST!

Borreluur heißt wörtlich übersetzt Schnapsstunde und bezeichnet die Stunde nach Büroschluss, in der Kollegen sich gerne im »Braunen Café« um die Ecke treffen. Dort trinkt man in geselliger Runde ein Bier (selten Schnaps) und isst dazu ein paar *bitterballen,* gefüllte, frittierte Kroketten. Manche Kneipen sind dann vollkommen überfüllt: Dann stellt man sich mit seinem Bier in der Hand auf die Straße. Besonders beliebt ist das **Café Brandon** (Keizersgracht 157, ✚ 203 D2), denn dort gibt es einen eigenen Bootsanleger.

KREATIVSZENE AUF DER WERFT

Amsterdam ist berühmt für seine liberale Kreativszene. Mischen Sie sich darunter! Eine 20-minütige Fahrt mit der kostenlosen Fähre bringt Sie vom Hauptbahnhof zur **NDSM-Werft**. Wo früher an Schiffsrümpfen geschweißt wurde, siedeln nun Künstler und Alternative. Es gibt mehrere Cafés, einen Stadtstrand, Künstlerateliers und an jeweils einem Wochenende im Monat einen riesigen Flohmarkt in einer alten Werfthalle. Die Daten des Flohmarkts variieren (T.T. Neveritaweg 15, www.ijhallen.nl, ✚ 203 nördl. von E5).

ABENDS DURCH DIE GRACHTEN

Tagsüber sind die Grachten mit ihren malerischen Brücken und prächtigen Herrenhäusern wunderschön. Aber auch ein **Abendspaziergang** hat seine Vorteile: Da es in kaum einem Haus Gardinen gibt, kann man ungeniert in die erleuchteten Räume im Hochparterre schauen. Die Bewohner sind darauf eingerichtet und stellen dort gerne ihre besten Möbel zur Schau. Unter Stuckdecken und jahrhundertealten Holzbalken erblickt man Designermobiliar oder gediegene Antiquitäten und erhält einen Einblick in das Leben an den Grachten.

LANG LEBE DER KÖNIG!

Am alljährlichen **Königstag** ist in Amsterdam kollektives Ausflippen angesagt. Huldigte man früher Königin Beatrix, so steht nun am 27. April ihr Sohn Willem-Alexander im Mittelpunkt. In Wirklichkeit geht es aber eher um typisch holländische Feierlaune, gepaart mit Geschäftstüchtigkeit: Vormittags verwandelt sich die Stadt in einen riesigen Flohmarkt, und nachmittags treten überall Bands auf. Nehmen Sie etwas Kleingeld für Spontankäufe mit und steuern Sie den Jordaan an, wo das Fest am geselligsten ist.

Das Magazin

Kultur-Hauptstadt

Unter den europäischen Großstädten ist Amsterdam ein Youngster, der in den letzten Jahren herangewachsen ist.

Kulturelle Zentren

Rund um den Museumplein finden sich die drei wichtigsten Museen der Grachtenstadt: Rijksmuseum (➤ 120f), Van Goghmuseum (➤ 124f) und Stedelijk Museum (➤ 128f). Vom 15. bis zum 21. Jahrhundert ist dort alles vertreten. Amsterdam ist aber auch ein international renommierter Spielort für Tanz und Theater und dazu noch sehr musikalisch. Neben dem Königlichen Concertgebouw-Orchester sind Gäste aus Jazz bis hin zur Worldmusic im Concertgebouw (Konzerthalle, ➤ 136) vertreten. In dieser Kulturszene findet jeder etwas nach seinem Geschmack. Nur Snobismus sucht man in Amsterdam vergeblich.

Das Goldene Zeitalter

Vor tausend Jahren gab es in diesem Gebiet, das ein Stück landeinwärts vom Rheinzufluss in die Nordsee lag, nichts als Sümpfe. Die ersten Siedler gestalteten das sumpfige Gelände um und legten dabei die Struktur der künftigen Großstadt fest. Flexibilität und Veränderung lautet das Motto der Holländer – mit dieser Einstellung konnten sie naturgegebene und von Menschen gemachte Schwierigkeiten überwinden, aber auch den aufkommenden Welthandel im 17. Jh. zur Gründung ihres Goldenen Zeitalters nutzen. Im Zentrum stand damals wie heute Amsterdam – als Stadt, die von Flexibilität und Ideenreichtum bestimmt ist.

Brücken bauen

Das Grachtennetzwerk verbindet die verschiedensten, sehr lebendigen Stadtviertel. Tausend Brücken spiegeln sich im dunklen Wasser, das von ansprechenden Häusern und holprigen Gassen gesäumt ist.

WO GEHT'S ZUM PARLAMENT?

Obwohl Amsterdam Hauptstadt der Niederlande ist, liegen sowohl Parlament, Regierungssitz und viele Botschaften in der viel kleineren Stadt Den Haag, ca. 50 km von Amsterdam entfernt. Nachdem Graf Willem II. von Holland hier einst im 13. Jh. ein Schloss erbaut hatte, wurde es als 's-Gravenhage, »des Grafen Hag«, zur Residenz. Später tagten hier die holländischen Stände. Das Parlament sitzt bis heute in Den Haag, teils aus Tradition und teils, weil die Niederländer eine Machtkonzentration im kommerziell dominanten und kulturell attraktiven Amsterdam, dessen Einwohner nur ca. fünf Prozent der Gesamtbevölkerung der Niederlande ausmachen, ablehnen.

Kompaktes Zentrum

An vielen Ecken können Sie noch das ursprüngliche Dorf, das die ersten Siedler mit einem Damm gegen die Amstel schützten, erkennen. Obwohl Amsterdam relativ klein ist, gilt es mit seinen großen indonesischen, karibischen und nordafrikanischen Gemeinden als eine der weltoffensten Städte Europas. Im Vergleich zu anderen europäischen Hauptstädten ist seine Fläche winzig – es gibt wenig Platz für die rund 820 000 Einwohner. Doch Amsterdams entsprechend vielseitiges Kunst- und Kulturangebot ist international konkurrenzlos.

Eine fortschrittliche Annäherung

Die berühmte Toleranz seiner Bewohner hat mit zu Amsterdams Spitzen-stellung in Kunst, Architektur und Kultur beigetragen. Während die demo-kratische und liberale Atmosphäre Künstler aus aller Welt hierher zieht, profitieren alle von dieser fortschrittlichen Stadt, die auch pragmatisch und offen mit Drogen und Prostitution umgeht.

Blick auf die Nieuwe Herengracht

DEM MEER
ABGERUNGEN

Der Anflug auf den Flughafen Schiphol ist abenteuerlich. Hinter einem stabilen Dünenkamm, der die Nordsee begrenzt, landet der Pilot 3,35 m unter dem Meeresspiegel.

Theoretisch sind die Niederlande nicht für menschliche Besiedlung geeignet. Den Rekord hält das Gebiet nördlich von Rotterdam mit 6,76 m unter dem Meeresspiegel. In diesem Land würde ein Drittel des Staatsgebiets und ein wesentlicher Teil Amsterdams von der Nordsee überflutet, wenn die Deiche nicht wären. 60 Prozent der niederländischen Bevölkerung zwischen der Schelde-Mündung bei Belgien und der deutschen Grenze leben unterhalb des Amsterdamer Pegels (Normaal Amsterdams Peil – NAP).

Küstenbefestigung
Das war nicht immer so. 500 Jahre v. Chr. lag der Meeresspiegel niedriger, und die Küste war im Wesentlichen unversehrt. Doch mit steigendem Meeresspiegel überflutete die Nordsee bis Ende des ersten Jahrtausends

Deiche in einer Länge von rund 3000 km schützen das Land vor Überflutung.

Das IJsselmeer, ein beliebtes Segelrevier, existiert in seiner heutigen Form erst seit 1932.

große Teile der Niederlande, sodass Binnenmeere und Sumpfland entstanden. Die Methode, mit der die ersten Siedler Amsterdams das Land erschlossen, hat sich bis heute bewährt: Sie häuften Erde aus Sumpfgebieten zu künstlichen Inseln auf, die sie vergrößerten und mit zunehmender Besiedelung verbanden. Durch den Bau schützender Deiche konnten sie das Land trockenlegen und bebauen oder landwirtschaftlich nutzen. Zwei große technische Neuheiten beschleunigten diese Entwicklung: Von Windmühlen und Dampfturbinen betriebene Pumpen machten es Ende des 18. Jhs. möglich, größere Gebiete trocken zu legen. Die bekannteste Eindeichung ist die der ehemaligen Zuiderzee (»Südliche See«) nördlich von Amsterdam, wo heute der Binnensee IJsselmeer und seine Polder liegen.

Statue zur Schlusssteinlegung am Damm

Ruhelose Gezeiten
Dem Wasser, das einerseits Flutkatastrophen verursachte und andererseits Amsterdam zu Reichtum verhalf, begegnet man mit Respekt. Lange bevor der Verlauf des Nullmeridians durch London festgelegt wurde, trug man bereits 1684 der Bedeutung und Zerstörungskraft des Wassers durch die Definition des Amsterdamer Pegels Rech-

Das Magazin

nung. Als Nullpunkt für die Höhenmessung (sog. Normalnull), den große Teile Nordeuropas übernahmen, gilt der mittlere Wasserstand der Zuidersee in Amsterdam, die damals noch mit der Nordsee verbunden war. Besucher können heute eine Nachbildung der bronzenen Eichmarke in der Stopera besichtigen. Sie ist dort ein kleines Stück unter dem Bodenniveau platziert. Die daneben aufgestellten Wassersäulen veranschaulichen die Problematik. Sie simulieren die aktuellen Wasserstände der Nordsee in IJmuiden, dem nächstgelegenen Nordseehafen, und dem im Südwesten gelegenen Vlissingen. Eine weitere Säule zeigt den Wasserstand der letzten Flutkatastrophe von 1953: Bei der Sturmflut erreichte er eine Höhe von 4,5 m über dem Meeresspiegel.

Pfähle über Pfähle

Jedes niederländische Schulkind weiß, dass insgesamt 13 659 Holzpfähle den Königlichen Palast vor dem Versinken im unbeständigen Marschboden Amsterdams bewahren. Die beim Bau der Stadt verbreitete Technik, runde

Holzpfähle als Fundamente bis zu 12 m tief in die erste feste Sandschicht zu treiben, wurde bei so manchem schiefen Haus nicht angewandt. Ein berühmtes Beispiel ist das schräge De Sluyswacht am Südende der Gracht Oudeschans, vis-à-vis des Rembrandthuis (➤ 70). Es wurde 1695 so nachlässig gebaut, dass es sich schon bald kurios neigte. Heute ist es ein Café (➤ 76). Solange

> »Eine positive Folge der architektonischen Herausforderungen Amsterdams ist, dass nur wenige Hochhäuser das Stadtbild stören.«

Holzpfähle im Wasser sind, bleiben sie konserviert. Doch sobald sie mit der Luft in Berührung kommen, beginnt ihr Zerfall. Daher baut man heute auf quadratischen Betonpfählen, die bis in die zweite Sandschicht in 20 m Tiefe oder noch tiefer eingelassen werden. Eine positive Folge der architektonischen Herausforderungen Amsterdams ist, dass nur wenige Hochhäuser das Stadtbild stören.

Venezianische Verwandtschaft?

Amsterdam wird gern als »Venedig des Nordens« bezeichnet. Sachlich gesehen liegt der Vergleich nahe: Beide Städte sind auf etwa 100 Inseln errichtet und mit über 150 Kanälen und Hunderten Brücken verbunden. Beide konnten durch ihre Seeanbindung einen wirtschaftlichen und kulturellen Vorsprung gegenüber anderen Städten ausbauen, sind aber heute auf den Tourismus angewiesen. Hiermit erschöpfen sich aber bereits die Ähnlichkeiten. Venedigs Fundamente sinken heute, obwohl seine ersten Siedler noch auf festen Grund bauten. Anders als in Amsterdam werden Venedigs Kanäle nicht aufgeschüttet, und die Gassen sind nicht mit Autos verstopft wie in der holländischen Stadt. Es könnte noch einige Zeit dauern, bevor jemand auf die Idee käme, Venedig als »Amsterdam des Südens« zu bezeichnen.

In exponierter Lage: das Café De Sluyswacht

GIEBEL-
SCHAU

Amsterdams Architektur ist zurückhaltend. Erwarten Sie keine extravaganten oder theatralischen Bauwerke wie in London, Paris oder Berlin. Und das Stadtbild setzt sich aus vielen kleinen Facetten zusammen, wie zum Beispiel den geschmückten Giebeln der Grachtenhäuser.

Historischer Giebelschmuck

Das regnerische Wetter Nordeuropas erfordert steile Dächer, die vielerorts schmucklos ihre Funktion erfüllen. Doch im Amsterdam des 17. Jhs. mit seinem Goldenen Zeitalter kam es in Mode, die spitzen Winkel dekorativ

Die Prinsengracht wartet mit interessanten und wunderschönen Giebelhäusern auf.

zu verschönern. Es entspricht dem Geist dieser Stadt, dass die Giebel individuell und charakteristisch gestaltet sind. Es lassen sich vier Grundformen erkennen: Die einfachste Ausführung ist der eher schlichte Schnabelgiebel, der sich wie ein umgekehrter Trichter als Verkleidung an die Form des Dachs anpasst. Zahllose Beispiele sehen Sie an den Speicherhäusern im Jordaan-Viertel (▶92ff). Etwas aufwendiger ist der Stufengiebel, der wie eine Treppe von beiden Seiten auf das Dach führt. Das Bartolotti Haus an der Herengracht (▶181) ist eines der schönsten Beispiele. Der Halsgiebel steht für ein klassischeres Konzept, bei dem auf dem Gesims ein rechtwinkliger Aufsatz wie ein Kopf auf Schultern ruht. Raffinierte Halsgiebel weisen eine Zwischenstufe auf. Die zahlreichsten Anschauungsbeispiele finden Sie an der Prinsengracht, Keizersgracht und Herengracht. Am meisten hat der Glockengiebel mit seinen schwungvollen Bogen, die nach oben schlank zulaufen, zu bieten. Diesen Typus können Sie in der ganzen Stadt bewundern. Die verzierten Giebel, die mit ihren fantasievoll ausgearbeiteten Motiven miteinander zu konkurrieren scheinen, zählen zu den auffälligsten Sehenswürdigkeiten Amsterdams.

Schiefe Häuser und gekippte Fassaden

Viele Häuser in der Innenstadt stehen nicht im rechten Winkel zum Erdboden. Neigt sich ein Haus nach rechts oder links, haben meist die Holzpfähle angefangen zu faulen. Wenn die Fundamente nachgeben und ein Gebäude auf einer Seite wegsackt, sind oft auch die Nachbarn betroffen.

Eine Neigung nach vorne ist dagegen beabsichtigt. Als es noch keine Kanalisation gab, baute man die Vorderseite so, dass sie in die Straße ragte und aus dem Fenster gekippte Flüssigkeiten nicht auf die Fassade der unteren Etagen trafen, sondern auf die Straße. Ein weiterer Grund dafür sind die engen und steilen Treppenaufgänge der Grachtenhäuser, über die sich keine großen oder sperrigen Möbel transportieren lassen. Herausnehmbare Fenster und ein Aufzugbalken mit Flaschenzug am Dachfirst ermöglichen den Möbeltransport jenseits der Hauswand. Eventuell schlingernde Lasten richten an der nach vorne gekippten Fassade weniger Schaden an.

Handel und **Wandel**

Die Standortbedingungen für Hollands Wirtschaft sind nicht gerade vielversprechend. Das Land mit der höchsten Bevölkerungsdichte Europas besitzt nur geringe natürliche Gasvorkommen, aussterbende Fischgründe und wenig Landwirtschaft. Dennoch herrscht ein Wohlstand, der in keinem Verhältnis zu den natürlichen Ressourcen steht. Die Niederlande zählen zu den reichsten Ländern der Welt, und Amsterdam ist eine der wohlhabendsten Städte Europas.

Die Geschäftstüchtigkeit der Niederländer, die auf Nachfrage mit Angebot reagieren und in Politik, Technologie und Handel sehr zukunftsorientiert sind, macht die Niederlande zum größten Warenhaus der Welt.

Da die Niederlande in europäischen Auseinandersetzungen häufig neutral blieben, konnten niederländische Händler Kontakte zu Deutschland, Skandinavien und Südeuropa knüpfen. Mit preiswertem Holz aus dem Baltikum bauten sie größere Frachtschiffe als ihre Konkurrenz. Und der frühzeitig aufgebaute Finanzplatz mit Banken und Börse förderte den expansionistischen Handel schon im Goldenen Zeitalter.

Anfang des 17. Jhs. gelang es Amsterdam, durch die Gründung der Niederländischen Ostindien-Gesellschaft (VOC – Vereenigde Oostindische Compagnie) bei der Erschließung asiatischer Märkte eine dominierende Rolle im Welthandel einzunehmen.

Multinationaler Pionier

Dieser erste multinationale Konzern vertrat die Interessen von Geldgebern aus Amsterdam und anderen holländischen Orten bei der invasiven Öffnung und Ausbeutung der Handelsplätze von Java bis Japan. Die größte Stärke der VOC war ihre strikte Beschränkung auf den Handel. Da Holland nicht wie Spanien oder Portugal missionierte und das Christentum verbreiten wollte, wurde es von den fremden Regierungen toleriert.

Auch die Niederländische Westindien-Kompanie (WIC – West-Indische Compagnie) folgte dieser Strategie und spielte beim Menschenraub und Sklavenhandel in der Karibik und Südamerika eine Rolle. Währenddessen beutete die Noordsche Compagnie die nördlichen Meere aus. Um 1800 fuhren 4000 holländische Handelsschiffe über 600 Seehäfen weltweit an.

Handelsbeschränkungen und militärisches Eingreifen mächtigerer Nationen haben zwar den wirtschaftlichen Höhenflug der Niederlande gestoppt, nicht aber den Unternehmergeist. Nach dem Unabhängigkeitskrieg gab Amsterdam der neuen US-Regierung den ersten Staatskredit.

Wo einst Schiffe gebaut wurden, ist heute ein Kreativzentrum: NDSM-Werft in Amsterdam

Profitorientierung

Die Geschäftstüchtigkeit der Holländer ist weltweit unvermindert. Mittlerweile sind zwar die Häfen Asiens an die Spitze gerückt, doch Rotterdam zählt nach wie vor zu den wichtigsten Umschlaghäfen der Welt. Die inzwischen zu Air France gehörende KLM transportiert weiterhin mehr Passagiere pro Jahr, als Holland Einwohner hat. Der Dienstleistungssektor macht heute zwei Drittel der niederländischen Volkswirtschaft aus. Was andere Länder produzieren, wird von Holländern gekauft, verkauft und transportiert. Amsterdam startete mit einem gigantischen Bauprojekt im Süden der Stadt ins 21. Jahrhundert. Nur acht Minuten vom Flughafen Schiphol entfernt entsteht ein großes Geschäftszentrum, in dem sich mehr internationale Firmen niederlassen als im ganzen übrigen Land.

BEMERKENSWERTE WÄHRUNG

Die erste Gemeinschaftswährung in Europa stammt aus Amsterdam. Im 17. Jh. tauschten die Amsterdamer Banken den *gulden florijn* (Florentiner Goldgulden) gegen jede Währung. Die frühere niederländische Währung wurde zwar Gulden genannt, schriftlich aber mit fl für *florijn* abgekürzt.

Mit der europäischen Währungsunion verlor Europa 2002 eine ihrer vielseitigsten Währungen. In den 1960er-Jahren hatte De Nederlandsche Bank die Gestaltung der Banknoten revolutioniert. Die Darstellung historischer Persönlichkeiten folgte einem klaren und übersichtlichen Konzept, das mit dem 10-Gulden-Schein von 1997 gekrönt wurde. Auf der einen Seite waren elektronische Schaltelemente in knalligen Farben zu sehen, die andere Seite zeigte eine kunstvolle Unterwasserwelt mit einem schematisch dargestellten Fisch und dem Gedicht *IJsvogel* von Arie van den Berg.

DAS JÜDISCHE AMSTERDAM

POLITISCHE VERFOLGUNG UND ÜBERLEBEN

»Einmal wird dieser schreckliche Krieg doch vorbeigehen«, schrieb Anne Frank im April 1944 in ihr Tagebuch, »einmal werden wir doch wieder Menschen und nicht nur Juden sein! Wir können niemals nur Niederländer oder nur Engländer oder was auch immer werden, wir müssen daneben immer Juden bleiben. Aber wir wollen es auch bleiben.«

Die erste jüdische Gemeinde

Ab dem 16. Jh. suchten Tausende Juden aus Ost- und Südeuropa Zuflucht in Amsterdam. Sephardische Juden wurden aus Spanien und Portugal vertrieben, aschkenasische wurden in Polen und Deutschland verfolgt. Sogar im liberalen und toleranten Amsterdam war ihnen 200 Jahre lang verboten, eigene Geschäfte zu betreiben oder bestimmte Handwerksberufe zu ergreifen. Unter dem Einfluss der Französischen Revolution beendete das niederländische Gleichberechtigungsgesetz gegen Ende des 18. Jhs. diese Diskriminierung.

Faschismus und Krieg

Nach Hitlers Machtergreifung 1933 emigrierten viele deutsche Juden in die Niederlande, unter ihnen auch die Familie des Kaufmanns Otto Frank aus

Frankfurt, dessen Tochter Anne dort am 12. Juni 1929 geboren wurde.

Am 1. September 1939 brach der Zweite Weltkrieg aus. Mit der Besetzung der Niederlande durch die Nazis im Mai 1940 begann auch hier die Judenverfolgung. Im Oktober mussten holländische Beamte ihre arische Abstammung nachweisen, alle Juden wurden zwangsregistriert. Die jüdische Gemeinde reagierte mit Widerstand. Nach einer Auseinandersetzung im Februar 1941, bei der ein Mitglied der niederländischen Nationalsozialisten umkam, verhafteten die deutschen Besatzer 400 Juden. Dies löste wiederum einen Generalstreik der niederländischen Gewerkschaftsbewegung aus. Ab dem 3. Mai 1942 mussten alle Juden den »Judenstern« tragen. Jüdische Geschäfte wurden geplündert. 1943 begann die Verhaftung Tausender Juden und ihre Deportation in »Arbeitslager«. Von den damals über 140 000 in den Niederlanden lebenden Juden wurden 107 000 in die Konzentrationslager verschleppt. Nur wenige überlebten den Holocaust.

»MEIN FAHRRAD ZURÜCK!«

In den Niederlanden hat man den Deutschen bis heute nicht ganz verziehen. Als die damalige Königin Beatrix 1966 den Deutschen Claus von Arnsberg heiratete, versammelte sich eine Menschenmenge im Westerpark. Einige riefen: »Mein Fahrrad zurück!«. In den letzten Kriegsmonaten hatten die deutschen Truppen in Holland Tausende Fahrräder für die Waffenproduktion oder einfach als Transportmittel für ihren Rückzug beschlagnahmt.

Untertauchen
Wie viele jüdische Familien ging auch die Familie Frank in den Untergrund. Oft war dies ein Versteck auf einem Dachboden oder im Keller. Einige Niederländer beschützten sie heldenhaft, doch die Hälfte der 16 000 Untergetauchten wurden wegen einer Belohnung verraten oder entdeckt und in die Vernichtungslager geschickt. Es ist nicht geklärt, wie das Versteck der Familie Frank bekannt wurde. Als die Nazis mit ihren niederländischen Helfern zur Hausdurchsuchung in die Prinsengracht 263 (▶ 96ff) kamen, gingen sie direkt auf das Bücherregal zu, hinter dem sich der geheime Eingang zum Hinterhaus befand. Nur Otto Frank überlebte die Vernichtungslager, in die er und seine Familie kamen. Er veröffentlichte Annes Tagebuch 1947, es sollte weltberühmt werden. Ihr einstiges Versteck ist heute als Anne Frank Haus der Öffentlichkeit zugänglich.

Jüdische Verbindungen
Amsterdam hat viele weitere Bezüge zur jüdischen Geschichte. **Ets Haim** ist die älteste jüdische Bibliothek der Welt und steht auf der Liste des Weltdokumentenerbes der Unesco. Besichtigungen sind nur mit Führung möglich (Mr. Visserplein 3, www.etshaim.org). Die **Portugiesische Synagoge** (▶ 157) ist in sehr gutem Zustand erhalten, während vier benachbarte Synagogen zum **Jüdischen Historischen Museum** (▶ 152f) umfunktioniert wurden. Das **Widerstandsmuseum** (▶ 158f) ergänzt diese Sehenswürdigkeiten.

Standbild der Anne Frank vor der Westerkerk

SELBSTPORTRÄT des KÜNSTLERS

als alter Mann

Der berühmteste Maler der Stadt, Rembrandt Harmenszoon van Rijn, einst von wohlhabenden Bürgern gefördert, starb 1669 als mittelloser Außenseiter.

Die Vorsteher der Tuchmacherzunft, ein Meisterwerk, datiert auf das Jahr 1662

Rembrandt kam 1606 in Leiden zur Welt (▶ 176f) und lebte dort 25 Jahre. Sein Vater, der Müller war, hatte große Pläne für die Ausbildung seines Sohnes. Das mit 14 Jahren begonnene Studium an der Universität Leiden brach er allerdings ab, um Malerei zu studieren. In der Kunst war damals der italienische Barock richtungweisend, insbesondere das Werk Caravaggios, der seinerseits von der Altniederländischen Malerei beeinflusst war. Rembrandt lernte bei Jacob van Swanenburgh und studierte anschließend sechs Monate bei Pieter Lastman in Amsterdam. Nach dessen Vorbild widmete sich Rembrandt intensiv physiognomischen Studien, die sein Werk prägen sollten. Er kehrte nach Leiden zurück und gab Malunterricht, doch schon bald wurde die Stadt für seine Karriereansprüche zu klein.

In Amsterdam

1631 zog Rembrandt nach Amsterdam. Die Wirtschaft florierte, und Kaufleute, die durch die Handelsbeziehungen der Niederländischen Ostindien-Kompanie (▶ 18) reich geworden waren, gaben biblische Darstellungen und Porträts in Auftrag. Aus praktischen Gründen standen Rembrandt oft Familienmitglieder Modell. Im Rijksmuseum (▶ 120ff) hängt ein Porträt seiner Mutter als Prophetin Hanna. Auch seine spätere Frau Saskia saß immer wieder Modell für seine Werke.

1632 erhielt er den Auftrag *Die Anatomische Vorlesung des Dr. Nicolaes Tulp* zu malen, das heute im Mauritshuis in Den Haag hängt. Rembrandt machte sich auch mit seinen Radierungen einen Namen. Viele der noch erhaltenen, detaillierten und ausdrucksstarken Radierungen sind im Rembrandthuis (▶ 70) zu sehen.

Reichtum und Ruhm

In der Kombination dynamischer Hell-Dunkel-Kontraste mit rationaler Zurückhaltung lag das Neue seiner künstlerischen Arbeit. Aber Rembrandt handelte auch mit Kunstwerken anderer. Als Kunsthändler erzielte er z. B. einen Gewinn von über 100 Gulden beim Kauf und Verkauf des Rubenswerks *Hero und Leander* (um 1605).

> »Rembrandt heiratete aus Liebe, doch die Verbindung wirkte sich auch günstig auf seine Geschäfte aus.«

Seine Frau Saskia van Uylenburgh heiratete er im Jahr 1634 aus Liebe, doch die Verbindung wirkte sich auch günstig auf seine Geschäfte aus. Saskia kam aus einer gut situierten Familie, und ihr Onkel war ein erfolgreicher Kunsthändler. Mit diesen Beziehungen kam Rembrandt auf den grünen Zweig und bekam viele Aufträge.

In den 1630er-Jahren malte er seine eindrucksvollsten Selbstporträts. Rembrandt war nicht nur als Maler, sondern auch als Lehrer gefragt, und seine Schüler halfen ihm, die große Nachfrage an Porträts, religiösen Darstellungen und Landschaftsbildern zu bewältigen. Bis heute ist die Urheberschaft einiger Werke, die ihm zugeschrieben werden, nicht zweifelsfrei geklärt. 1639 bezog das Ehepaar ein vornehmes Haus im jüdischen Viertel (▶ 70), das er zum stolzen Preis von 13 000 Gulden gekauft hatte. Die Hypothek, die er hierfür aufnahm, ruinierte ihn mit der Zeit.

Die Nachtwache, eines der berühmtesten Werke Rembrandts, entstanden 1642

Schicksalsschläge und Erfolg

In den 1630er-Jahren bekamen Rembrandt und Saskia drei Kinder, die alle im Säuglingsalter starben. Das vierte Kind, Titus, den Saskia 1641 gebar, überlebte, aber sie selbst starb im darauffolgenden Jahr. Ihr Vermögen erbte Titus, und Rembrandt sollte es verwalten, solange er nicht wieder heiraten würde. Im gleichen Jahr vollendete Rembrandt sein berühmtestes Gemälde, *Die Kompanie des Frans Banning Cocq.* Es stellt selbstbewusste, ungezwungen auftretende Männer einer Bürgerwehr dar. Das mit der Zeit sehr dunkel gewordene Bild wurde als *Die Nachtwache* bekannt und hängt im Rijksmuseum.

Rembrandt reiste nicht viel, aber seine Landschaftsdarstellungen wirken, als ob er einen Großteil Europas und das Heilige Land gesehen hätte. Er kaufte die verschiedensten exotischen Kunstgegenstände aus Asien und Amerika, die heute im Rembrandthuis zu sehen sind.

BAEDEKER TIPP

Verpassen Sie nicht die **Hermitage Amsterdam** (▶ 150f), eine Dependance des russischen St. Petersburg Hermitage Museum. Zwei weitere große, benachbarte Museen sind das **Rijksmuseum** (▶ 120ff) und das **Van Gogh Museum** (▶ 124ff). Sie liegen nur wenige Minuten Fußweg voneinander entfernt. Die moderne Kunstsammlung des **Stedelijk Museums** (▶ 128f) zeigt u. a. Werke aus Bauhaus, De Stijl und Pop Art und kann durchaus mit dem MoMA in New York konkurrieren. Zeitgenössische und experimentelle Kunst des 21. Jhs. finden Sie in der **Westergasfabriek** (▶ 106), einem ehemaligen Gaswerk. Es gibt zahlreiche Galerien. Wer Kunst kaufen möchte, sollte sich im **Jordaan-Viertel** umschauen (▶ 92ff).

BAEDEKER TIPP

Erinnerungen an Rembrandt begegnen Sie in der ganzen Stadt. Sehen Sie sich vor allem die Sammlung seiner Meisterwerke im **Rijksmuseum** (▶ 120ff) an, und besuchen Sie unbedingt auch das **Rembrandthuis** (▶ 70), in dem der Meister lebte und gemeinsam mit seinen Schülern im Atelier arbeitete. Der **Rembrandtplein** (▶ 188) mit einem Standbild des Künstlers ist ein gefragtes touristisches Ziel. Organisierte Touren zu Fuß oder mit dem Fahrrad (siehe www.iamsterdam.com) führen zu diesen Sehenswürdigkeiten, auch zur **Oude Kerk** (▶ 57f) aus dem 14. Jh., wo seine Frau Saskia begraben liegt, und zur **Westerkerk** (▶ 101f), wo man Rembrandts Gebeine vermutet. Im Oberge-schoss von **De Waag** malte Rembrandt sein berühmtes Werk *Die Anatomie des Dr. Tulp* (ca. 1632). In diesem burgähnlichen ehemaligen Stadttor lädt heute ein Restaurant-Café (In de Waag, ▶ 75) zur Erfrischung nach einer Rembrandt-Tour ein.

Niedergang

1649 stellte Rembrandt Hendrickje Stoffels als Haushälterin ein, die bald seine Geliebte wurde. Die Amsterdamer Gesellschaft tratschte zwar über das Verhältnis, doch die Beziehung wurde weitgehend toleriert. Viele Gemälde aus dieser Schaffensperiode hängen heute in internationalen Galerien, wie z. B. *Nathan ermahnt David* (ca. 1652–53).

Doch sein luxuriöses Leben und zunehmend nicht ein-gehaltene Abgabetermine ruinierten Rembrandt. 1656 war er zahlungsunfähig, seine Kunst- und Antiquitätensamm-lung wurde zugunsten der Gläubiger versteigert. Er war jetzt gezwungen, weiterzu-arbeiten. Das 1662 entstandene Porträt der Vorsteher der Tuch-macherzunft im Rijksmuseum demonstriert sein unver-mindertes Können.

1663 starb Hendrickje und 1668 sein geliebter Sohn Titus im Alter von 17 Jahren. Kaum ein Jahr später starb Rem-brandt verarmt und einsam am 4. Oktober 1669. Sein Grab ist unbekannt, aber sein Vermächtnis ist weltberühmt.

Das Denkmal am Rembrandtplein

Amsterdamer Getränke:
EINE LANGE
TRADITION

Im Mittelalter beschloss der Graf von Holland, die Kassen der jungen Stadt aufzufüllen. Er verfügte 1323, dass einer der beiden Häfen seiner Grafschaft, die vom wichtigsten nordeuropäischen Bierproduzenten Hamburg Bier importieren durften, Amsterdam sein sollte. Bier war zu jener Zeit reiner als das örtliche Trinkwasser.

Die Heineken-Story

Heineken begann 1864 in Amsterdam Bier zu brauen und ist heute mit einem Vertrieb in 170 Länder einer der größten Bierlieferanten der Welt. Die Firma verdankt einen Teil ihres Erfolgs der Heineken-A-Hefe, die sie seit 1886 kultiviert und die bis heute Hauptbestandteil des Bieres ist. Sie wird jeden Monat vom Hauptsitz bei Amsterdam in die insgesamt 100 Produktionsorte geflogen. 1988 hat die Brauerei ihre Produktion in Amsterdam zwar eingestellt, sie ist aber dennoch ein Touristenmagnet (► 148f) und die Präsenz der Marke in der Stadt unübersehbar. Im berühmten Hotel De L'Europe (► 44) befindet sich Freddy's Bar, benannt nach Freddy Heineken. Die Biermarken Amstel und Paulaner gehören

übrigens ebenfalls zum Heineken-Imperium.

Gut gezapft

Das Bier wird normalerweise in einem 250 ml-Bierglas mit einer zwei Zentimeter dicken Schaumkrone serviert. Die Barkeeper streifen überschüssigen Schaum gerne routiniert mit einem Plastikspatel ab. In »Braunen Cafés« (▶31) bestellen Sie an der Bar und zahlen sofort – oder auf Rechnung, wenn Sie auf mehrere Getränke bleiben.

Holländisches Hochprozentiges

Jenever (▶47) oder Wacholderschnaps ist eine holländische Erfindung aus dem 17. Jh., die später von den Briten übernommen und Gin genannt wurde. Im ganzen Land gibt es Schnapsbrennereien aus jener Zeit mit traditionellen Probierstuben (▶31f). Im House of Bols (Paulus Potterstraat 14, Tel. 020 570 85 75; www.houseofbols. com; So–Do 13–18.30, Fr, Sa 13 bis 21 Uhr, 15 €) können Gäste die Tradition der Firma und ihrer Spirituosen kennenlernen.

Frisch gezapft schmeckt das Heineken natürlich am besten (oben).
Partystimmung beim beliebten Heineken Bier im Heineken Experience (links)

BAEDEKER TIPP

Richtig bodenständig können Sie in Brauhäusern mit eigener Brauerei trinken, wie z. B. **Brouwerij 't IJ** (▶161). Einige Cafés, wie **In de Wildeman** (▶75f), haben eine riesige Bierkarte, einschließlich belgischer Biersorten. **Cafe 't Arendsnest**, (Herengracht 90; www.arendsnest.nl; So–Do 14–24, Fr, Sa 14–2 Uhr) ist auf niederländisches Bier spezialisiert und hat so gut wie jedes auf der Karte, aber auch einige andere Sorten. Lassen Sie sich vom kundigen Barmann auf den Geschmack bringen. Das beste Geschäft für Bier ist **De Bierkoning** (Paleisstraat 125, Nähe Dam, bierkoning.nl, Tel. 020 625 23 36; Mo–Sa 11–19, So 13–18 Uhr). Hier finden Sie 1200 Biersorten, z. B. Bier in Champagnerflaschen, belgisches Trappistenbier und tschechisches Pilsener.

RAD FAHREN

Das Fahrrad passt perfekt zu Amsterdam: Es ist handlich, smart und meistens unaufdringlich. Außerdem kommen Sie damit überall hin. Die City ist flach und klein, Radfahrer haben in den engen Gassen und auf den Brücken einen Vorsprung gegenüber dem motorisierten Verkehr, der ständig staut. In Amsterdam gibt es mehr Fahrräder als Einwohner, sogar die Königsfamilie fährt Rad.

Rad fahren lohnt sich

Die Stadt ist ideal zum Fahrradfahren. Mischen Sie sich mit dem Rad unter Pendler, Shopper und radelnde Polizisten. Fast überall gibt es separate Fahrradwege und Abstellmöglichkeiten, im Gegensatz zu Parkplätzen für Autos. Die einzige Mühe, die Sie in diesem flachen Stadtgebiet erwartet, sind die wenigen steilen Brücken.

Für die Umwelt

Amsterdam ist als Fahrradstadt sehr umweltfreundlich, aber das ist nicht der einzige Grund, warum es hier so angenehm ist. Den Lärm und die schlechte Luft anderer Großstädte gibt es hier einfach nicht. Das aus den 1970er-Jahren stammende Modell Amsterdams, Radfahren zu fördern bzw. Autofahren zu erschweren, übernehmen inzwischen andere Städte weltweit. Und es gibt wohl kaum eine Stadt auf der Welt, in der mehr Fahrräder unterwegs sind und die Zahl tödlicher Unfälle niedriger.

Pedalisten

Die Fahrradfahrer in Amsterdam lassen sich sehen. Geschäftsleute in Anzügen, Eltern mit Kleinkindern, Greise mit Haustieren –

EIN FAHRRAD MIETEN

Bike City (Bloemgracht 68–70, Jordaan, Tel. 020 626 37 21; www.bikecity.nl, Linien 13, 14, 17 zum Westermarkt).

Damstraat Rent-a-Bike (Damstraat 20–22, Südostecke auf dem Dam, Tel. 020 625 50 29; www.rentabike. nl, Linien 4, 9, 14, 16, 24, 25 nach Damrak).

Green Budget Bikes (Raadhuisstraat 29, Tel. 020 370 57 40; www.green-budgetbikes.nl, Linien 13, 14, 17).

Holland Rent-a-Bike Beurstalling (Damrak 247, Tel. 020 622 32 07, Linien 4, 9, 16, 24).

Mac Bike (Waterlooplein 199, Tel. 020 428 70 05; www.macbike.nl, Linien 9, 14; und Weteringschans 2, in der Nähe vom Leidseplein, Tel. 020 528 76 88, Linien 1, 2, 5, 7, 10).

alle sind mit dem Rad unterwegs. Ein Taxi zu rufen, heißt nicht unbedingt, dass es ein Auto sein muss. In Amsterdam können Sie ein Fahrradtaxi nehmen (Tel. 06 28 24 75 50, www.wielertaxi.nl), sogar für's Wasser gibt es Tretboote.

Mit dem Rad unterwegs

Wenn Sie ein Fahrrad mieten, machen Sie einen Bremstest und prüfen Sie, ob Sitz und Lenker fest sind, bevor es losgeht. Wenn Sie mit Helm fahren wollen, sollten Sie einen eigenen mitbringen, denn kaum ein Fahrradverleih in Amster-

wegen. Die Verleiher Green Budget Bikes und Mac Bike (siehe links) bieten geführte Fahrradtouren an.

Vorsicht vor den Straßenbahnschienen! Um nicht stecken zu bleiben, fahren Sie nicht parallel darüber. Besondere Vorsicht gilt im Schienengewirr am Dam und am Hauptbahnhof.

Sie werden bemerken, dass die meisten Räder alt und zerkratzt aussehen. Neu aussehende Fahrräder könnten zu schnell geklaut werden. Wenn Sie Ihr eigenes Rad mitnehmen (bei vielen Fluggesellschaften gratis), brauchen Sie auf

Amsterdam ist eine der fahrradfreundlichsten Städte weltweit. 60 Prozent aller Stadtfahrten werden mit dem Rad erledigt.

dam vermietet sie. 🚻 Kindersitze und Kinderfahrräder gehören dagegen zum Standardangebot.

Meist verlangt man von Ihnen eine Kaution (Kreditkarte oder in bar), gelegentlich auch einen Ausweis. Die Touristeninformation und Buchläden verkaufen Stadtpläne mit eingezeichneten Fahrrad-

jeden Fall ein gutes Schloss, oder besser zwei.

Die Niederlande sind klein, und es liegt daher nahe, das Umland mit dem Rad zu erkunden. Für die Fahrradmitnahme im Zug brauchen Sie eine *Dagkaart Fiets* (Tagesfahrkarte 6, 10 €), Stoßzeiten sind ausgeschlossen.

CAFÉ-
KULTUR

Das Interieur eines Eetcafé (links); De Drie Fleschjes (rechts)

Für die Amsterdamer sind ihre Cafés wie ihr zweites Wohnzimmer – Orte, an denen man sich mit Freunden trifft oder einfach nur entspannt und Zeitung liest. Sie pflegen eine Kultur der Individualität, Kaffeeketten können sich daher hier nicht halten. Wesentlich ist die einladende und ansteckend gemütliche Atmosphäre, die sprichwörtliche holländische *gezelligheid*. Sie gehört schon fast zu den holländischen Grundbedürfnissen.

Allerdings kann die niederländische Verwendung des Wortes »Café« irritieren. Ein holländisches Café ist ein Ort, wo Sie nicht nur Kaffee und Kuchen oder Snacks bekommen, sondern vor allem jede Art von Getränken, wie in einer Bar oder Kneipe. Selbst Lokale, die de facto Restaurants sind, heißen hier manchmal Café. Wundern Sie sich also nicht, dass viele Cafés von allem etwas haben.

Bruin Cafés

Diese urigen »Braunen Cafés«, von denen die ältesten aus dem 17. Jh. stammen, wirken wie aus einem Rembrandt- oder Vermeer-Gemälde entnommen. Obwohl sie wie historische Kneipen wirken, erwartet Sie hier gastfreundliche Gemütlichkeit. »Braun« heißen sie wegen ihrer vom Rauch vergilbten Wände und Decken und dunkel gebeizten Holztäfelungen und Holzdielen. Machen Sie sich auf eine überwiegend männliche Stammkundschaft inmitten von Accessoires wie kleinen persischen

Coffeeshop Johnny, Elandsgracht (links); Gastliche Coffeeshop-Einrichtung (rechts)

Teppichen, gerüschten Vorhängen, Zeitungsständern, flackernden Kerzen, einer speckigen Theke mit Zapfhähnen aus glänzendem Messing und einer schlafenden Katze in einem alten Sessel gefasst. Gewöhnlich ist der Barmann ins Gespräch mit Einheimischen vertieft.

Im Winter sind Braune Cafés wunderbare Schlupflöcher zum Aufwärmen, bei schönem Wetter stehen oft Bänke oder Tische vor der Tür. Neben Alkoholischem bekommen Sie hier auch Kaffee. An der Theke oder aus der Vitrine bekommen Sie einfache Gerichte wie Sandwiches, Kroketten, Nüsse, Käse, gekochte Eier und eventuell Apfelkuchen.

■ **Die besten Bruin Cafés:** Café Papeneiland (►107f), Café 't Smalle (►108), Café de Dokter (►74), Oosterling (►162), In de Wildeman (►75f).

Probierstuben

Früher boten die Schnapsbrennereien ihren Kunden beim Kauf von *jenever* (holländischer Wacholderschnaps) oder Likör eine kostenlose Degustation an. Aber heute gibt es nur noch wenige *proeflokale* bzw.

Das Magazin

Probierstuben, und jedes Getränk wird berechnet (➤47). Gehen Sie trotzdem hin, denn die Atmosphäre in diesen kultigen Bars mit Holzfässern und Steingutflaschen (meist ohne Sitzgelegenheiten) ist einmalig. Die Amsterdamer schauen gern für einen Drink vorbei, bevor sie nach Hause gehen.

■ **Die besten Probierstuben:** De Drie Fleschjes (➤ 75), Wynand Fockink (➤76).

Eetcafés

Bei einigen Cafés liegt der Schwerpunkt auf dem Essen (manche nennen sich daher *petits restaurants*), doch Sie können dort auch nur etwas

Café Papeneiland an der Prinsengracht

trinken. Früher boten sie traditionelle holländische Kost an, aber viele haben ihre Karte inzwischen qualitativ hochwertig erweitert. Die meisten Restaurants öffnen erst abends, in den *eetcafés* bekommen Sie auch ein Mittagessen.

■ **Die besten Eetcafés:** Café de Prins (➤ 108), Spanjer & Van Twist (➤ 108), 't Gasthuys (➤ 75), Walem Café (➤ 109).

Teehäuser

Viele Amsterdamer Cafés könnte man auch Teehäuser nennen – Lokale, die tagsüber Sandwiches, Kuchen, Gebäck, Tee und Kaffee servieren. Manche finden Sie in Kaufhäusern, andere sind Konditoreien angegliedert.

■ **Die besten Teehäuser:** Pompadour (➤ 112), Villa Zeezicht (➤76).

Coffeeshops

Mitte der 1970er-Jahre legalisierte die niederländische Regierung den Verkauf und Konsum kleiner Mengen Cannabis. Die Konsumenten sollten so vor kriminellen Kontakten geschützt werden. Der Konsum weicher

Drogen liegt in Holland im Durchschnitt wie in den USA oder den übrigen EU-Ländern, der Konsum harter Drogen ist deutlich niedriger. Die konservative Regierung der letzten Jahre hat sich der internationalen Kritik an der liberalen Handhabung gebeugt. Das Kiffen in den über 200 sogenannten Coffeeshops Amsterdams ist zwar weiterhin geduldet, aber rund 30 Prozent wurden nach Razzien in den vergangenen Jahren geschlossen. Die Coffeeshops dürfen keinen Alkohol verkaufen, und es gilt Rauchverbot. Rauchern droht sogar die Festnahme, wenn ihr Joint neben Hanf den illegalen Tabak enthält.

Sie erkennen die Coffeeshops an den weiß-grünen Aufklebern im Fenster. Mit dem Widerspruch, dass Coffeeshops weiche Drogen in kleinen Mengen verkaufen dürfen, die Lieferung großer Mengen durch Dealer hingegen technisch gesehen illegal ist, können die Holländer leben. In kleinen Coffeeshops liegt eine Karte der verschiedenen Drogen an der Bar aus, in größeren Coffeeshops gibt es eine eigene Theke. Sie dürfen bis zu fünf Gramm abgepackt kaufen oder fertig gedrehte Joints erwerben. Das (tabakfreie) Rauchen vor Ort ist erlaubt, die meisten Holländer nehmen ihren Einkauf aber lieber mit nach Hause – natürlich dürfen Sie keine Drogen über die Grenze mitnehmen. Manche verkaufen auch Space-Cakes. Ihre Wirkung ist zeitversetzt und stärker. Wenn Sie sich später noch an Ihr Wochenende in Amsterdam erinnern möchten, halten Sie sich zurück.

Atmosphärisch sind die Coffeeshops sehr unterschiedlich. In der Innenstadt gleichen sie oft psychedelischen Wohlfühlkneipen, die Filialen der Bulldog-Kette sind dagegen knallig und kommerziell aufgemacht.

■ **Die besten Coffeeshops:** Der erste Coffeeshop der Stadt soll das **Rusland** gewesen sein (Rusland 16), im **Barney's** können Sie tagsüber durchgehend kleine Gerichte bestellen (Haarlemmerstraat 102), **La Tertulia** hat den Touch eines netten Café an der Ecke (Prinsengracht 312), und das das winzige **Grey Area** (Oude Leliestraat 2) ist vor allem für die Qualität seiner Handelsware berühmt.

GRAND CAFÉS

Seit den 1980er-Jahren kamen hellere, modernere Cafés in Mode. Im Gegensatz zu den nostalgischen kleinen »Bruin Cafés« befinden sie sich oft in hallenähnlichen Räumen und sind mit schnörkellosem Design eingerichtet. Abends sind sie ein beliebter Treffpunkt vor und nach Kino- oder Theatervorstellungen. Diese sogenannten **Grand Cafés** sind aber auch Anlaufstellen beim Einkaufsbummel, für Geschäftsleute und Studenten. Einige verdienen ihren Namen nicht, aber die besten Lokale vermitteln mit ihren hohen Decken, ansprechenden Vitrinen an der Bar und zum Lesen einladenden Tischen mit Stapeln von Zeitschriften und Zeitungen etwas vom Stil der Wiener Caféhäuser oder der etwas hipperen Cafés in Paris. Die meisten bieten Gerichte vom Mittagsimbiss bis zum dreigängigen Menü an.

Die besten Grand Cafés: Café Américain (▶ 107); Café de Jaren (▶ 74); Café Luxembourg (▶ 74f); De Kroon (▶ 161f).

Kulinarisches
AMSTERDAM

Das berühmte Gemälde *Die Kartoffelesser* (1885) hängt im Van Gogh Museum (➤ 124ff). Es zeigt Bauern beim gemeinsamen Abendessen. Nach wie vor gilt *Stamppot*, ein Gericht aus Kartoffelpüree, Endivien, Champignons und Schinkenwürfeln, als Grundnahrungsmittel, aber die Küche der Hauptstadt hat ein weit größeres Repertoire.

Sterne-Qualität

Gourmets haben die Qual der Wahl unter den zehn Sterne-Restaurants Amsterdams. Drei gute Optionen sind: das französisch-mediterrane Restaurant **La Rive** (www.restaurantlarive.nl), das Ihnen gerne für ein intimes Mahl den Weinkeller im Amstel Intercontinental Hotel reserviert. **Yamazato** (www.yamazato.nl, ➤ 164) im Okura Hotel ist das einzige traditionelle japanische Restaurant Europas mit Michelin-Stern. Im selben Hotel

ist das französisch angehauchte **Ciel Bleu** (➤ 163) untergebracht – es hat zwei Sterne erhalten und bietet obendrein eine fantastische Aussicht aus dem 23. Stock.

Kulinarischer Kalender

Seit Kurzem ergänzt das internationale Festival **Taste** (www.tasteofamster dam.com) die kulinarischen Festivals in Amsterdam. Im Juni können Besucher vier Tage lang den Köchen der besten Restaurants bei der Zubereitung einzigartiger Kreationen zusehen und sich von Stand zu

Oben: Edamer Käse, ein beliebtes niederländisches Exportprodukt
Links: Auf dem beliebten Leidseplein finden Sie viele Straßencafés.

BAEDEKER TIPP

Holland zählt zu den größten Käseexporteuren der Welt. Die bekanntesten holländischen Käse sind natürlich Edamer und Gouda. Diese milden, schnittfesten Sorten machen den Großteil der Exporte aus. Kosten Sie auch andere Sorten wie Maasdammer mit den großen Löchern und nussigem Aroma, Boerenkaas, einen Bauernkäse aus Rohmilch, und den preisgekrönten, mindestens ein Jahr gereiften Old Amsterdam. Zum Käseeinkauf gehen Sie am besten zu **De Kaaskamer**, »die Käsekammer« (➤ 112), wo Sie z. B. den mit Kumin gewürzten Komijnenkaas bekommen, oder zum 100 Jahre alten **Fa. H. Wegewijs** (Rozengracht 32; Tel. 020 624 40 93; www.wegewijs.nl), wo die Einheimischen kaufen.

Das Magazin

Stand treiben lassen. Neu ist auch das Open-Air-Festival **Rollende Keukens** (»Rollende Küchen«, www.rollendekeukens.nl) mit Livemusik, Kino und Riesenrad in der Westergasfabriek (➤ 106) Anfang Juni. Der **Pure Markt** findet im Sommer jedes Wochenende in einem anderen Stadtpark statt und bietet eine Mischung aus »Fressständen« und Delikatessenverkauf (www.puremarkt.nl).

Das Silber aus dem Meer

Die Zeiten, in denen der Hering die Amsterdamer Küche dominierte, sind längst vorbei. Allerdings hat er wesentlich zum Wohlstand der Stadt beigetragen. Im Mittelalter kamen holländische Fischer auf die Idee, den Hering vor dem Räuchern auszunehmen und zu salzen. So war er selbst für lange Seereisen konserviert. Der bekannte Restaurantkritiker Johannes van Dam sinnierte poetisch: »Das Silber aus dem Meer schenkte den Niederländern das Goldene Zeitalter.«

Echt holländisch

Wussten Sie, dass der Apfelkuchen in den Niederlanden erfunden wurde? Fast jedes Café in Amsterdam führt ihn auf seiner Karte, wahlweise mit Zimt, Rosinen, Tortenguss oder Sahne. Und dann gibt es noch die typischen Pfannkuchen – Sie müssen nie lange suchen, bis sie ein Pfannkuchenhaus finden. Im Gegensatz zu französischen oder belgischen Crêpes können Sie holländische Pfannkuchen herzhaft oder süß bestellen. Sie werden so dick gebacken, dass sie als volle Mahlzeit durchgehen, egal ob zum Frühstück, Mittag- oder Abendessen. Die berühmten Miesmuscheln aus Zeeland können Sie während der Saison (von September bis März) frittiert, als Imbiss oder Vorspeise, aber auch ganz zünftig mit Pommes frites und Mayonnaise genießen. Die indonesische Küche ist in den Niederlanden quasi eingebürgert: Beispielsweise ist die niederländische *rijsttafel* (Reistafel) ein Festessen mit sechs bis 60 verschiedenen indonesischen Gerichten, die mit Reis gegessen werden.

BAEDEKER TIPP

Amsterdams Gastronomie bietet Ihnen anregende, unkonventionelle und vielseitige Genüsse. Essen Sie im Dunkeln bei **Ctaste** (www.ctaste.nl), oder genießen Sie ein organisches Mittagessen in einem der Gewächshäuser von **De Kas** (www.restaurantdekas.nl). Im **UMOJA** (www.umojafood.nl), was auf Swahili »Einigkeit« bedeutet, stammen die Zutaten aus nachhaltigem Handel. Das Restaurant und Café **Edel** (www.edelamsterdam.nl) in einer ehemaligen Werkschule für Edelmetalle mit einer herrlichen Terrasse am Wasser serviert französische und italienische Klassiker. Liebhaber der typisch niederländischen Küche sollten ins **Moeders** (www.moeders.com, ➤ 110) gehen. Im **Haesje Claes** (www.haesjeclaes.nl) serviert man lokale Spezialitäten wie Muscheln oder *stamppot* in mehreren historischen Esssälen.

Erster Überblick

Ankunft

Amsterdam ist wohl die am vielseitigsten erreichbare Metropole Europas. Der Besucher hat die Wahl zwischen Bahnreise, Flug, Schiffsreise – und der Autofahrt.

Flughafen Schiphol

Der Amsterdamer Flughafen zählt zu den wichtigsten Airports Europas.

- **Schiphol** (www.schiphol.nl), 14 km südwestlich der Stadt gelegen, gilt als der passagierfreundlichste aller europäischen Großflughäfen: Es gibt praktisch nur ein Terminal, und die Anbindung an die Stadt mit öffentlichen Verkehrsmitteln ist vorbildlich.
  Bei der Rückreise lohnt es sich, früh am Flughafen zu sein, wo Express-Spa, Casino, Spielbereiche, Panoramaterrasse und eine Außenstelle des Rijksmuseums (▶ 120ff) mit einer Dauerausstellung von zehn Arbeiten holländischer Meister für Abwechslung sorgen (nach Passieren der Passkontrolle, tgl. 7–20 Uhr, Eintritt frei).
- Die Touristeninformation (7–22 Uhr) ist in **Ankunftshalle 2**.

Vom Flughafen in die Stadt

Mit dem Zug

- Am **schnellsten und preiswertesten** kommt man mit dem Zug nach Amsterdam (weniger als 5 € je Strecke); der Bahnhof befindet sich unter der Ankunftshalle des Flughafens.
- Zwischen 6 und 24 Uhr verkehren mindestens fünf Züge pro Stunde, in der Nacht fährt stündlich ein Zug. **Normalzüge** brauchen zum Hauptbahnhof (Centraal Station) 20 Minuten, Intercity-Direkt-Züge sind schneller.
- **Fahrscheine vor Fahrtantritt lösen**, sonst droht ein saftiges Bußgeld.
- **Achten Sie auf Ihr Gepäck**. Die Strecke Flughafen–Hauptbahnhof ist bei Dieben und Trickbetrügern besonders beliebt.

Mit dem Bus

- Zwischen Flughafen und über 100 Hotels verkehren die praktischen **Connexxion-Airportbusse** (Tel. 03 83 39 47 41; www.airporthotelshuttle. nl). Die einfache Fahrt kostet 17,00 €, ein Ticket für Hin- und Rückfahrt ist mit 27,00 € günstiger.
- Abfahrt ist tagsüber **halbstündlich** zwischen 6 und 21 Uhr.
- Einige Hotels sind sehr gut per Bus erreichbar, andere dagegen schlecht. Erkundigen Sie sich vor dem Einsteigen. Je nach Lage und Verkehrsaufkommen dauert die Fahrt zwischen 20 und 50 Minuten.

Mit dem Taxi

- **Der Fahrpreis zur Innenstadt** liegt bei rund 50 €.
- **Am schnellsten** kommt man in aller Regel voran, wenn man vom Flughafen mit dem Zug zum Hauptbahnhof (Centraal Station) fährt und dort ein Taxi nimmt.

Mit dem Rad

- Auf einem speziell angelegten Fahrradweg gelangen Sie sicher vom Flughafen ins Stadtzentrum. Die Fahrt dauert etwa eine Stunde. Auch um den Flughafen herum führt ein Radweg.

Centraal Station

Ob Sie nach Amsterdam fliegen und den Zug in die Stadt nehmen, gleich mit der Bahn anreisen oder sogar per Schiff über Hoek van Holland – immer kommen Sie an diesem Bahnhof an, dessen Gebäude schon allein einen Besuch lohnt (➤ 72). Die Besichtigung macht mehr Spaß, wenn Sie kein Gepäck dabei haben.

■ Der Bahnhof ist beliebter Aufenthaltsort von **Taschendieben und anderen Gaunern**, die es vor allem auf Touristen abgesehen haben.

■ Wenn Sie vor einem Fahrkartenautomaten stehen, könnte Sie jemand ansprechen, der **Ihnen eine Fahrkarte verkaufen** will. Lehnen Sie ab. Im besten Fall bekommen Sie ein bereits entwertetes oder überteuertes Ticket, im schlimmsten werden Sie um diverse Besitztümer erleichtert.

■ Die meisten Besucher verlassen den Bahnhof über den **Hauptausgang Richtung Süden**. Haltestellen der Straßenbahnen 1, 2, 5, 13 und 17 liegen rechts vom Ausgang. Zu Ihrer Linken liegen die **Trambahnhaltestellen** der Linien 4, 9, 16, 24, 26 sowie der Eingang zur Metro (U-Bahn). **Taxis** finden Sie auf der Nordseite des Bahnhofs. Dort befinden sich auch die meisten Bahnhofsrestaurants und (im Obergeschoss) der Busbahnhof.

■ Das **Haupttourismusbüro der Stadt** (Mo–So 9–18, So 10–17 Uhr, am 1. Jan. und 25. Dez. geschl.) war einst eine Straßenbahnhaltestelle. Es liegt auf der Stationsplein hinter dem Metroeingang in einem weißen Holzgebäude. Links befindet sich das **GVB-Büro** (öffentliche Verkehrsmittel, Mo–Fr 7–21, Sa–So 8–21 Uhr). Hier können Sie Fahrkarten erwerben, z. B. die 24-, 48- und 72-Stunden-Karten.

Touristeninformationen

Das holländische Fremdenverkehrsamt heißt **VVV** (Vereniging Voor Vreemdenlingenverkeer). Wenn Sie eine bestimmte Frage haben, bekommen Sie hier zwar sicher eine Antwort, aber die Schlangen sind lang und die Informationen, die Sie erhalten, knapp. Vor dem Hauptbahnhof (siehe oben). Darüber hinaus gibt es einen **telefonischer Auskunftsdienst** (Tel. 020 702 60 00), Mo–Fr 8–17 Uhr (www.iamsterdam.nl).

Unterwegs in Amsterdam

Der Grundriss der Innenstadt folgt im Großen und Ganzen noch immer dem 1609 vorgelegten Plan. Das Zentrum mit den wichtigsten Sehenswürdigkeiten besteht aus verschiedenen Inseln, die von Grachten durchschnitten, aber über Brücken verbunden sind. Es ist halbmondförmig angelegt, mit der IJ als Grundlinie, von der aus die drei Hauptgrachten in konzentrischen Halbkreisen verlaufen.

Zur Orientierung

■ Die größten Wasserstraßen sind (von innen nach außen) Singel, Herengracht, Keizersgracht und Prinsengracht (»Gracht« bedeutet Kanal). Dazu kommen eine Vielzahl kleinerer Grachten, die vom Zentrum aus strahlenförmig angelegt sind oder andere Wasserwege in willkürlichen Winkeln kreuzen.

■ Die bedeutendste Änderung nach 1609 war die **Anlage der Singelgracht** (jenseits der Prinsengracht).

■ Im Osten durchbricht die breite **Amstel** das Bild.

Erster Überblick

Stadtviertel

Neben den Unterteilungen dieses Buches gibt es noch einige kleinere Bezirke, die Sie kennen sollten. Von der IJ aus im Uhrzeigersinn sind dies:

- **De Wallen** – wörtlich: »die Wälle«, die den Fluss begrenzten – heute das Rotlichtviertel der Stadt.
- **De Pijp** – südlich vom Zentrum gelegener multikultureller Bezirk, in dem viele Einwanderer und Studenten leben.
- **Spiegelkwartier** – ein schickes Viertel mit erstklassigen (und hochpreisigen) Antiquitätengeschäften rund um die Nieuwe Spiegelstraat.
- **Spuikwartier** – das belebte Viertel rund um die südliche Hälfte der Spuistraat, die in einen Spui genannten Platz mündet.
- **9 Straatjes** – das drei Häuserblocks umfassende Quadrat gleich westlich der Spuistraat, wörtlich übersetzt »neun Straßen« (▶ 111f).
- **Jordaan** – noch weiter westlich, mit kleinen Gassen voller Restaurants.

Straßen

Die wichtigsten Straßen, im Uhrzeigersinn vom Hauptbahnhof aus, sind:

- **Prins Hendrikkade** – verläuft südostwärts in Richtung Hafenbecken Oosterdok.
- **Zeedijk** – führt südwärts vorbei am Rotlichtviertel zum Nieuwmarkt.
- **Damrak** – führt direkt nach Süden zum Dam, dem Hauptplatz der Stadt.
- **Nieuwendijk** – im Schatten des Damrak, etwas nach Westen versetzt und eine der größten Einkaufsstraßen von Amsterdam.
- **Nieuwezijds Voorburgwal** – eine parallel zum Damrak verlaufende Straße, auf der die meisten Trambahnen verkehren. Führt zu vielen Sehenswürdigkeiten.
- **Leidsestraat** – die alte Straße nach Leiden führt parallel zur Leidsegracht von der Herengracht zum Touristentreff Leidseplein.
- **Haarlemmerstraat** – die alte Straße nach Haarlem, verläuft westwärts und trennt Jordaan von den Westelijke Eilanden (Westlichen Inseln).

Öffentliche Verkehrsmittel

Die Stadt besitzt ein ausgezeichnetes Nahverkehrssystem (www.gvb.nl).

Straßenbahnen (Tram)

- Fast alle **Linien beginnen am Hauptbahnhof**.
- **Straßenbahnhaltestellen** sind allgemein leicht erkennbar, bei den viel frequentierten gibt es zur besseren Orientierung Anzeigetafeln für die nächsten drei Züge.
- **Klingeln Sie rechtzeitig vor dem Aussteigen**, damit die Bahn hält.
- Achtung beim Aussteigen! Viele Haltestellen sind **in der Straßenmitte.**

Busse

- Straßenbahnen, Busse und Züge verkehren ab etwa 6 bis 0.30 Uhr. Zwischen Mitternacht und 6.30 Uhr fahren auf den wichtigsten Strecken **Nachtbusse** vom Hauptbahnhof aus. Die Ein-Stunden-Tickets sind in den Nachtbussen nicht gültig.
- **Einstieg** ist immer beim Fahrer, **Ausstieg** durch die Hintertür.

Metro

- Drei Metrolinien bringen Sie über- oder unterirdisch zur Centraal Station (CS): die 51 (nach Westwijk), die 53 (nach Gaasperplas) und die 54 (nach Gein). Die Linie 50 fährt zur Westseite der Stadt und wird seltener von Touristen genutzt.

■ Die neue Noord/Zuidlijn (Nord-Süd-Linie), die den Norden der Stadt mit dem Süden verbinden soll, wird voraussichtlich 2017 eröffnet.

Die OV-Chipkaart

■ Für die öffentlichen Verkehrsmittel der Stadt benötigen Sie eine **OV-Chipkaart**. Diese elektronische Karte kann sowohl für Einzelfahrten als auch für Wochen- und Monatskarten genutzt werden.
■ Es gibt drei Kartentypen: **anonyme** *(anonieme)*, **persönliche** *(persoonlijke)* und **Einwegkarten** *(wegwerp)*. Für Besucher empfiehlt sich die Einwegkarte (die anderen Optionen beinhalten eine einmalige Gebühr für die Karte selbst und sind für Einheimische gedacht).
■ **Einwegkarten** gelten für eine einfache Fahrt oder für einige Tage, z. B. als Dreitageskarte für alle öffentlichen Verkehrsmittel der Stadt. Man bekommt sie an den Fahrkartenautomaten, bei Bus- und Straßenbahnfahrern, den Touristeninformationen und in einigen Hotels.
■ Bei der Verwendung Ihrer OV-Chipkaart müssen Sie beim Einsteigen **einchecken** und beim Aussteigen **auschecken**, auch wenn Sie von einem in ein anderes Verkehrsmittel umsteigen. Halten Sie dazu die Karte vor das Lesegerät, bis ein grünes Licht aufleuchtet und durch einen Piepton angezeigt wird, dass Ihre Karte registriert wurde. Wenn Sie das vergessen, werden Ihre Einwegkarten ungültig, und für anonyme und persönliche Karten wird dann der volle Preis berechnet.

Tages- und Mehrtageskarten

■ Die **I Amsterdam City Card** ist ideal für alle, die in wenigen Tagen zahlreiche Sehenswürdigkeiten besuchen möchten. Sie gilt uneingeschränkt für öffentliche Verkehrsmittel, eine Kanalfahrt und viele Museen und bietet Rabatte bei zahlreichen anderen Attraktionen sowie in Bars und Restaurants. Infos unter www.iamsterdam.com. Der Preis beträgt 55 € für 24 Stunden, 65 € für 48 Stunden und 75 € für 72 Stunden.
■ Die **Museumkaart** (www.museumkaart.nl) ist eine günstige Jahreskarte (59,90 €) für über 400 Museen in den Niederlanden. Trotz dieser Karte oder der **I Amsterdam City Card** müssen Sie sich eventuell zur Registrierung an der Kasse anstellen. Infos zur Karte in den großen Museen. Wenn man vom Flughafen mit der Bahn in die Stadt fahren will, kann das **Amsterdam Travel Ticket** günstig sein. Es kostet 15 Euro für 1 Tag, 20 Euro für 2 Tage oder 25 Euro für 3 Tage, ist im gesamten Nahverkehr gültig und beinhaltet auch die Hin- und Rückfahrt mit dem Zug.

Taxis

■ Statt auf der Straße ein Taxi anzuhalten, sollten Sie **lieber eines rufen** (Tel. 020 777 77 77), oder gehen Sie zu einem Taxistand.
■ Am ehesten findet man freie Taxis an wichtigen Verkehrsknotenpunkten und vor den großen Hotels.
■ Viele **runden den Fahrpreis auf**, geben aber kein großes Trinkgeld.

Rad fahren

■ Keine andere Stadt ist so **ideal zum Radfahren geeignet**. Es gibt jede Menge Radwege, keine Steigungen, und die Entfernungen sind kurz. Informationen zum Fahrradverleih ➤ 28.

Wasserfahrzeuge

Neben den regelmäßig verkehrenden Rundfahrtbooten (➤ 88ff) gibt es noch vier weitere Möglichkeiten zur Fortbewegung auf den Grachten.

Erster Überblick

- Nach Amsterdam-Noord pendeln den ganzen Tag über **kostenlose Fähren**, die hinter dem Hauptbahnhof ablegen. Die kürzeste Fahrt führt zum EYE Film Institute und dauert nur drei Minuten, die längste führt zur NDSM-Werft und dauert 20 Minuten.
- Tagestickets für den **Canalbus** (www.canal.nl) sind nur geringfügig teurer als andere Tagesfahrkarten. Es gibt vier Hauptrouten und zwei weitere Routen, die von den Canal Hoppers befahren werden.
- **Wassertaxis** müssen im Voraus gebucht werden (Tel. 020 535 63 63; www.water-taxi.nl) und eignen sich wegen ihrer geringen Geschwindigkeit eher für Rundfahrten als für Transfers.

Autos

Das Auto ist in der Stadt ungeeignet. Die wenigen Parkplätze sind sehr teuer, dazu kommen die schmalen Straßen und die vielen Wasserwege.

- **Achten Sie auf Radfahrer**, von denen sich die wenigsten an die Verkehrsregeln halten, und auf Straßenbahnen, die von ihrem generellen Vorfahrtsrecht rücksichtslos Gebrauch machen.
- Das **Parken** auf der Straße ist innerhalb der Ringautobahn kostenpflichtig. Man gibt am Automaten das Kennzeichen ein und bezahlt per Kredit- oder Maestro-Karte.
- **Park-and-Ride-Parkplätze** gibt es im gesamten Außenbereich der Stadt. Von hier bringen Sie öffentliche Verkehrsmittel (manchmal kostenlos) ins Zentrum. Ein 24-Stunden-Ticket kostet 8 €. Inhaber einer Amsterdam Card (▶41) erhalten einen Rabatt von 50 Prozent.
- Während der Feierlichkeiten rund um den **Geburtstag des Königs am 27. April** sind viele Straßen für den gesamten Verkehr gesperrt.

Autovermietung

- Die größte Auswahl an Anbietern und Fahrzeugen steht Ihnen am **Flughafen Schiphol** zur Verfügung. Infos unter www.schiphol.nl.

Übernachten

Am schönsten wohnt man am Grachtengürtel, wo die malerischen Giebelhäuser Dutzende von Hotels beherbergen. Im mittelalterlichen Stadtkern finden Sie sowohl Nobelherbergen als auch zwielichtige Absteigen, und für Kulturbeflissene bietet sich das Museumsviertel an, dessen wasserlose Straßen freilich nicht die Atmosphäre des Grachtenringes besitzen.

Hotels

- **Die meisten Grachtenhotels sind klein** und bieten nur Übernachtung mit Frühstück. Rechnen Sie mit steilen Treppen (häufig ist kein Lift vorhanden). Die Zimmer sind unterschiedlich groß, bei der preisgünstigsten Kategorie können Dusche und WC auch auf dem Gang liegen.
- Meist gibt es ein **Frühstücksbüfett mit verschiedenen Brotsorten, Obst, Wurst und Käse**. Die Stadtsteuer (5 Prozent) ist bei günstigen Hotels oft im Preis enthalten, wird in besseren Hotels jedoch noch aufgeschlagen.

Reservierung

Wichtig ist, das Zimmer so früh wie nur irgend möglich zu buchen. Die auf den folgenden Seiten empfohlenen Hotels sind vor allem an den Wochenenden zwischen Mai und September praktisch immer ausgebucht. Selbst in der Nebensaison (November bis März, wenn die Preise rund ein Viertel tiefer liegen als normal) ist frühzeitige Reservierung angesagt.

- Sie können telefonisch über das I Amsterdam Visitor Centre (tgl. 9–17 Uhr, aus dem Ausland Tel. 020 702 60 00) gegen eine Gebühr von 15 € oder online über www.iamsterdam.com kostenlos buchen.
- Bei den Touristeninformationen (➤ 39) sind gegen geringe Gebühr auch Sofortreservierungen möglich.

Jugendhotels

Jugendhotels und -herbergen sind Bestandteil der Amsterdamer Hotelszene.

- Eines der besten ist das Stayokay Amsterdam Vondelpark (Zandpad 5, Tel. 020 589 89 96; www.stayokay.com/vondelpark), das an der Ostseite des Vondelparks liegt (nahe den großen Museen und dem Nachtleben rund um den Leidseplein). Es gibt eine Bar, Radverleih und einige Zimmer mit Bad/WC sowie Schlafräume.
- Ist es ausgebucht, empfiehlt sich das Shelter Jordaan (Bloemstraat 179, Tel. 020 624 47 17, www.shelterhostelamsterdam.com), ein CVJM-Haus. Rauchen/Alkohol sind verboten, die Gäste sollten unter 40 sein.
- Eine andere Möglichkeit ist Hans Brinker (Kerkstraat 138, Tel. 020 622 06 87, www.hansbrinker.com), spartanisch, aber in erstklassiger Lage beim Leidseplein.

Ferienwohnungen/Apartments

- Die meisten Ferienwohnungen finden Sie bei AirBnB (www.airbnb.com). Die Vermietung ist in Amsterdam legal, sofern sich der Vermieter an bestimmte Regeln hält und Touristensteuer abführt. Nicht erlaubt ist z.B. die Vermietung an mehr als vier Personen.
- Apartments Houseboats Amsterdam (www.amsterdambooknow.com) bietet Besuchern Apartments und Hausboote in Amsterdam an. Über die Website können Sie verschiedene Unterkünfte von Zimmern bis zu ganzen Häusern in den Kategorien einfach bis luxurlös suchen.

Übernachtungspreise

Die Hotelpreise in Amsterdam unterliegen starken Schwankungen und können vor allem am Wochenende in die Höhe schnellen. Die folgenden Angaben sind nur ein Leitfaden für die Preise, die Sie pro Nacht für ein Standard-Doppelzimmer erwarten können:

€ unter 150 Euro   €€ 150–300 Euro   €€€ über 300 Euro

Ambassade €€

Plüschige Eleganz verleiht diesem Hotel, das zehn Grachtenhäuser aus dem 17. Jh. umfasst, seine Aura. Die Zimmer sind im Louis-XVI-Stil möbliert. Besonders stimmungsvoll sind die Zimmer unter dem Giebel, mit Dachschräge und sichtbarem Gebälk.

✚ 204 C4 ✉ Herengracht 341, 1016 AZ
☎ 020 555 02 22; www.ambassade-hotel.nl

Bed & Breakfast La Festa €

Vier coole, saubere und moderne Zimmer zu günstigen Preisen, im Bezirk Jordaan. Die Zimmer verfügen über kostenloses WLAN und Kaffee-/Teezubereiter und einen Minikühlschrank, zwei der Studiozimmer über Kochnischen. Im Erdgeschoss befindet sich das italienische Restaurant La Festa, in dem eine Vielfalt an großzügigen

Erster Überblick

Portionen frischer Pasta und leckerer Pizza serviert werden.

✚ 204 B4 ✉ Hazenstraat 64, 1016 SR
☎ 020 428 44 36; www.bb-lafesta.com

Brouwer €

Das Gebäude (1652) war das Haus eines Kapitäns. Die Rezeption, die auch als Frühstücksraum dient, ist mit antiken Kacheln in Delfter Blau ausgekleidet. Die Zimmer, alle mit Blick auf den Singel-Kanal, sind mit Holzfußböden, Balken und Drucken holländischer Maler einfach, aber hübsch eingerichtet.

✚ 203 E2 ✉ Singel 83, 1012 VE
☎ 020 624 63 58; www.hotelbrouwer.nl.

Canal House €€

Zwei hübsche Häuser aus dem 17. Jh. beherbergen ein schmuckes Hotel mit noblem, aber gemütlichem Ambiente. Im Herzen liegt ein vornehmes Frühstückszimmer, das einen Garten überblickt. Antike Kommoden, Spiegel und Leuchten schmücken die Flure und die gemütlichen Zimmer.

✚ 197 D2 ✉ Keizersgracht 148, 1015 CX
☎ 020 622 51 82; www.canalhouse.nl

The Dylan €€€

Dieses prunkvolle Haus mit schönem Innenhof wurde 1737 für eine Wohltätigkeitsorganisation erbaut. Heute befindet sich hier das exklusivste Boutiquehotel der Stadt (mit nur 41 Zimmern). Die orientalisch beeinflusste Ausstattung ist das Werk der Innenarchitektin Anouska Hempel. Wählen Sie ein geräumiges »Loft« oder ein dekadentes »Kimono«- bzw. »Zen«-Zimmer.

✚ 204 C4 ✉ Keizersgracht 384, 1016 GB
☎ 020 530 20 10; www.dylanamsterdam.com

Estheréa €€

Einladendes, zentral gelegenes Grachtenhotel mit Charakter und trotzdem vernünftigen Preisen. Auf mehrere Backsteinhäuser aus dem 17. Jh. verteilt, gehört es der Familie Esselaar, die auch stets präsent ist. Die »De-luxe«-Zimmer sind den Aufpreis wert: Sie bieten Blick aufs Wasser.

✚ 204 C4 ✉ Singel 303–309, 1012 WJ
☎ 020 624 51 46; www.estherea.nl

De L'Europe €€€

Fin-de-siècle-Opulenz dominiert in diesem Nobelhotel aus dem späten 19. Jahrhundert. Kronleuchter und freskengeschmückte Decken gehören ebenso dazu wie üppig drapierte Stoffmassen und raumhoch mit Marmor verkleidete Bäder. Und die Lage – direkt an der Amstel – könnte kaum besser sein. Viele Zimmer haben einen Balkon, und bei gutem Wetter lädt eine Terrasse am Fluss zum stilvollen Dinieren ein.

✚ 205 D4 ✉ Nieuwe Doelenstraat 2–14, 1012 CP ☎ 020 531 17 77; www.leurope.nl

De Filosoof €

Dieses Haus gehört dank seines philosophisch inspirierten Dekors zu den interessanteren Angeboten. Wandgemälde mit Platon und Aristoteles schmücken das Entree des Hauses aus dem 19. Jahrhundert. Die Zimmer sind nach berühmten Denkern benannt und enthalten statt der üblichen Bibel philosophische Werke. Es gibt einen netten Garten, und der Vondelpark liegt direkt vor der Tür.

✚ 208 C1 ✉ Anna van den Vondelstraat 6, 1054 GZ ☎ 020 683 30 13; www.hotelfilosoof.nl

Grand Hotel Amrâth €€€

Das historische Scheepvaarthuis (Schifffahrtshaus, ▶ 72f) wurde behutsam in ein Luxushotel verwandelt, dessen Ausstattung sich am Stil der Amsterdamer Schule orientiert. Die äußerst komfortablen Zimmer sind mit Breitbildfernsehern und kostenlosen Minibars ausgestattet. Die Zimmer auf der Binnenkant-Seite sind am ruhigsten und haben die schönste Aussicht. Im Keller befindet sich eine Weinbar und – selten in Amsterdam – ein Pool und ein Spa.

✚ 206 B4 ✉ Prins Hendrikkade 108, 1011 AK
☎ 020 552 00 00; www.amrathamsterdam.com

Übernachten

't Hotel €€

Die Pension befindet sich in einem Haus aus dem 17. Jh., direkt an einem der schönsten Seitenkanäle der Stadt. Die Zimmer sind bescheiden mit Art-déco-Lampen, braunen Armsesseln und grauweißen Bädern ausgestattet. Solche mit Blick auf den Kanal sind ein wenig teurer. Die Treppen sind steil, und es gibt keinen Aufzug.

✚ 203 D2 ✉ Leliegracht 18, 1015 DE
☎ 020 422 27 41; www.thotel.nl

Lloyd Hotel €–€€€

Dieses Gebäude aus dem Jahr 1921 im einstmals verlassenen Osthafen wurde in ein markantes Hotel verwandelt, das von einigen der besten Designer Amsterdams gestaltet wurde. Vom hellen Restaurant im Erdgeschoss bis zu den individuell gestalteten Zimmern mit innovativer Möblierung, vermittelt das Hotel eine ganz andere Welt als traditionellere Unterkünfte. Neben seinem außergewöhnlichen Design bietet das Lloyd auch ein einzigartiges Konzept. Angeboten werden Ein- (mit Gemeinschaftsbad) bis Fünf-Sterne-Zimmer. Alle Gäste genießen den gleichen Service und die gleiche Ausstattung, die Preisspanne reicht aber von 95 bis 450 €. Das Hotel liegt in einem neuen Wohnviertel und ist vom Bahnhof mit Tram 26 innerhalb von zehn Minuten erreichbar.

✚ 207 östl. F4 ✉ Oostelijke Handelskade 34, 1019 BN ☎ 020 561 36 36; www.lloydhotel.com

Orlando €

Dieses Herrenhaus aus dem 17. Jh. liegt am Kanal und hat nur sieben Zimmer, die aber wunderschön eingerichtet sind. Hier finden Sie blanke Eichenholzböden, Seidenvorhänge, eine durchdachte Beleuchtung und große, moderne Gemälde. Gleich um die Ecke in der Utrechtsestraat befinden sich zahlreiche Restaurants.

✚ 205 E2 ✉ Prinsengracht 1099, 1017 JH
☎ 020 638 69 15; www.hotelorlando.nl.

Pulitzer €€€

Für dieses Starwood-Hotel, das sich wohltuend von den üblichen Hotels der Kette abhebt, wurden 25 Grachtenhäuser aus dem 17. und 18. Jh. über wettergeschützte Wege miteinander verbunden. Geschmackvolle moderne Einrichtung kontrastiert mit der alten Bausubstanz, und im Restaurant mit Frans-Hals-Flair fühlt man sich in der gehobenen Preisklasse.

✚ 204 B5 ✉ Prinsengracht 315–331, 1016 GZ
☎ 020 523 52 35; www.pulitzeramsterdam.com

Rho €

Das Rho mit 165 Zimmern liegt in zentraler Lage in der Nähe des Dam in einer ruhigen Seitenstraße. Die Zimmer sind einfach eingerichtet, aber die Lobby, ein ehemaliges Theater, ist ein gewaltiges Art-Nouveau-Wunderwerk. Das Frühstücksbüfett ist inklusive.

✚ 205 D4 ✉ Nes 5–23, 1012 KC
☎ 020 620 73 71; www.rhohotel.com

Seven Bridges €

Die ungemein beliebte Frühstückspension liegt in einem alten Haus an der hübschesten Gracht der Stadt. Die Besitzer (seit 25 Jahren!) haben die elf Zimmer mit erlesenen Stücken möbliert – Biedermeierschränkchen, Louis-XVI-Kommoden, Art-déco-Leuchten u. a. Da das Frühstück auf dem Zimmer serviert wird, lohnt sich der Mehrpreis für eines der geräumigeren.

✚ 205 E2 ✉ Reguliersgracht 31, 1017 LK
☎ 020 623 13 29; www.sevenbridgeshotel.nl

Seven One Seven €€€

Kees van der Valk, ein bekannter Name im holländischen Mode- und Interieur-Design, hat dieses Grachtenhaus aus dem frühen 19. Jh. in ein ruhiges, sehr luxuriöses Gästehaus verwandelt. Die meisten der neun (Malern, Schriftstellern und Komponisten gewidmeten) Zimmer sind riesig, mit vielfältigen Kunstwerken ausgestattet (das Spektrum reicht von afrikanischen Masken

Erster Überblick

über Muranoglas bis hin zu modernen Gemälden) und verwöhnen mit einladenden Sofas und/oder versenkten Badewannen. Afternoon Tea und Getränke sind im Preis enthalten.

✚ 205 D2 ✉ Prinsengracht 717, 1017 JW
☎ 020 427 07 17; www.717hotel.nl

Sofitel Amsterdam The Grand €€€

In dem im 16. Jh. für die Admiralität errichteten »barocken« Gebäude, das bis 1988 das Rathaus beherbergte, befindet sich heute das – obwohl in direkter Nachbarschaft des Rotlichtviertels gelegen – ruhigste Luxushotel der Stadt. Die edlen Zimmer gehen auf zwei wunderschöne Innenhöfe und ruhige Grachten raus. Im Restaurant Bridges dreht sich alles um Fisch, im modernen, schlichten Spa können die Gäste entspannen.

✚ 205 D4 ✉ Oudezijds Voorburgwal 197, 1012 EX ☎ 020 555 31 11; www.accorhotels.com

stayokay €

Diese Filiale der modernen niederländischen Hostelkette hat mehr als 500 Zimmer. Sie liegt optimal in der Nähe des Vondelparks. Alle 2-, 4- und 6-Bettzimmer sind mit Dusche/WC ausgestattet. Es gibt auch Schlafsäle für 8 und 10 Personen. Das Frühstück ist inklusive. Ein Fernsehzimmer, Waschraum und Kinderspielflächen stehen zur Verfügung. Hinweis: Wenn Sie Kinder unter zwölf Jahren dabei haben, müssen Sie auf jeden Fall ein Privatzimmer buchen.

✚ 204 B2 ✉ Zandpad 5, 1054 GA
☎ 020 589 89 96; www.stayokay.com

Vondel €€

Vier Häuser an einer ruhigen Straße aus dem frühen 20. Jh., nicht weit vom Leidseplein und den großen Museen entfernt, beherbergen ein Hotel mit minimalistischem Chic: Wände, Bettüberwürfe, Vorhänge, Sofas und Sessel sind ausnahmslos weiß oder cremebeige. Auch die Lobby und Bar mit riesigen Sofas und Holzbohlenboden wirkt nobel.

✚ 204 A2 ✉ Vondelstraat 26, 1054 GE
☎ 020 612 01 20; www.vondelhotels.com

Essen und Trinken

Wie in jeder pulsierenden Metropole ändert sich auch in Amsterdam das Restaurantangebot ständig (▶ 34ff). Man hat die Wahl zwischen feiner Küche mit Michelin-Stern, einfachen günstigen Gerichten in den fröhlichen Cafés oder modernem Fusion-Food in unkonventionellen Imbissen.

Ethnische Küche

Die multikulturelle Bevölkerung Amsterdams spiegelt sich in den Restaurants der Grachtenstadt: Es soll mehr als 40 verschiedene Küchen geben.

■ Am weitesten verbreitet sind **indonesische und chinesische Restaurants**, es gibt aber auch surinamische Cafés, spanische Tapas-Bars, argentinische Steakhäuser und eine wachsende Zahl von Lokalen mit Thai- oder japanischer Küche sowie italienische Restaurants.

■ **Die indonesische Küche**, die im 17. Jh. mit der niederländischen Ostindienkompanie nach Holland gelangte, wird von den Holländern als Teil ihrer eigenen Esskultur angesehen. Wählt man eine *rijsttafel*, biegt sich der Tisch unter einer großen Schüssel Reis und sechs bis 60 verschiedenen Speisen, von denen sich jeder bedient. Vorsicht: Einige Saucen, z. B. *sambal*, sind so scharf, dass es einem die Tränen in die Augen treibt und man danach nichts anderes mehr schmeckt. Fast überall können Sie aber auch à la carte bestellen.

Traditionelle Küche

Zwar existiert ein Trend in Richtung »neue holländische Küche« mit leichteren Gerichten, doch gibt es nach wie vor viele wunderbar altmodische Restaurants, die in passender Atmosphäre solide niederländische Kost servieren. Das Urteil darüber schwankt je nach persönlichem Geschmack: Manche finden sie gut und sättigend, andere fade und schwer. Jedenfalls wird auf Quantität mindestens genauso viel Wert gelegt wie auf Qualität. Klassische Hauptgänge sind z.B. *stamppot met rookworst* (mit Gemüse und Fleischwurst vermengter Kartoffelbrei) oder verschiedene Sorten *stoofpot* (Schmortopf). Ein beliebter, typischer Nachtisch ist *hangop met stoofpeertjes*: dicker Joghurt mit Rotweinbirnen.

Preiskategorien
Die Preisangaben gelten pro Person für ein 3-Gänge-Menü (ohne Getränke und Service):

€ unter 20 Euro   €€ 20–40 Euro   €€€ über 40 Euro

Kleine Gerichte

- Was Snacks angeht, ist die holländische Küche weniger umstritten. Heringsstände verkaufen frischen Matjes (► 36) und für weniger verfeinerte Gaumen Pommes frites, die man hier zu Lande stets mit Mayonnaise isst. Die besten der Stadt (außen knusprig, innen zart) bekommt man bei **Vleminckx**, Voetboogstraat 33. Lecker sind auch Pfannkuchen und *Poffertjes*, wie sie z.B. die **Pancake Bakery** (► 110) stets frisch anbietet.

- Wer sich etwas traut (oder am Verhungern ist), kann auch warme Fleisch- oder Käsehappen aus einem der Automaten ziehen, die es in den Filialen der Imbisskette FEBO und am Bahnhof gibt.

- **Als Mittagessen** geben sich die Holländer meist mit einem *broodje* (belegten Brot) zufrieden, entweder in einem Café oder aus einer Imbissstube. In Cafés bekommen Sie auch *kroketten* (Fleisch- oder Garnelenkroketten), *uitsmijter* (Eier, Schinken, Käse und Brot) sowie die meist sehr leckere *appeltaart* (gedeckter Apfelkuchen; ► 36), immer mit einem Schlag *slagroom* (Sahne) serviert. Im Café **Winkel** (Noordermarkt 43) gibt es ganz wunderbare, mit viel Zimt und köstlichem Mürbeteig – vielleicht der kulinarische Höhepunkt Ihres Amsterdamaufenthalts.

Getränke

- Das neben Bier (► 26f) **typisch holländische Getränk** ist *jenever*, ein Wacholderschnaps, den es *oud* (nach altem Rezept und mild) oder *jong* (nach jungem Rezept und schärfer) gibt. Jenever (oder Genever) schmeckt kräftiger als Gin, enthält aber weniger Alkohol. Er wird pur getrunken und in bis zum Rand gefüllten Tulpengläsern serviert. Man lässt das Glas auf der Theke stehen und beugt sich zum ersten Schluck hinab. Hartgesottene bestellen einen *kopstoot* (Schlag auf den Schädel): ein Bier mit Jenever.

- **Probierstuben** (► 31f) bieten zudem viele fruchtige Liköre mit teils fantasievollen Namen.

- Was Kaffee angeht, sind die Holländer recht eigen. Er ist wesentlich stärker als in Deutschland. Wenn Sie Milchkaffee möchten, müssen Sie *koffie verkeerd* (wörtlich: verkehrten Kaffee) bestellen.

Erster Überblick

Praktisches

- Die meisten Restaurants haben nur abends geöffnet, gegessen wird meist **zwischen 19 und 20 Uhr**. Das Schild *keuken tot* zeigt an, wann die Küche schließt. Selten gibt's nach 22 Uhr noch warme Mahlzeiten.
- **Cafés** sind keine Kaffeehäuser, sondern Kneipen. Sie machen meist nachmittags auf und schließen So bis Do um 1 Uhr früh, Fr und Sa um 2 Uhr. Ab 22 oder 23 Uhr ist die Küche geschlossen.
- **Speisekarten** sind oft mehrsprachig, Deutschkenntnisse üblich.
- In besseren Restaurants muss man **einen Tisch reservieren**.
- **Vornehme Kleidung** ist nur in Gourmetrestaurants der Nobelhotels nötig.
- Üblich: **Trinkgeld von maximal 10 Prozent** oder den Betrag aufrunden.

Einkaufen

Was Geschäfte angeht, bietet Amsterdam Dutzende ausgezeichneter kleiner Läden, die sich auf das eine oder andere spezialisiert haben – seien es Brillen, Zahnbürsten oder Olivenöl, Design und Antiquitäten oder Mode. Und dann natürlich die Märkte! Und alles ohne große, anonyme Einkaufszentren – die sucht man hier vergebens.

Die besten Einkaufsadressen

- Im Stadtzentrum findet man entlang der **Kalverstraat** (www.kalverstraat. nl, ➤79) jede Menge internationale Ketten wie H&M, Zara, Camper oder Diesel.
- Die **9 Straatjes** (www.theninestreets.com, ➤111) am westlichen Grachtenring sind gesäumt mit kleinen, aber oft feinen Läden. Ähnliches gibt es in den nahe gelegenen Straßen des Jordaan.
- Im **Spiegelkwartier** (www.spiegelkwartier.nl, ➤164f) warten mehr als 100 Kunst- und Antiquitätengeschäfte auf finanzkräftige Kunden.
- Wer die bekannten Namen der internationalen Modebranche sucht, ist in der **P.C. Hooftstraat** (➤139) im Museumsviertel richtig.

Die besten Märkte

- **Albert Cuyp Markt** (➤165): Allgemeiner Straßenmarkt.
- **Bloemenmarkt** (➤165): Blumenmarkt.
- **Noordermarkt** (➤112f): Samstags Floh- und Biomarkt.
- **Waterlooplein** (➤81): Flohmarkt.

Einkaufstipps

- Kunst und Antiquitäten: Im **Spiegelkwartier** (➤164f), **De-Looier**-Antiquitätenzentrum (➤113) und entlang der **Prinsengracht** (➤112) bekommen Sie praktisch alles, was das Herz des Sammlers begehrt: von Delfter Kacheln über alte Stadtansichten, Spielwaren und Uhren bis hin zu rostigem OP-Besteck.
- Blumenzwiebeln: Tulpen, Narzissen und Hyazinthen in Hülle und Fülle – natürlich am **Bloemenmarkt** (➤165).
- Schokolade und Pralinés: Am besten in Geschäften mit eigener Herstellung wie **Pompadour** (➤112) und **Holtkamp** (➤165) kaufen.
- Käse: *jonge* (jungen) und *oude* (alten), aus der Molkerei oder vom Bauernhof, Letzterer nicht pasteurisiert und als *boerenkaas* bezeichnet. In speziellen Käsegeschäften wie **De Kaaskamer** (➤112) können Sie probieren und Ihren Kauf vakuumverpacken lassen.

- Delfter Kacheln: Echte, handbemalte von De Porceleyne Fles werden in Geschäften wie **Galleria d'Arte Rinascimento** (►112) und **Aronson Antiquairs** (►164) angeboten.
- Diamanten: Große Diamantenschleifereien wie **Coster Diamonds** (►134) bieten kostenlose Führungen, um Interessenten in ihre Verkaufsräume zu locken.

Smart Shops

- Die liberale Drogenpolitik Amsterdams zeigt sich nicht nur in den Coffee Shops (►32f), sondern auch den Smart Shops, die Smart Drugs anbieten. Auch wenn der Verkauf der halluzinogenen »Magic Mushrooms« verboten wurde, verkaufen die Shops immer noch Zubehör für den Anbau von Cannabis.
- Ebenfalls erhältlich: Sets, mit denen man Ecstasy und Kokain auf Verunreinigungen untersuchen kann, sowie weniger umstrittene Produkte wie Kräuter mit (angeblich) aphrodisierender Wirkung.

Öffnungszeiten

- Die Ladenöffnungszeiten werden zwar **langsam liberalisiert**, sind aber immer noch recht beschränkt. In den großen Einkaufsstraßen im Zentrum gelten folgende Öffnungszeiten (können variieren): Mo 12–18, Di, Mi und Fr 10–18, Do 10–21, Sa 9–17 und So 12–17 Uhr. Einzelhandelsgeschäfte bleiben sonntags, manchmal auch montags geschlossen.

Steuer

- Die Mehrwertsteuer (derzeit 21 Prozent) ist **in der Preisauszeichnung enthalten**. Nicht-EU-Bürger erhalten sie – ab einem Kaufbetrag von ca. 50 € – in »Tax-free«-Läden abzüglich einer Gebühr beim Zoll an der EU-Außengrenze erstattet. Infos unter www.global-blue.com.

Einkaufen am Flughafen

- Typisch holländische Souvenirs bekommt man auch noch in den **Läden hinter der Passkontrolle** in Schiphol: Schokolade, Gouda und Edamer, Räucherhering und -aal, Blumenzwiebeln, Holzclogs, Jenever und Diamanten. Bei Flügen innerhalb der EU kein zollfreier Verkauf!

Ausgehen

Die einfachsten Freuden sind bekanntlich die schönsten: ein Spaziergang an den langen Grachten und ein Bier, vielleicht auch zwei, in einem der stimmungsvollen Cafés – besser kann man Amsterdam am Abend nicht genießen.

Am meisten los ist in Amsterdam bei Nacht (je nach Geschmack zum Hingehen oder Einen-großen-Bogen-drum-Schlagen): **Rotlichtviertel** (►56ff), **Spuikwartier** (►80), **Leidseplein** (►113f) und **Rembrandtplein** (►166). Fr und Sa bis 1 oder 2 Uhr früh.

Informationsquellen

- Veranstaltungskalender findet man unter www.iamsterdam.com, in den englischsprachigen Zeitschriften *A-mag* oder *Timeout Magazine* oder auf Niederländisch in der kostenlosen *Uitkrant*.

Erster Überblick

Kartenvorverkauf

- Alle kulturellen Veranstaltungen und Links zum Ticketverkauf finden sie in der Agenda auf der Internetseite www.iamsterda.com.
- Täglich ab 10 Uhr werden außerdem auf der Website www.lastminute ticket shop.nl Tickets für denselben Tag mit 50 Prozent Rabatt verkauft.

Nachtclubs

- Die meisten Clubs haben Di bis So geöffnet, richtig los geht's **ab Mitternacht**.
- Der **Eintritt ist gewöhnlich günstig** (5–10 €) – so man einmal am (was Kleidung angeht, oft sehr strikten) Türsteher vorbei ist.
- In manchen Clubs darf Gras geraucht werden, der **Verkauf von Drogen ist jedoch untersagt**.

Schwulenszene

Die Homosexuellenszene im ultratoleranten Amsterdam ist erwartungs- gemäß eine der größten in Europa.

- Viele Schwulenbars und -clubs liegen an der **Reguliersdwarsstraat** (▶166), **Warmoesstraat** (▶82) und im Bereich Kerk-/Leidsestraat.
- In zahlreichen Bars und Clubs liegen **kostenlose Infobroschüren** über Schwulen- und Lesbenveranstaltungen aus.
- Unter www.amsterdam4gays.com und www.gayamsterdam.com finden Sie u.a. Links zu den **bekanntesten Schwulenbars und -clubs**.

Kino

- In Amsterdam gibt es eine ganze Reihe von Programmkinos, etwa das **Tuschinski Theater** (▶166).
- Die meisten Filme werden in **Originalsprache mit holländischen Unter- titeln** gezeigt. Einzige Ausnahme sind Kinderfilme.

Livemusik

- Hochburg der Musikkultur sind **Muziektheater** (▶82), **Concertgebouw** (▶136) und **Muziekgebouw aan 't IJ** (▶166).
- In vielen Kirchen finden regelmäßig Konzerte mit klassischer Musik, barocker Kammermusik sowie Orgelkonzerte statt. Die größte Auswahl hat die **Engelse Kerk** im Begijnhof (▶62). Gut sind auch: **Oude Kerk** (▶58f); **Nieuwe Kerk** (▶68f); **Westerkerk** (▶101f; Glockenspiel- konzerte Di 12 bis 13 Uhr); **Amstelkerk** (▶188) und **Waalse Kerk** (Walenpleintje 157).
- Die **Amsterdam ArenA** (www.amsterdamarena.nl), das futuristische Fuß- ballstadion von Ajax Amsterdam, ist oft Schauplatz von Rockkonzerten.
- Familiärer geht es im **Melkweg** und **Paradiso** (▶113f) zu, wo junge Künstler, aber auch Megastars wie die Rolling Stones auftreten, die normalerweise nie vor so relativ kleinem Publikum spielen würden.

Unterhaltung im Sommer

- Die meisten Kulturveranstaltungen finden im Sommer statt. Die be- kanntesten sind das **Holland Festival** (www.holland-festival.nl) im Juni, mit Musik, Theater und Tanz, und das **Grachtenfestival** (www.grachten festival.nl) im August mit klassischen Konzerten.
- Das **Amsterdam Gay Pride Festival** (www.amsterdamgaypride.nl) Ende Juli/Anfang August bietet eine Boots-Prozession auf den Grachten.
- **Ende August** werben Kulturveranstalter für ihre Shows, indem sie beim **Uitmarkt** (www.uitmarkt.nl) Kostproben ihrer Kunst geben.
- Siehe auch (▶130) zum **Open-Air-Theater im Vondelpark**.

Mittelalterliche Stadt

 **Kleine Erlebnisse**

Zigarren mit Stil

Im Empire-Interieur des Traditionsladens **Hajenius** (▶80) kauft man edle Tabakwaren oder raucht sie vor Ort im Salon.

Kunstgenuss gratis

In der überdachten Gasse zwischen **Amsterdam Museum** (▶63) und Begijnensteeg locken Dutzende alte Schützengemälde.

Sint Annenstraat

In der **Gasse im Rotlichtviertel** (▶57) trifft Schmuddel auf Design: links die spärlich bekleideten Damen, rechts Designshops.

Erste Orientierung

Das alte Herz von Amsterdam wirkt wie zwei verschiedene Städte. Die augenfälligere umfasst jene lauten und aufdringlichen Touristenfallen, die man in jeder europäischen Metropole findet, hier noch verstärkt durch die hemmungslose Genusssucht des Rotlichtviertels De Wallen. Doch gleich danaben liegen Oasen der Ruhe und Einsamkeit sowie einige charmante, kleine Orte zum Essen, Trinken und Einkaufen.

Der Dam zählt zwar gewiss nicht zu den schönsten Plätzen Europas, ist aber gut als Ausgangspunkt zur Erkundung der Umgebung geeignet. In seiner Nähe liegen sämtliche Sehenswürdigkeiten der mittelalterlichen Stadt, darunter die großen Einkaufsstraßen und das Amsterdam Museum, eine besucherfreundliche Einführung in die Geschichte dieser außergewöhnlichen Stadt. Fast direkt daneben hat der Begijnhof, ein Wohnheim für alleinstehende Damen und Studentinnen, seine hehren Prinzipien bewahrt. Selbst mitten im Rotlichtviertel (bekannt als Rosse Buurt) gibt es wunderschöne geschichtsträchtige Bauwerke. Das mittelalterliche Amsterdam ist unabhängig von Ihren Interessen der beste Einstieg in die Stadt.

Christusstatue auf dem Rasen im Begijnhof

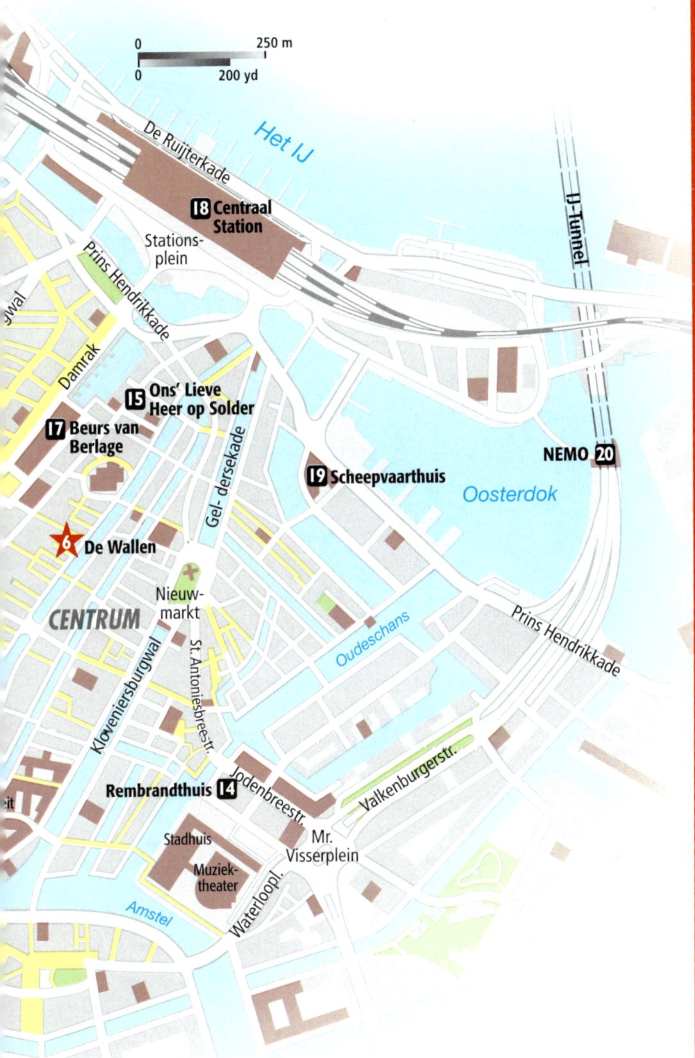
0
250 m
0
200 yd
Het IJ
De Ruijterkade
18 Centraal Station
Stations-plein
Prins Hendrikkade
Damrak
15 Ons' Lieve Heer op Solder
17 Beurs van Berlage
Gel- dersekade
19 Scheepvaarthuis
IJ-Tunnel
NEMO 20
Oosterdok
6 De Wallen
Nieuw-markt
CENTRUM
Kloveniersburgwal
St. Antoniesbreestr.
Oudeschans
Prins Hendrikkade
Valkenburgerstr.
Rembrandthuis 14
Jodenbreestr.
Stadhuis
Muziek-theater
Mr. Visserplein
Waterloopl.
Amstel

TOP 10

- 6 De Wallen ➤ 56

Nicht verpassen!

- 11 Begijnhof ➤ 61
- 12 Amsterdam Museum ➤ 63
- 13 De Dam ➤ 67

Nach Lust und Laune!

- 14 Rembrandthuis ➤ 70
- 15 Ons' Lieve Heer op Solder ➤ 71
- 16 Madame Tussauds ➤ 71
- 17 Beurs van Berlage ➤ 71f
- 18 Centraal Station ➤ 72
- 19 Scheepvaarthuis ➤ 72
- 20 NEMO ➤ 73

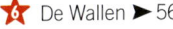

An einem Tag

Wenn Sie das alte und zugleich geschäftige Amsterdam kennenlernen möchten, folgen Sie am besten dieser Tagestour, die Sie durch das Herz der Stadt führt. Nähere Informationen zu den Highlights dieses Stadtviertels finden Sie unter den Haupteinträgen (►56ff).

🕘 9:00
Der früheste Zeitpunkt, zu dem Sie den ⑪ **Begijnhof** (Kapelle, Abb. oben, ►61f) besichtigen können. Kommen Sie pünktlich und dem größten Touristenansturm zuvor, und gönnen Sie sich dann einen Kaffee im prächtigen Café Luxembourg (►74) am Spui, dem gleich südlich gelegenen Platz.

🕦 11:30
Ein paar Gehminuten nördlich liegt das ⑫ **Amsterdam Museum** (►63ff), der richtige Platz, um sich über die Geschichte der Grachtenstadt zu informieren.

🕐 13:00
Spazieren Sie ostwärts, um das Mittagessen mit Leute beobachten (im **In de Waag** ►75, am Nieuwmarkt) oder mit einem Einkaufsbummel auf der Kalverstraat zu verbinden.

🕒 15:00
Die meisten Straßen im mittelalterlichen Herzen der Stadt führen zum ⑬ **Dam** (►67ff), wo Sie den beeindruckenden Königlichen Palast (**Koninklijk Paleis**, Abb. rechts) besichtigen oder durch die hübschen Geschäfte abseits der großen Kaufhäuser bummeln können.

🕓 16:00
Ein Spaziergang durch das Uni.viertel bringt Sie, vorbei am ehemaligen Sitz der Ostindischen Handelskompanie, zum Waterlooplein. Hier können Sie auf dem Flohmarkt noch letzte Schnäppchen machen, im Rathaus

den Besorgnis erregenden Normalpegel (▶ 14) inspizieren, das **⓮ Rembrandthuis** (▶ 70) besichtigen und im »schiefen« **Café De Sluyswacht** (▶ 76) eine Kaffeepause einlegen.

⏰ 17:30
In Richtung Hauptbahnhof liegen einige der ältesten Teile der Stadt, etwa **Oudezijs Voorburgwal**. Genießen Sie die Atmosphäre, wenn die Geschäftigkeit des Tages im ⭐ **Rotlichtviertel De Wallen** (▶ 56ff) allmählich den nächtlichen Aktivitäten weicht.

⏰ 19:00
Trinken Sie in einer traditionellen Probierstube wie **De Drie Fleschjes** (▶ 75) oder **Wynand Fockink** (▶ 76f) einen Jenever (holländischen Gin).

⏰ 20:00
Gönnen Sie sich ein exzellentes chinesisches oder thailändisches Essen zum günstigen Preis am **Zeedijk** (▶ 57), oder lassen Sie sich – schließlich sind Sie in einer alten Hafenstadt! – bei **Lucius** (▶ 78) mit Meeresspezialitäten verwöhnen.

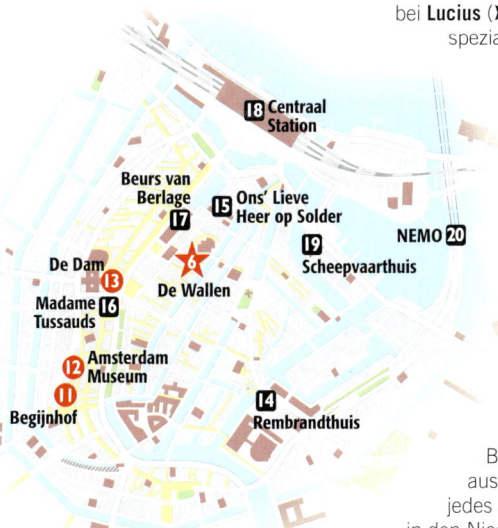

⏰ 22:00
Beschließen Sie den Tag am besten dort, wo Sie ihn begonnen haben, beim Begijnhof. Gleich gegenüber können Sie dem legendären **Café Hoppe** (▶ 74) dazu verhelfen, weiterhin mehr Bier pro Lokalfläche auszuschenken als jedes andere Bruin Café in den Niederlanden.

Mittelalterliche Stadt

⭐ **6 De Wallen**

Amsterdams Rotlichtbezirk (De Wallen) macht einen sprachlos. Leicht bekleidet sitzen die Prostituierten in grellrosa Licht, und im Fenster eines Coffee Shops hängt ein Schild: »Werte Kunden, bitte drehen Sie Ihre Joints im Geschäft. Danke.« Jede Stadt hat ihr Rotlichtviertel, wo die normalen Regeln außer Kraft gesetzt sind; aber so wie in Amsterdam ist es nirgends.

Manche Besucher sind von diesem Bezirk fasziniert und rechnen ihn zu den Hauptsehenswürdigkeiten der Stadt, wahrscheinlich, weil er offen Einblick in eine Lebensweise gewährt, die andernorts nur im Verborgenen blüht. Andere Touristen fühlen sich unwohl und fast abgestoßen von dem irgendwie schäbigen Dreieck zwischen Warmoesstraat,

Legendär, doch nicht jedermanns Sache: das Rotlichtviertel

Zeedijk und Damstraat. Das Viertel völlig zu meiden würde aber bedeuten, einen wichtigen Teil der Stadt auszulassen.

Interessant ist, dass Prostituierte in Amsterdam Steuern auf ihr Einkommen zahlen und sogar ihre eigene Gewerkschaft haben. Ein Besuch des Viertels ist in der Regel vor allem tagsüber sicher, und die abgesackten Häuser und zahlreichen Kirchen zeigen, dass es hier auch viel Geschichtliches zu entdecken gibt.

Die **Warmoesstraat** und ihre Fortsetzung **Nes** sind die ältesten Straßen Amsterdams, das ja zunächst am Ostufer der Amstel entstand. Gleichzeitig wurde der **Zeedijk** (Meeresdeich) erbaut als Schutz gegen Stürme und Sturmfluten auf der Zuidersee. Zwischen diesen beiden Straßen begann sich das heutige Labyrinth von Gassen und Gässchen zu entwickeln. Seit den Anfängen Amsterdams als Hafenstadt fanden hier Seeleute Quartier, Alkohol und weibliche Gesellschaft. Doch zwischen den Bordellen und Bars stehen auch interessante Sakralbauten – und in der Sint Annenstraat haben viele Designer ihren Sitz.

Im Rotlichtviertel gibt es aber auch ruhigere Gegenden. Besonders hübsch ist die Ecke Grimburgwal/Oudezijds Achterburgwal, wo mit dem 1610 erbauten Huis aan de drie Grachten (Haus an den drei Grachten) eines der schönsten Treppengiebelhäuser der Stadt steht. Und am ruhigen Südende des 1367 gegrabenen Oudezijds Achterburgwal, den vor der Alteratie insgesamt 19 Klöster säumten, merkt man gar nichts vom Rotlichttrubel. Gehen Sie ruhig einmal durch das kleine Tor, über dem eine Brille prangt. Dort befindet sich ein ehemaliges Altenstift mit schönem Innenhof, das heute zur Universität gehört. In der angrenzenden Passage lockt ein Buchantiquariat.

Oude Kerk
Schon um 1300 befand sich am heutigen Standort der Oude Kerk (Alte Kirche) eine kleine Kapelle, geweiht dem

Fortsetzung S. 60

Oude Kerk

Der Kirchenbau vom Beginn des 14. Jhs. wurde ab 1370 durch zwei Chorkapellen und den Chorumgang vergrößert. Von den beiden Bränden, die das mittelalterliche Amsterdam verwüsteten, blieb die Oude Kerk verschont. Weitere Kapellen waren zum Teil Stiftungen von Zünften und Gilden. Im 16. Jh. wurde der Chor umgebaut, finanziert – wie damals üblich – durch eine Lotterie.

❶ Glockenturm: Im 16. Jh. erfolgte der Umbau des Turms. Der niedrige gotische Turm wurde durch den heutigen hohen Westturm ersetzt und erhielt 1658 ein Glockenspiel (von Hemony), das zu den schönsten des Landes zählt. Nur nach Voranmeldung und in Gruppen kann man den Turm der Oude Kerk besteigen, von dem aus sich ein wunderschöner Blick über die Altstadt von Amsterdam bietet.

❷ Südportal: Aus dem 16. Jh. datiert auch ein Portal an der Südseite mit Wappen von Kaiser Maximilian I. und Philipp dem Schönen. Es bietet Zugang zu der Eisernen Kapelle: Hinter einer eisernen Tür wurden die Stadtprivilegien, u. a. das Zollrecht von 1275, aufbewahrt. Erst 1872 wurden sie ins Gemeindearchiv überführt.

❸ Innenraum: Die Oude Kerk dient heute nicht mehr ihrem ursprünglichen Zweck als Sakralbau. Seit einer umfassenden Restaurierung in den 1990er-Jahren finden in der Kirche nun Kunstausstellungen, Vorträge und Konzerte statt. Von der ursprünglichen wertvollen Ausstattung ging bereits in den Wirren des 16. Jhs. viel verloren.

❹ Renaissanceglasfenster: Beachtenswert sind die Glasfenster im Frauenchor. Sie stammen ursprünglich von 1555, wurden aber im 18. Jh. in ihrer alten Form weitgehend erneuert.

❺ Chor: Das kunstvolle Schnitzwerk der Chorbänke datiert aus der ersten Hälfte des 16. Jahrhunderts.

❻ Große Orgel: Äußerst prächtig ist die große barocke Orgel (1724–1726) mit ihrem reichen Gold- und Holzdekor.

❼Grabmäler: Ebenso wie in der Nieuwe Kerk haben in der Oude Kerk viele berühmte Amsterdamer Bürger ihre letzte Ruhe gefunden. Neben Admirälen (u. a. Jacob van Heemskerk, Willem van der Zaan) und anderen Größen ist hier auch Rembrandts Frau Saskia beigesetzt (gest. 1642).

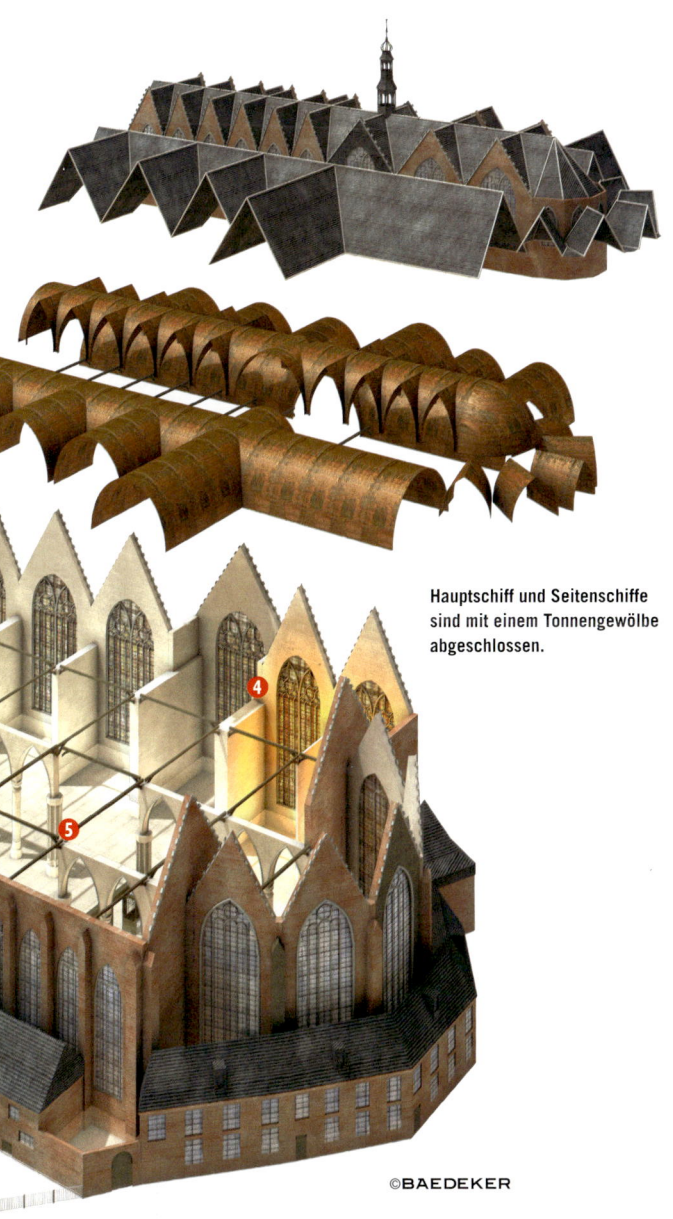

Hauptschiff und Seitenschiffe sind mit einem Tonnengewölbe abgeschlossen.

©BAEDEKER

hl. Nikolaus, der die Menschen vor den Gefahren des Meeres schützen soll. Der Baukern aus dem 15. Jh. macht sie zum ältesten Gebäude Amsterdams. Die »Alte Kirche« hat die Wirren der Jahrhunderte überraschend gut überstanden, wenngleich neuere Einrichtungen wie die benachbarten Pissoirs ihr doch etwas von ihrer Würde nehmen. Der Innenraum wird häufig für sehr unterschiedliche Ausstellungen genutzt, doch die schönen Buntglasfenster sowie die Denkmäler haben ihren Zauber bewahrt. Unter einem von 2500 Grabsteinen ruht Rembrandts Frau Saskia.

Die Oude Kerk steht nicht frei, sondern wird ganz eng umrahmt von früheren Bürgerhäusern.

✚ 203 F1

Oude Kerk

✚ 203 F2 ✉ Oudekerksplein 23 ☎ 020 625 82 84; www.oudekerk.nl
🕐 Mo–Sa 10–18, So 13–17.30 Uhr; geschl. 1. Jan., 27. April und 25. Dez.
🚊 4, 9, 16, 24 bis Damrak 🎟 10 €; für Inhaber der Museumskarte oder der I Amsterdam-Card frei

🔴❙❙ Begijnhof

Im Begijnhof steht ein Schild mit der Aufschrift »Friede sei auf Erden«. Und so lange die Touristen nicht zu laut werden, bleibt es auch herrlich friedlich auf diesem versteckten grünen Platz mitten im Zentrum einer der lebendigsten Städte Europas.

Lambert le Bégue begründete 1170 den Orden der Beginen für Frauen aus reichen katholischen Familien, die ihren Ehemann verloren oder nie einen gefunden hatten. Der Begijnhof war eine freiere Alternative zum Eintritt in ein Kloster: Beginen lebten in komfortabel ausgestatteten Räumlichkeiten und kümmerten sich um die Armen und Alten – eine wohltätige, religiöse Aufgabe, die jedoch kein Gelübde erforderte.

VERHALTENSREGELN
Die Bewohner des Begijnhofs tolerieren den Tourismus, erwarten, um ihre Privatsphäre zu wahren, jedoch eine gewisse, eigentlich selbstverständliche Rücksichtnahme. So ist Fotografieren zwar erlaubt; machen Sie aber bitte keine Innenaufnahmen. Und sprechen Sie nicht zu laut.

Der Begijnhof selbst wurde Mitte des 14. Jhs. gegründet, doch die ursprünglichen Bauten stehen nicht mehr. Haus Nummer 34, das **Houten Huys** (Holzhaus), datiert aus dem Jahr 1530, ist damit das älteste erhaltene Haus der Stadt. Die meisten anderen wurden im 16., 17. oder 18. Jh. errichtet, einige sind sogar noch jünger. Nahe Haus 35 ist eine Wand mit acht biblischen Tafeln, die trotz der Zerstörung einiger Häuser erhalten blieben. Die letzte

Der Begijnhof ist ein beliebter Platz.

Mittelalterliche Stadt

Begine starb 1971, doch in den Häusern finden auch heute noch unverheiratete Frauen Unterkunft. Die schmucken
Bauten mit den kunstvollen Giebeln gruppieren sich um
gepflegte Rasenflächen.

Den südlichen Teil des Begijnhofs nimmt die Ende des
15. Jhs. errichtete **Engelse Kerk** ein, rund 100 Jahre lang
Gebetsstätte der Laienschwestern. Nach der »Alteratie« zum
Protestantismus (➤ 64) wurde sie geschlossen und erst
1607 wieder eröffnet, diesmal von englischen Presbyteria-
nern. Heute gehört das Gotteshaus zur Church of Scotland.
Die Kanzel gestaltete der junge Piet Mondriaan (1872–
1944). Neben dem sonntäglichen Gottesdienst (um 10.30
Uhr) wird die Kirche vorwiegend für Konzerte genutzt.

Ein farbiges Glasfenster in der Begijnhof-kapel, das Joost van den Vondel und Thomas a Kempis gewid-met ist.

Die Begijnhofkapel
Die Begijnhofkapel, die
1671 errichtete katholische
Kirche, liegt nur wenige
Schritte von der Engelse
Kerk entfernt, ist aber recht
unauffällig. Die Katholiken,
die nicht konvertierten,
wurden von den Stadt-
vätern zwar geduldet,
durften ihrem Glauben aber
nur an einem Ort nachge-
hen, der von der Straße aus
nicht als solcher kenntlich
war. So verbergen schlichte
Türen den opulenten Innenraum. Beachten Sie das
Buntglasfenster rechts vom
Altar, das dem holländi-
schen Nationaldichter Joost
van den Vondel geweiht ist.

✚ 204 C4 ✉ Begijnhof
☎ www.begijnhofamsterdam.nl ◷ zur Besichtigung geöffnet tgl. 9–17 Uhr,
keine Gruppen; Begijnhofkapel Sa, So 9–18, Mo 13–18.30, Di–Fr 9–18.30 Uhr
🚋 1, 2, 5 💶 frei

BAEDEKER TIPP

- Beide Eingänge sind nicht leicht zu finden. Der Hauptzugang liegt in der **Gedempte Begijnensloot**, erreichbar von der Kalverstraat über eine Begijnensteeg genannte Gasse. Ein Seiteneingang ist vom Spui-Platz aus zugänglich, unter einem Bogen hindurch, der wie ein gewöhnliches Portal aussieht.
- Um die Mittagszeit ist der Begijnhof oft von Touristen überlaufen. Legen Sie Ihren Besuch deshalb in die **erste oder letzte Stunde der Öffnungszeit.**
- Ein interessanter **Buch- und Geschenkeshop** zum Begijnhof liegt gleich um die Ecke im Nieuwezijds Voorburgwal 371. Er ist von Dienstag bis Samstag, je-weils von 10 bis 16 Uhr geöffnet.

⑫ Amsterdam Museum

Amsterdam ist eine in vielerlei Hinsicht außergewöhnliche Stadt, deren aufregende Geschichte dieses Museum beispielhaft dokumentiert. Intrigante Machenschaften, die der Stadt zu ihrer Macht verhalfen, werden in einem Umfeld dargestellt, das ebenso bunt zusammengewürfelt ist wie Amsterdam selbst. Nach dem Besuch zu Beginn Ihres Aufenthaltes werden Sie die Grachtenstadt besser verstehen und noch mehr genießen.

Dokumentiert die Stadtgeschichte: das Amsterdam Museum

Das Amsterdam Historisch Museum nimmt einen großen historischen Gebäudekomplex ein und hat zwei Haupteingänge. Am besten zugänglich ist der Eingang am Nieuwezijds Voorburgwal 357, wo Sie Ihren Rundgang durch die chronologisch geordneten Galerien beginnen können.

Die Lage des Museums und die Anordnung der Räumlichkeiten hängt mit dem ursprünglichen Verwendungszweck des Gebäudes zusammen, das 1414 als Kloster erbaut und nach der »Alteratie« – dem Wechsel zum Protestantismus (► 64) – in ein Waisenhaus verwandelt wurde. Jungen- und Mädchenunterkünfte waren durch einen tiefen Graben getrennt.

Die junge Stadt

Der Rundgang folgt chronologisch der Stadtgeschichte – angefangen bei den ersten Siedlungen auf Lehmhügeln, die im Laufe der Zeit zusammenwuchsen.

Der erste Damm an der Amstel wurde 1270 gebaut und markiert einen Wendepunkt in der Geschichte der jungen Stadt: Eine unmittelbare Folge war, dass Handelsschiffe nicht mehr einfach passieren konnten, sondern gezwungen waren, ihre Fracht hier zu löschen. Da die Güter ja weitertransportiert werden mussten, entstanden in Amsterdam neue Arbeitsplätze, und das einstige Fischerdorf wurde zu einem bedeutenden Warenumschlagplatz und Handelszentrum.

Die folgenden Jahrhunderte standen im Zeichen von Pragmatismus und Neuerungen. Der erste bekannte »Stadtplan« ist Cornelis Anthonisz' *Ansicht Amsterdams aus der Vogelperspektive* (1538). Neben einem digitalen Display, das das Wachstum der Stadt zeigt, hängt auch ein Werk von 1593, das eine Lotterie zu Gunsten eines Irrenhauses zeigt.

Die mächtige Stadt

Zusätzlich vorangetrieben durch Fortschritte auf dem Gebiet der Seefahrt, erlebte Amsterdam im 14. und 15. Jh. einen raschen wirtschaftlichen Aufschwung. Der **Saal 5** illustriert die Anfänge des Asienhandels, der ab 1595 große Bedeutung erlangte, und den 1602 erfolgten Zusammenschluss konkurrierender Unternehmen zur mächtigsten Handelsgesellschaft der Welt, der Vereenigde Oostindische Compagnie (VOC, ▶ 18f). Im Laufe der nächsten zwei Jahrhunderte verließen knapp eine Million Menschen Holland, und nur jeder Dritte kehrte zurück. Dabei erwiesen sich die Expeditionen gen Osten als erfolgreicher denn solche in Richtung Westen: Auf dem nordamerikanischen Kontinent wurde Neu Amsterdam gegründet, das heutige New York, jedoch schon bald wieder verloren: getauscht mit den Engländern gegen Surinam, einen kleinen sumpfigen Landstreifen in Südamerika, um den Holländern wenigstens das Gesicht zu wahren.

Die religiösen Unruhen, die Europa im 16. Jh. erschütterten, wusste Amsterdam zu seinem Vorteil zu nutzen. Fähige und geschäftstüchtige Juden und Protestanten, die aus anderen Ländern vertrieben wurden, hieß die Stadt (mit Vorbehalt) willkommen. Natürlich war auch Amsterdam nicht gegen innere Unruhen gefeit, und der Frontenwechsel der Stadt vom katholischen Spanien Philipps II. zu den protestantischen Niederlanden – die sogenannte Alteratie – fand 1578 unter großem Blutvergießen statt. **Saal 10** vermittelt einen Eindruck von den Religionskämpfen, birgt aber auch eine Nachbildung des Glockenspiels im Münzturm.

Die moderne Stadt

Die wirtschaftliche und künstlerische Hochblüte der Stadt hielt nicht an. Im 19. Jh. ging es merkbar abwärts, doch fand die Grachtenstadt für jedes neu auftauchende Problem auch eine innovative Lösung. Eine der witzigsten im **Saal 16** des Museums gezeigten ist J. C. Sincks Seilwinde zur Bergung von in eine Gracht gestürzten Pferden. Die Konstruktion bestand aus einem Wagen mit aufmontiertem Kran, an dem ein Geschirr hing, in dem das

Die Regenten-kammer

unglückliche Tier hochgehievt wurde. Eine Bergungsaktion kostete 40 Gulden – ein geringer Preis für die Rettung eines wertvollen Rosses.

Besonders interessant ist die Abteilung 20. Jh. mit den Schwerpunkten Einwanderung, soziale Strukturen und, natürlich, Zweiter Weltkrieg. Im »Hungerwinter« 1944/45 starben in Amsterdam mehr als 2000 Menschen während der Besatzung durch die Nazis.

Als der Seehandel in den 1970er- und 80er-Jahren zurückging, erlebte auch die Stadt einen Niedergang: 40 000 Leute zogen jedes Jahr aus Amsterdam fort. Der Umbruch seit den 60er-Jahren wird mit leisem Humor

Der Hof des Museumscafés

präsentiert: Zwischen den düsteren Grafiken zum Bevölkerungswachstum zeigt ein Diagramm die Zunahme der Coffeeshops zwischen 1980 und 1999. Am Ende des Rundgangs ist man auf dem neuesten Wissensstand: Nicht einmal einer von drei Einwohnern der Stadt ist hier geboren, die Fluktuationsrate hoch. Auch wenn es sich hier um das historische Museum Amsterdams handelt, spiegelt es das veränderliche Gesicht der Stadt mit interessanten interaktiven Multi-Media-Ausstellungen wider, die im 21. Jh. zuhause sind.

KLEINE PAUSE

Das **Museum Café Mokum** liegt in dem großen ehemaligen Kuhstall des früheren Klosters, in dem sich heute das Museum befindet. Im luftigen Hof stehen weitere Tische und Stühle für ein Mittagessen nach dem Museumsbesuch oder einem Shopping-Ausflug durch die nahe gelegenen Straßen zur Verfügung.

✚ 205 D4 ✉ Nieuwezijds Voorburgwal 357, Kalverstraat 92 und Sint Luciensteeg 27 ☎ 020 523 18 22; www.amsterdammuseum.nl
🕐 tgl. 10–17 Uhr; geschl. 1. Jan., 26. April, 25. Dez.
🍴 Museum Café Mokum, Erdgeschoss (€€); tgl. 10–17 Uhr
🚋 1, 2, 4, 5, 9, 14, 16, 24 💶 12,50 €; Museumspass und
I Amsterdam-Card gültig

🅱 De Dam

Fast jeder Amsterdambesucher kommt einmal am Dam vorbei, jenem Platz, dem die Stadt ihren Namen verdankt. An dieser Stelle wurde im 13. Jh. der erste Amstel-Damm erbaut (heute fließt der Fluss unterirdisch durch Rohrleitungen ins IJ). Der Platz wird eingerahmt vom Königlichen Palast und dem Nationaal Monument. Auf den ersten Blick enttäuschen die uncharmante Architektur und die vielen Trambahnoberleitungen, die den ganzen Platz überspannen. Obwohl De Dam meist eher wie eine touristische Durchgangsstraße wirkt, bleibt er trotzdem das historische Herz der Stadt.

Koninklijk Paleis

Die niederländische Monarchie unterscheidet sich von den meisten Königshäusern – sie wurde mit allgemeiner Zustimmung vor nicht einmal zwei Jahrhunderten begründet. Auch der Königliche Palast entspricht ganz und gar nicht der Norm. Seine Massivität und die Lage am Amsterdamer Hauptplatz ließen eher auf ein Rathaus schließen, und tatsächlich wurde er ursprünglich als solches erbaut. Keine zwei Meter von seiner Südfassade entfernt rattern die Straßenbahnen vorbei, und von seiner »Haustür« aus hat Seine Majestät einen hervorragenden Blick auf viele der malerischen Exzesse Amsterdams – etwa Marihuana rauchende Leute am Fuße des Nationalmonuments.

Vom Rathaus zum Königlichen Palast

Der Palast wurde Mitte des 17. Jhs. errichtet, als Amsterdam die größte Handelsmetropole der Welt war, und der Dichter Constantijn Huygens (1596–1687) pries ihn als »achtes Weltwunder«. Nach der Eroberung der Niederlande residierte Louis Napoleon anfangs in Utrecht, verlegte seinen Hof jedoch bald nach Amsterdam. Und da das einzige Gebäude dort, das seinen Platzansprüchen genügte, die Stadtverwaltung beherbergte, wurde diese eben umquartiert. Im Giebelfeld des Gebäudes befindet sich eine Allegorie von Krieg und Frieden: Statuen mit einer Waffe bzw. einem Ölzweig sowie ein vergoldetes Segelschiff, das als Wetterfahne dient.

Es lohnt sich, den Palast zu umrunden, schon um seine Größe zu ermessen, aber auch der Atlasstatue auf der Rückseite des Daches wegen, die eine gigantische kupferne Weltkugel trägt. Sogar die vier Laternenpfähle vor der Fassade sind sehenswert: Jeder wird von einem Löwen bewacht und von einer Krone geschmückt.

Mittelalterliche Stadt

Nationaal Monument

Das Nationaldenkmal erinnert an die Leiden unter der deutschen Besatzung im Zweiten Weltkrieg, eine traumatische Zeit für die Stadt wie die gesamten Niederlande. Das von John Rädecker entworfene Mahnmal wurde am 4. Mai 1956 enthüllt, 16 Jahre nach dem Einmarsch der deutschen Truppen. Kritiker meinen, das Ganze sei nichts anderes als ein überdimensionierter Verkehrspoller, und wenn man ehrlich ist, muss man ihnen Recht geben. Aus der Nähe betrachtet, erkennt man den Skulpturenschmuck, Symbole von Mutterschaft und Unterdrückung, während auf der Rückseite ein Taubenschwarm herabflattert. In den Obelisken sind zwölf Urnen eingemauert, die Erde aus den elf früheren niederländischen Provinzen und der größten Kolonie, Indonesien, enthalten.

Das National-
denkmal am
Dam

Nieuwe Kerk

Die Nieuwe Kerk ist die Krönungskirche der niederländischen Monarchen, und so fand hier 2013 auch die Krönung des jetzigen Königs statt. Trotz ihres Namens (»Neue« Kirche) ist sie eines der ältesten Gotteshäuser der Stadt. Besonders zauberhaft wirkt sie an einem sonnigen Morgen, wenn die Figuren auf der Sonnenuhr über dem Fenster der Südfassade wie eine goldene Halskette schimmern. Bis Ende des 19. Jhs. wurden alle Uhren der Stadt nach dieser Sonnenuhr gestellt.

Die erste »Neue Kirche« wurde 1408 gegründet, jedoch zweimal durch Brände völlig zerstört. Der heutige Entwurf datiert aus dem frühen 16. Jahrhundert. 1578 übernahm die Niederländisch-Reformierte Kirche das Gotteshaus und entfernte alle Statuen, Altäre und Gemälde. Bei Dachreparaturen fing das Gebäude 1645 Feuer und brannte bis auf das Mauerwerk aus. Dies ermöglichte eine Neuausstattung der Kirche in aller Pracht des goldenen Zeitalters.

Rechts vom Eingang erinnert ein Denkmal an **Joost van den Vondel** (1587–1679), Nationaldichter und Zeitgenosse Rembrandts, der hier seine letzte Ruhestätte fand. Auch viele heldenhafte Seefahrer, die im 18. und 19. Jh. praktisch als Hochadel gehandelt wurden, sind in dieser Kirche beigesetzt, namentlich **Michiel de Ruyter** (1606 bis 1676), Admiral der niederländischen Flotte, der im Zweiten und Dritten Englisch-Holländischen Krieg gekämpft hatte. Im Zweiten segelte er die Themse fast bis London hinauf; im Dritten Krieg fiel er. Die Schlacht, in der er sein Leben verlor, ist auf seinem Grabmal dargestellt.

BAEDEKER TIPP

- Die **kostenlose Audiotour** ist empfehlenswert.
- Wenn Sie den Königlichen Palast im Oktober besuchen, lohnt auch die jährliche **Ausstellung des Königlichen Malereipreises**.

Die Kirche ist auch einer der meistbesuchten Ausstellungsorte des Landes. Es finden regelmäßig Ausstellungen zu Kunst und Schätzen der »Weltreligionen« statt. In einem Shop (tgl. 10–17 Uhr, auch ohne Eintritt zugänglich) werden ausstellungsbezogene Objekte und Bücher angeboten.

KLEINE PAUSE

Schaut man vom Dam nordwärts den Nieuwendijk entlang, reiht sich ein Fastfood-Restaurant an das nächste. Besser, Sie bleiben am Dam, wo das **Nieuwe Kafe** (tgl. 8.30 bis 18 Uhr, Tel. 020 627 28 30; www.nieuwe-kafe.nl) bei der Nieuwe Kerk Gelegenheit zum Leute beobachten bietet. Wer Lust auf etwas Stimmungsvolleres hat, sollte das **Wynand Fockink** aufsuchen, eine Probierstube (➤ 76) am Pijlsteeg 31, einer Seitenstraße neben dem Hotel Krasnapolsky.

Dam
205 D5

Koninklijk Paleis
205 D5 ☎ 020 620 40 60; www.paleisamsterdam.nl in der Regel tgl. 11–17 Uhr, außer bei offiziellen Empfängen des Königshauses. Aktueller Kalender auf der Website. alle Straßenbahnen zum und vom Hauptbahnhof 10 €; unter 18 Jahren Eintritt frei

Nieuwe Kerk

Entspannen im
Nieuwe Kafé
am Dam

205 D5 ☎ 020 638 69 09; www.nieuwekerk.nl tgl. 10–18 Uhr; geschl. 1. Jan. und 25. Dez. alle Straßenbahnen zum und vom Hauptbahnhof wechselnde Eintrittspreise; I Amsterdam-Card gültig

Nach Lust und Laune!

⓮Rembrandthuis

Das Wohnhaus des Meisters (von 1639 bis 1658) ist ein wahres Schatzkästlein. Man betritt es durch das Nachbarhaus und steigt von dort hinunter in die Küche, wo die ersten Kastenbetten des Personals zu sehen sind – im Grunde nichts anderes als ein Schrank mit einer Matratze drin.

Am repräsentativsten ist das Erdgeschoss mit der besonders prächtigen Eingangshalle. Als Kunsthändler wusste Rembrandt, welche Rolle der erste Eindruck spielt. Den Vorraum schmückt ein scheinbar aus Marmor gefertigter Kamin, der sich bei näherem Hinschauen freilich als Holzimitation erweist – die Marmorzeichnung ist täuschend echt aufgemalt. Hier hängen einige Werke von Zeitgenossen Rembrandts. Moderne Reproduktionen einiger dieser Kunstwerke können im Shop erworben werden. Picasso übernahm zahlreiche Ideen aus den Stichen von Rembrandt. Sein Motto war: »Schlechte Künstler kopieren, gute Künstler stehlen«. Der **Salon** diente gleichzeitig als Rembrandts Schlafzimmer.

Über eine schmale Wendeltreppe gelangt man ins **Zwischen-**

In dieser Küche speiste Rembrandt mit seiner Familie und seinen Schülern.

geschoss, das eine außergewöhnliche Sammlung von Kunstwerken beherbergt: eine Hängematte aus Südamerika, chinesisches Porzellan, faszinierende Schmetterlinge und drei Schildkrötenpanzer.

Größter Raum im Haus ist das **Atelier** im ersten Stock, in dem Rembrandt und seine Schüler arbeiteten.

Schauen Sie vom **dritten Stock** aus an der Rückseite des Hauses hinunter – auf das moderne Apartmenthaus. Und beachten Sie beim Verlassen des Hauses den hübschen Torbogen links (Richtung Westen) mit neuen Reliefs.

Gezeigt werden Wechselausstellungen und Radierungen des Künstlers sowie verschiedene Ausstellungen, die den Arbeiten von Rembrandt und von ihm inspirierten Künstlern gewidmet sind. Die Audio-Tour (kostenlos) ist interessant und gut gemacht.

✚ 206 B3 ✉ Jodenbreestraat 4 ☎ 020 520 04 00; www.rembrandthuis.nl 🕐 tgl. 10–18 Uhr; geschl. 1. Jan. und 27. April 🚊 Waterlooplein 🚋 9, 14 💶 13 €; Museumspass und I Amsterdam-Card gültig

15 Ons' Lieve Heer op Solder

Ons' Lieve Heer op Solder (»Unser Herr auf dem Dachboden«) ist ein wunderbares Museum. Die drei unteren Geschosse geben Einblick in die Lebensweise des 17. Jhs.: Die Räume sind im Stil des damaligen Eigentümers Jan Hartman erhalten. In die oberen drei Etagen jedoch ist eine prächtige katholische Kirche mit reichem Statuen- und Silberschmuck gedrängt. Nach der Alteratie, also nach dem Übergang zum Protestantismus, verwandelten mehrere wohlhabende Katholiken Teile ihrer Häuser in Kirchen, doch ist dies die einzige, die noch aus jener Zeit erhalten geblieben ist.

✚ 206 A4 ✉ Oudezijds Voorburgwal 40 ☎ 020 624 66 04; www.opsolder.nl ⏱ Mo–Sa 10–17 Uhr, So und an Feiertagen 13–17 Uhr; geschl. 1. Jan., 27. April und bei Sonderveranstaltungen 🚋 4, 9, 16, 24 bis Damrak 🎫 10 €; für Inhaber der Museumskarte und der I Amsterdam-Card frei

16 Madame Tussauds

Alle üblichen Wachsfigurenkandidaten, einschließlich Barack Obama mit seinem gewinnenden Lächeln, sind vertreten. Auch typisch holländische Figuren wie Prinzessin Beatrix und Anne Frank mit ihrem Tagebuch gehören dazu. 👫 Die Besucher dürfen die Figuren anfassen und Fotos machen (bei den beliebtesten Figuren müssen Sie evtl. anstehen).

✚ 205 D5 ✉ De Dam 20 ☎ 020 522 10 10; www.madametussauds.com ⏱ tgl. 10–18.30 Uhr (bis 20.30 Uhr in den Schulferien); geschl. am 27. April 🚉 Centraal Station 🚋 Magna Plaza/Dam, Bijenkorf/Dam 🎫 23,50 €

17 Beurs van Berlage

Ein Gebäude ragt am Damrak besonders heraus: die wunderschöne rote Backsteinfassade der ehemaligen Börse. Der Sozialist Hendrik Petrus Berlage, der die Beurs vor 100 Jahren entwarf, glaubte an eine »höhere Bestimmung« dieser Organisation. Wenn auch Anhänger des Gewerkschaftsgedankens, war er doch bodenständig genug, den Auftrag für Amsterdams Kapitalismuszentrum nicht abzulehnen.

Dabei war Berlage nicht die erste Wahl der Juroren. Doch der eigentliche Sieger des Architekturwettbewerbs hatte, wie sich herausstellte, die Fassadengestaltung vom Rathaus der französischen Stadt Nantes abgeschaut. Mit großem Enthusiasmus machte sich Berlage 1898 daran, einen massiven Ziegelbau auf höchst unsicheren Grund zu setzen. Obwohl die neun Millionen Ziegelsteine auf fast 5000 Pfählen ruhen, zeigten sich schon bald nach der Fertigstellung im Jahr 1903 Risse im Mauerwerk. Nur recht umfassende Restaurierungsmaßnahmen machten es möglich, das Gebäude zusammenzuhalten. Im Jahr 2000 fusionierte dann die Amsterdamer Börse mit den Börsen von Paris und Brüssel und wurde in Euronext Amsterdam umbenannt. Sie liegt gleich nebenan im

Mittelalterliche Stadt

Beursplein 5. Leider ist der Turm, der mit 40 m Höhe einen wundervollen Blick über die Stadt bietet, nicht länger für die Öffentlichkeit zugänglich, aber das ehemalige Börsenparkett und die anderen Hallen des Gebäudes werden als Veranstaltungsorte für große Ausstellungen, Shows und Konzerte – und einmal sogar für eine königliche Hochzeit – verwendet. Das ehemalige Haupteingangsfoyer beherbergt heute ein Café, in dem ein herrliches Fliesenbild des holländischen Symbolisten Jan Toorop hängt. Außerdem hat man einen schönen Blick über Beursplein.
✚ 203 F2 ✉ Beursplein ☎ 020 531 33 55; www.beursvanberlage.nl Ⓒ nur für Ausstellungen – Öffnungszeiten variieren. Café tgl. Mo–Sa 10–18, So 11–18 Uhr Ⓠ Dam 4, 9, 16, 24 Ⓡ Centraal Station Ⓤ variiert

⓲ Centraal Station
Es ist schade, dass nur wenige Besucher die Schönheit dieses Gebäudes würdigen oder es überhaupt als Sehenswürdigkeit beachten. Die herrliche Fassade erstreckt sich 400 m lang auf einer künstlichen Insel zwischen dem Fluss IJ und der Stadt.
    Sogar die Bauarbeiten an Amsterdams neuer Untergrundbahn konnten der Anmut des Gebäudes nichts anhaben. Der Stil ist niederländische Neurenaissance; als Architekt zeichnete P. J. H. Cuypers, der auch das ähnlich anmutende Rijksmuseum (➤ 120ff) entwarf. Den schönsten Gesamteindruck hat man etwa 100 m vor dem Bahnhofseingang, wenn sich die Dekorationen im Licht der Nachmittagssonne abheben.
    Der Ostturm des Bahnhofs enthält die für den Reisenden unentbehrliche Uhr, während auf seinem westlichen Pendant die Windrichtung angezeigt wird.
    Die Fassade zeigt Darstellungen, die den Wirtschaftszweigen der Grachtenstadt huldigen: Handwerk, Handel und Export. Eine zweite,

moderne Bahnhofshalle mit vielen Restaurants wurde 2016 auf der Nordseite eröffnet, doch das Glanzlicht des Bahnhofs bleibt die vornehme **Wachtkamer Eerste Klasse** am Bahnsteig 2B. Der ehemalige Wartesaal erster Klasse ist heute in zwei Cafés bzw. Restaurants (➤ 75) unterteilt. Löwen bewachen den ursprünglichen Eingang gemeinsam mit dem Porträt einer wehmütig dreinblickenden Holländerin.
✚ 206 A5 ✉ Stationsplein Ⓒ rund um die Uhr, zwischen 0 und 5 Uhr jedoch nur für Reisende mit Fahrschein Ⓒ viele Imbissgelegenheiten im Einkaufsbereich unter den Bahnsteigen und an Bahnsteig 2 Ⓠ 1, 2, 4, 5, 9, 13, 16, 17, 24, 26 Ⓡ alle

⓳ Scheepvaarthuis
Der Name dieses Gebäudes lautet übersetzt ganz schlicht »Schifffahrtshaus«, es ist aber besser als »Haus der 1000 Fenster« bekannt. Ursprünglich sollte dieses Gebäude Reedereien beherbergen, weshalb die gesamte Fassade mit Motiven geschmückt ist, die die Seefahrt verherrlichen und in großen Worten alle Meere von Middellandse Zee (Mittelmeer) bis zum Indische Oceaan (Indischen Ozean) preisen.

Fensterreich: das Scheepvaarthuis

Der Entwurf stammt von J. M. van der Mey; das Gebäude gilt als erstes Beispiel der Amsterdamer Schule. Manche Besucher entdecken geometrische Elemente, die vom schotti-

Interaktives Wissenschaftszentrum NEMO

20 NEMO

Dieses lokale Wahrzeichen ist eine dramatische Ergänzung der Skyline und wirkt wie ein schweres, sinkendes Schiff außerhalb des Oosterdoks. Der Weg über die Gebäudekante nach oben ist interessant und wird von einem großartigen Blick von der Dachterrasse belohnt. Das fantasievoll ausgestattete interaktive Wissenschafts- und Technologiezentrum bietet in spielerischer Form eine Reihe von Ausstellungen und Exponaten auf fünf Etagen an. 👫 Die gewollt spielerische Herangehensweise an die Wissenschaften (hier ist es verbo-

18 **Centraal Station**

Stationsplein

De Ruijterkade

Prins

Hendrikkade

Gelderskade

19 **Scheepvaarthuis**

NEMO 20

Oosterdok

schen Designer Charles Rennie Mackintosh stammen könnten, andere fühlen sich an die Kunst der Mayas erinnert. Heute befindet sich hier das Grand Hotel Amrâth (► 44). Schauen Sie kurz hinein und werfen Sie einen Blick auf die Deko und das mit Buntglas ausgestattete Treppenhaus.

✚ 206 B4 ✉ Prins Hendrikkade 108
🕐 Größtenteils nur zugänglich für Hotelgäste
🚉 Centraal Station 🚊 Centraal Station
🚏 Centraal Station

ten, die Ausstellungsstücke NICHT anzufassen) soll vor allem Kinder zwischen 6 und 14 Jahren ansprechen und ist daher auch bei Eltern und Großeltern beliebt.

✚ 207 D4 ✉ Oosterdok 2
☎ 020 531 32 33; www.e-nemo.nl
🕐 Di–So 10–17 Uhr (während der niederländischen Schulferien und von Juni bis Aug. auch montags); geschl. 1. Jan., 27. April und 25. Dez. 🍴 Café (€€) 🚉 Centraal Station
🎟 15 €, Museumspass und I Amsterdam-Card gültig

Wohin zum ...
Essen und Trinken?

Preise
für ein 3-Gänge-Menü ohne Getränke:
€ unter 20 Euro   €€ 20–40 Euro   €€€ über 40 Euro

CAFÉS

De Bakkerswinkel €
Sie können sich darauf verlassen, dass das angebotene Brot und Gebäck genau so frisch und lecker schmeckt, wie es aussieht (und duftet). Der Kaffee ist gut, und das Café ist eine gute Wahl für einen Snack oder ein leichtes Mittagessen wie Suppe, Quiche oder ein Sandwich. Oder schauen Sie am Nachmittag zum Tee vorbei – dann gibt es Gebäck und andere hausgemachte Leckereien.
✠ 203 F2 ✉ Warmoesstraat 69
☎ 020 489 80 00; www.debakkerswinkel.nl
🕐 Mo–Fr 8–17.30, Sa–So 8–18 Uhr

Café de Dokter €
Versteckt in einer Seitenstraße der Kalverstraat, offeriert das 200 Jahre alte »Café de Dokter« in einer früheren Arztpraxis jetzt Medizin anderer Art. In Amsterdams angeblich kleinstem Braunen Café, das eher an einen Trödlerladen erinnert als an eine Bar, brennen selbst an einem sonnigen Nachmittag Kerzen. Auf den Lampen und alten Flaschen sammelt sich der Staub, an den Wänden hängen ausrangierte Musikinstrumente, und das Telefon ist uralt, funktioniert aber!
✠ 205 D4 ✉ Rozenboomsteeg 4
☎ 020 626 44 27; www.cafe-de-dokter.nl
🕐 Di–Sa 16–1 Uhr

Café Hoppe €
Dieses gut besuchte Braune Café soll schon seit 1670 existieren. In der älteren Hälfte, wo es keine Sitzplätze gibt, ist die Atmosphäre besonders urig (Sägemehl auf dem Fußboden, in die teils holzgetäfelten Wände sind Fässer eingelassen). Bequemer ist der modernere Teil mit einer Terrasse zum Spui und Bedienung. Im Prinzip kommt man zum Trinken her, doch es gibt auch Sandwiches, Suppen und anderes.
✠ 205 D4 ✉ Spui 18–20 ☎ 020 420 44 20;
www.cafehoppe.com 🕐 So–Do 8–1,
Fr, Sa 8–2 Uhr

Café de Jaren €/€€
Eines der schönsten Grand Cafés der Stadt (auch wenn der Service manchmal langsam ist) und eines der zwanglosesten – bei Studenten (die Uni ist gleich nebenan) ebenso beliebt wie bei der Schickeria. Das ehemalige Bankgebäude ist groß und luftig, die Bar zieht sich über zwei Etagen. Es gibt Lesetische im Stil einer Bibliothek mit jeder Menge Zeitungen und Zeitschriften sowie Panoramafenster. Am schönsten sitzt man im Sommer auf der Terrasse über der Gracht. Das Essen – Sandwiches, Suppen, Salate und Kuchen, abends auch Deftigeres wie Steaks und Pasta – ist einfach und gut.
✠ 205 E4 ✉ Nieuwe Doelenstraat 20–22
☎ 020 625 57 71; www.cafe-de-jaren.nl
🕐 So–Do 9.30–1, Fr–Sa 9.30–2 Uhr

Café Luxembourg €/€€
Das Grand Café schlechthin, beliebt bei Amsterdams Yuppies, hat die Aura eines schicken Pariser Cafés und sieht aus, als sei es mindestens 100 Jahre alt (was es nicht ist!). Sie haben die Wahl

zwischen überdachter Terrasse mit Blick auf den Spui-Platz, Ledersitzen im Inneren, einem Hocker an der langen Marmortheke und Lesetischen mit internationaler Presse. Das Essen – von Suppen und Salaten bis hin zu Steaks und verführerischen Pasteten – ist ausgezeichnet. Besonderen Ruf genießen die Club-Sandwiches.
✚ 205 D4 ✉ Spui 24 ☎ 020 620 62 64
🕐 Mo–Fr 8–1, Sa–So 9–1 Uhr

De Drie Fleschjes €
Das schicke »Drei Fläschchen« ist das bekannteste Proeflokaal (Probierstube, ➤ 31f) der Stadt. Seit 1650 werden hier zwischen alten Holzfässern diverse Liköre und Jenever (➤ 47) ausgeschenkt. Was es alles gibt, ist großen Tafeln zu entnehmen, die über der Bar hängen, auf der Dekanter mit Aromen für die verschiedenen Jenever stehen. Die Probierstube ist winzig, für Sitzgelegenheiten buchstäblich kein Platz, aber im Sommer werden auf dem malerischen Kopfsteinpflaster Tische aufgestellt.
✚ 203 E2 ✉ Gravenstraat 18 ☎ 020 624 84 43 🕐 Mo–Sa 13.30 20.30, So 14–19 Uhr

Esprit Caffe €
Die Esprit-Modeboutique liegt Rücken an Rücken mit diesem »hippen« Lunchcafé. Das minimalistische Dekor mit frei sichtbaren Metallstützen und die riesigen Panoramafenster zum Spui sichern den Gästen sowie den modisch bekleideten Bedienungen maximale Aufmerksamkeit. Die einfache Speisekarte bietet vorwiegend Sandwiches, Pasta, Salate, Burger und Eis, alles in überraschend guter Qualität. Bei schönem Wetter sitzt man draußen am Platz.
✚ 205 D4 ✉ Spui 10 ☎ 020 622 19 67; www.caffeesprit.nl 🕐 Mo–Fr 10–18, Do 10–20 Uhr

't Gasthuys €
Dieses bei Studenten beliebte Café atmet durch und durch Bodenstän-

digkeit. Im Erdgeschoss gibt es eine lange schmale Bar. Über eine steile Treppe gelangt man in zwei weitere kleine Räume, und es gibt eine Terrasse an der Gracht. 't Gasthuys bezeichnet sich als Eetcafé (➤ 32), und aus der Küche kommen gute, preiswerte Sandwiches, aber auch sättigende Mahlzeiten (verschiedene Fleischgerichte mit Salat und Pommes).
✚ 205 D4 ✉ Grimburgwal 7 ☎ 020 624 82 30; www.gasthuys.nl 🕐 tgl. 12–16.30, 17.30–22 Uhr

Grand Café Restaurant 1e Klas €/€€
Dieser prächtige neugotische Raum mit hoher Decke, Trompel'œil-Säulen und monumentaler geschnitzter Bar bildete einst den Erste-Klasse-Wartesaal des Bahnhofs. Der sanft beleuchtete und mit Ornamenten bestückte Raum ist unbedingt sehenswert und lohnt einen Besuch, auch wenn Sie nicht auf einen Zug warten. Genießen Sie das Ambiente für den Preis eines Drinks, eines Sandwiches oder einer vollen Mahlzeit (internationale Küche).
✚ 206 A5 ✉ Centraal Station, plattform 2B ☎ 020 625 01 31; www.restaurant1eklas.nl 🕐 tgl. 8.30–23 Uhr

In de Waag €/€€
Dieses Café/Restaurant befindet sich in der Waag, dem disneyhaft anmutenden vieltürmigen mittelalterlichen Stadttor und späteren offiziellen Wiegehaus am Nieuwmarkt. Drinnen ist es imposant und doch anheimelnd: Die schmucklosen Wände und blanken Holztische werden von 300 Kerzen erhellt. Die Sandwiches am Mittag sind empfehlenswert, Gerichte von der Abendkarte eher umstritten.
✚ 205 E5 ✉ Nieuwmarkt 4 ☎ 020 422 77 72; www.indewaag.nl 🕐 tgl. 9–1 Uhr

In de Wildeman €
Der 1690 als Schnapsbrennerei gegründete, im Originalzustand

erhaltene »Wilde Mann« nennt sich heute offiziell Bierproeflokaal, also Bierprobierstube. Sie haben die Wahl zwischen mehr als 200 Flaschenbieren und weiteren 17 Fassbieren. Die wunderschöne alte Bar und die alten Likörfässer bezaubern sogar Abstinenzler.

✚ 203 F2 ✉ Kolksteeg 3
☎ 020 638 23 48; www.indewildeman.nl
🕐 Mo–Do 1–2, Fr–Sa 12–2 Uhr

't Loosje €

In der Studentenkneipe mit historischem Kacheldekor am Nieuwmarkt ist schon morgens zur Frühstückszeit viel los, abends platzt sie jedoch aus allen Nähten. Man sitzt auf der Straßenterrasse oder steht dicht gedrängt an der Bar, wo acht Fass- und 20 Flaschenbiere serviert werden.

✚ 205 E5 ✉ Nieuwmarkt 32
☎ 020 627 26 35; www.loosje.nl
🕐 So–Do 8.30–1, Fr–Sa 8.30–3 Uhr

De Ooievaar €

»Der Storch« ist die kleinste Probierstube Hollands: Das Lokal von der Größe eines kleinen Wohnzimmers wirkt schon mit zehn Gästen überfüllt. Obwohl sie in der Ecke eines uralten malerischen Hauses liegt, gekachelte und holzvertäfelte Wände für Stimmung sorgen, gibt es die Bar selbst erst seit den 1990er-Jahren. Und trotz der Lage am Eingang zum Zeedijk (► 57) handelt es sich um ein durch und durch seriöses Lokal.

✚ 206 A5 ✉ Sint Olofspoort 1
☎ 020 420 80 04 🕐 tgl. 12–1 Uhr

La Place €

Die belebte Selbstbedienungs-Caféteria im obersten Stock der Stadtbücherei ist ideal für ein schnelles, preiswertes Mittagessen. Die Auswahl an kalten und warmen Gerichten ist riesig, von Steak und Pommes über Thai und ein Salatbüfett bis hin zu Gebäck oder frischen Säften. Auch Pizza kann man vor Ort frisch backen lassen.

Auf der Terrasse sitzt man mit herrlicher Aussicht über Amsterdam.

✚ 206 C4 ✉ Oosterdokskade 143
☎ 020 523 08 70
🕐 tgl. 10–22 Uhr

De Sluyswacht €

Ein beängstigend schiefes Haus aus dem 17. Jh. beherbergt dieses braune Café gegenüber dem Rembrandthuis. Bescheiden eingerichtet, ist es innen aber freundlich und gemütlich. Sie können auch auf der großen Terrasse Platz nehmen und die Oude Schans beobachten.

✚ 206 A3 ✉ Jodenbreestraat 1
☎ 020 625 76 11; www.sluyswacht.nl
🕐 Mo–Do 12.30–1, Fr, Sa bis 3, So bis 19 Uhr

Villa Zeezicht €

Dieses gemütliche Café hat eine einmalige Lage zur Häuserfront an der Gracht: Von den Panoramafenstern aus überblicken Sie die Torensluis-Brücke, eine der breitesten der Stadt. Im Inneren gibt es alte Möbel, sanfte Jazzmusik, während junge Bedienungen für Ihr Wohl sorgen. Auf der Speisekarte stehen Quiche, Sandwiches, Croissants und ein super Apfelkuchen!

✚ 205 E2 ✉ Torensteeg 7 ☎ 020 626 74 33
🕐 tgl. 9–21 Uhr

Wynand Fockink €

In dieser kleinen Probierstube in einer versteckten Gasse neben dem Grand Hotel Krasnapolsky scheint die Zeit stehen geblieben zu sein. Seit 1679 biegen sich die Regalbretter hinter der Bar vor Flaschen selbst gemachter Liköre (die Brennerei liegt gleich nebenan), darunter recht obskure Mixturen mit Namen wie Papageiensuppe. Neben den normalen jenevers gibt es noch verschiedene Geschmacksvarianten, dazu werden Erdnüsse gereicht.

✚ 205 D5 ✉ Pijlsteeg 31
☎ 020 639 26 95; www.wynand-fockink.nl
🕐 Bar tgl. 15–21 Uhr

RESTAURANTS

Bird €

Ausgezeichnete Thai-Küche zu günstigen Preisen in einer stets vollen, hektischen Snackbar. Sie können das Essen mitnehmen oder einen der wenigen Tische am Fenster ergattern und das Kommen und Gehen auf Amsterdams berühmt-berüchtigtster Straße verfolgen. Die Huhn-Kokosnuss-Suppe ist eine volle Mahlzeit. Im Bird-Restaurant (tgl. 17–23 Uhr) gegenüber bekommt man Ähnliches in komfortablerem, aber weniger stimmungsvollem Ambiente geboten.
✚ 206 A5 ✉ Zeedijk 77 ☎ 020 420 62 89; www.thai-bird.nl ⊙ tgl. 14–22 Uhr

Brasserie Harkema €€

Benannt nach dem früheren Besitzer des Gebäudes – einem Tabakunternehmen –, serviert diese Brasserie im Pariser Stil leichte Gerichte am Tag. Abends stehen klassische Speisen mit moderner Note auf der Karte. Zu den Spezialitäten zählen grüne Spaghetti mit Ziegenkäse oder Perlhuhn gefüllt mit Pastrami, Dazu können Sie aus einer reichhaltigen Weinkarte wählen. Man sitzt in einem luftigen, offenen Speiseraum mit modernem Interieur und gläserner Galerie. Der Service ist allerdings zum Teil nicht umsichtig.
✚ 205 D4 ✉ Nes 67 ☎ 020 428 22 22; www.brasserieharkema.nl ⊙ tgl. 11–1 Uhr; Mittagessen 12–16, Abendessen 17.30–23 Uhr

De Goudvisclub €

Im »Goldfischclub« werden asiatische Gerichte in kleinen Portionen à 7 € serviert. Deshalb sitzen an den Tischen vor allem Gruppen ausgelassener junger Leute, die von vielen verschiedenen Tellerchen snacken. Wenn die Küche schließt, verwandelt sich das Restaurant in eine Cocktailbar.
✚ 203 E2 ✉ Spuistraat 4 ☎ Tel. 020 737 21 21; www.degoudvisclub.nl ⊙ Di–Do, So 16–1, Fr–Sa bis 3 Uhr

Kamasutra €€

Die Wandbilder mögen direkt von den Kamasutra-Illustrationen inspiriert sein, aber die Menschen kommen zum Essen hierher. Auf der Speisekarte finden sich nur wenige Überraschungen, aber die Gerichte wie Hühnchen Tikka und *saag paneer* sind lecker und günstig.
✚ 203 F2 ✉ Lange Niezel 9 ☎ 020 626 00 03; www.restaurant kamasutra.nl ⊙ tgl. 14–24 Uhr

Kantjil & de Tijger €/€€

Anders als die meisten indonesischen Lokale der Stadt ist das »Hirschferkel und der Tiger« ein großes, modernes Restaurant mit entsprechender Geräuschkulisse. Offeriert wird mit die feinste indonesische Küche Amsterdams, und die Speisekarte ist mehrsprachig. Außer drei Arten von der üppigen *rijsttafel* (➤ 46) können Sie eine preiswerte *mini-rijsttafel* bestellen, bei der alle Gerichte auf einer Platte kommen.
✚ 204 C4 ✉ Spuistraat 291–293 ☎ 020 620 09 94; www.kantjil.nl ⊙ tgl. 12–23 Uhr

Het Karbeel €/€€

Tagsüber beherbergt dieses Haus (16. Jh.) im Herzen des Rotlichtviertels einen gut besuchten Sandwich-Shop. Abends dann verwandelt es sich in ein Bistro, das auf fantastische Fondues spezialisiert ist – z. B. Roquefort- oder Champignon-, aber natürlich auch »normales« Käse- oder Fleischfondue. Dazu immer ein *fondue du jour*. Außerdem stehen Suppen und Salate sowie Desserts auf der Karte. Viele der guten Weine gibt es glasweise, und der Service ist ebenso freundlich wie schnell.
✚ 203 F2 ✉ Warmoesstraat 16 ☎ 020 627 49 95; www.hetkarbeel.nl ⊙ tgl. 9.30–23 Uhr

Mittelalterliche Stadt

Lucius €€/€€€

Riesige Deckenventilatoren sorgen dafür, dass es in diesem langen, schmalen und immer vollen holländisch-französischen Fischlokal nicht zu heiß wird. Während die Ober geschäftig zwischen den kachelgeschmückten Wänden, den Marmortischen und einem Aquarium hin und her eilen, können Sie sich dem Studium der großen Tafeln widmen, auf denen das täglich frische Angebot an *fruits de mer*, Muscheln und einheimischen Austern angeschrieben steht. Weitere Spezialitäten sind Blauhai, Räucheraal und Hering mit altem Jenever. Wer auf seinen Geldbeutel schauen muss, wählt am besten ein Tagesgericht. Die Weinkarte ist lang, der Service nicht ganz so makellos wie die auf Hochglanz polierten Tische, aber das Essen ist immer hervorragend.

✚ 204 C4 ✉ Spuistraat 247 ☎ 020 624 18 31; www.lucius.nl 🕐 tgl. 17–24 Uhr

Hemelse Modder €€

Geselliges Restaurant in einer ruhigen Ecke der Altstadt. Auf der Karte stehen französisch-niederländische Spezialitäten, vorzugsweise mit ökologisch erzeugten und lokalen Zutaten. Wenn man einen Tisch am Fenster ergattert, hat man eine schöne Aussicht auf die Gracht.

✚ 206 B4 ✉ Oude Waal 11 ☎ 020 624 32 03; www.hemelsemodder.nl 🕐 tgl. ab 18 Uhr

&Samhoud Places €€€

Hinter dem seltsamen Namen versteckt sich ein mit zwei Michelinsternen gekröntes Restaurant. Im Obergeschoss des Neubaus werden vielgerühmte experimentelle Kreationen vom kulinarischen Shootingstar Moshik Roth serviert. Für schmalere Geldbeutel empfiehlt sich die ungezwungenere Lounge im Erdgeschoss.

✚ 206 C4 ✉ Oosterdokskade 5 ☎ 020 260 20 94; www.samhoudplaces.com 🕐 Di–Fr 12–1, Sa 15–1 Uhr

Nam Kee €

Seien Sie gewarnt: Wenn Ihnen Ausstattung und Ambiente wichtiger sind als günstiges und einfaches Essen, dann ist das Nam Kee (mit einer weiteren Filiale in der Geldersekade 117, Niewmarkt) nicht das Richtige für Sie. Es könnte sein, dass Sie in den zwei schlicht weiß gekachelten, immer überfüllten Gaststuben den Tisch mit anderen teilen müssen. Auf der Speisekarte stehen riesige Portionen leckerer gebratener Nudeln sowie Süß-Sauer-Gerichte.

✚ 206 A4 ✉ Zeedijk 111–113 ☎ 020 624 34 70; www.namkee.net 🕐 tgl. 12–24 Uhr

New Dorrius €€

Das elegante, hochwertige Interieur dieses Restaurants im Crowne Plaza Hotel ist eine willkommene Abwechslung zu den dunstigen Cafés und zwanglosen Lokalen der Gegend. Hinter der langen Bar werden einige hervorragende Cocktails aus authentischen niederländischen Spirituosen gemixt. Probieren Sie zum Nachtisch die hausgemachte Buttermilcheiscreme oder das Pina Colada Pannacotta.

✚ 203 F2 ✉ Nieuwendijk 60 ☎ 020 420 22 24; www.newdorrius.nl 🕐 Mo–Sa 18–23 Uhr

Supper Club €€€

In diesem stuckverzierten weißen Raum isst man bodennah – entlang der Wände stehen lange Reihen einladender Matratzen, auf denen man sich dazu bequem zurücklehnen kann. Untermalt von Loungemusik, werden auf eine Wand Filme von Raketenstarts oder nackten Schwimmern projiziert; manchmal gibt es auch Livemusik und DJs. Was hier bestickt, ist das sinnliche Gesamterlebnis, nicht die eher mittelmäßige Küche. Alle essen dasselbe, und die Gerichte werden von attraktiven jungen Bedienungen (männlich und weiblich) serviert. Planen Sie für ein Abendessen mindestens vier Stunden ein.

Das gleiche Unternehmen bietet auch eine Supperclub-Cruise an.

➕ 204 C4 ✉ Singel 460

☎ 020 344 64 00; www.supperclub.com

🕐 So–Di 19.30–1, Mi 19.30–2, Do–Sa 19.30 bis 5 Uhr

Vermeer €€€

Mit seinen malerischen Balkendecken, Messingleuchtern und Marmorfußböden, liegt das Vermeer in einem stimmungsvollen Haus aus dem 17. Jahrhundert. Hier speist man so formell wie kaum sonstwo in Amsterdam (ein Michelin Stern). Nehmen Sie vorab einen Aperitif am Kamin und genießen Sie dann die Gaumenfreuden von Chefkoch Chris Naylor. Zum Beispiel Ente mit Grapefruit, Kapern und Artischocke, gefolgt von Blätterteig mit Nelken, Honig, Feigen und Birnen. Ebenfalls empfehlenswert: das Menü »Van het Land« aus lokalen, saisonalen Zutaten wie weißen Trüffeln, handgemachtem Käse und Seeteufel.

➕ 206 A5 ✉ Prins Hendrikkade 59–72

☎ 020 556 48 85; www.restaurantvermeer.nl

🕐 Mo–Sa 18.30–22 Uhr

d'Vijff Vlieghen €€/€€€

Mit neun Speisesälen in fünf Grachtenhäusern aus dem 17. Jh. bietet das »Fünf Fliegen« jede Menge Romantik. Vielleicht haben Sie das Glück, unter einer Originalradierung von Rembrandt zu sitzen oder auf einem Stuhl, den schon Elvis Presley oder John Wayne benutzten (jeder Stuhl trägt eine kleine Plakette mit dem Namen berühmter Be-Sitzer). Die neue holländische Küche mit Räucheraal oder Hasenrücken mit Sauerkraut ist höchst einfallsreich, alle Gerichte sind wunderschön präsentiert, und beim Menü hält sich auch der Preis in bezahlbaren Grenzen. Der Service ist absolut tadellos.

➕ 204 C4 ✉ Spuistraat 294–302

☎ 020 530 40 60; www.thefiveflies.com

🕐 tgl. 18–22 Uhr

Wohin zum …
Einkaufen?

Die Geschäfte im Zentrum gehören in der Regel zu internationalen Ketten. Kalverstraat und Nieuwendijk sind die größten Fußgängerzonen und bieten die beste Auswahl alltäglicher Geschäfte. Hinter diesen Straßen aber warten so wunderbare Überraschungen wie das grandiose Magna-Plaza-Einkaufszentrum, und zwischen den plakativen Sexshops des Rotlichtviertels stößt man immer wieder auf witzige und teilweise sehr, sehr alte Geschäfte.

KALVERSTRAAT UND ROKIN

Am südlichen Ende (Muntplein) der Kalverstraat, benannt nach einem im 15. Jh. hier abgehaltenen Kälbermarkt, findet man das **Einkaufszentrum Kalvertoren** (Kalverstraat 212-220; www.kalvertoren.nl), in dessen oberstem Stock ein Café mit Panoramablick über die Grachten liegt.

In einem Belle-Époque-Gebäude gegenüber dem Heiligeweg befindet sich die wohl schönste **H&M-Filiale** der Stadt. Auch sonst lohnt es sich, gelegentlich den Kopf in den Nacken zu legen und die schönen Giebel der alten Häuser oberhalb der Ladenfronten zu begutachten.

Durch die parallel zur Kalverstraat verlaufende **Rokin** fahren viele Trambahnen; obwohl sie also nicht sonderlich zum Bummeln einlädt, gibt es hier einige schöne altmodische Antiquitätengeschäfte wie etwa **Premsela & Hamburger** (Nr. 98; Tel. 020 624 96 88; www.premsela.com). Die berühmteste Adresse ist jedoch der Tabakwarenhändler **PGC Hajenius** (Nr. 92–96; Tel. 020 623 74 94;

Mittelalterliche Stadt

www.hajenius.com), dessen marmornes Art-déco-Interieur noch genauso aussieht wie bei der Eröffnung 1915. Das gediegene Geschäft wartet mit einer Sammlung handgefertigter Tonpfeifen, einer ganzen Wand (mietbarer) Humidor-Schließfächer, einer Bar, einer Bibliothek zum Thema Rauchen und Zigarren-Proben aufwartet.

RUND UM DEN DAM

De Bijenkorf (Dam 1; www.debijen korf.nl; So–Mo 11–20, Di, Mi, Sa, 10–20, Do, Fr bis 21 Uhr), zu Deutsch »Bienenkorb«, ist wohl das berühmteste Kaufhaus Hollands und bietet neben der obligaten Parfümerieabteilung und Shops von Edelmarken wie Louis Vuitton und Gucci ein schönes Aussichtscafé (mit Blick über den Damrak).

Auf der anderen Seite des Platzes befindet sich das **Amsterdam Diamond Center** (Rokin 1–5; Tel. 020 624 57 87; www.amster damdiamondcenter.nl), wo Sie den Diamantenschleifern bei der Arbeit zusehen sowie Uhren und Diamanten kaufen können. Die Geschäfte um die Ecke an der Damstraat offerieren typisch holländische Souvenirs wie Käse, Holzschuhe und Grachtenhaus-Magnetsticker.

Hinter dem Palast steht am Nieuwezijds Voorburgwal das Einkaufszentrum **Magna Plaza** (Magna Plaza; Nieuwezijds Voorburgwal 182; www.magnaplaza.nl), ein prachtvolles neugotisches Gebäude, das früher das Hauptpostamt beherbergte und in dem man heute vorwiegend schicke Modeboutiquen und gute Schuhgeschäfte findet.

Bierliebhaber sollten unbedingt **De Bierkoning** (► 27) gleich um die Ecke in der Paleisstraat 125 einen Besuch abstatten, wo man rund 1200 Biersorten ausschenkt.

NIEUWENDIJK

Nur wenige Geschäfte in dem Fußgängerbereich zwischen Dam und Hauptbahnhof sind einen zweiten Blick wert. Eine Ausnahme ist **Oud Amsterdam** (Nr. 78; Tel. 020 624 45 81; www.oudamsterdam.nl), das 1710 gegründet wurde und ein auf Liköre spezialisiertes Fachgeschäft ist.

SPUIKWARTIER

Dieser eher für seine Cafés und Restaurants bekannte Bezirk bietet auch eine Reihe von Buchhandlungen und Antiquariate sowie einen Büchermarkt.

Weniger literarische Genüsse wie hausgemachtes Eis und unendlich leckere Apfeltörtchen gibt es bei **Lanskroon** (Singel 385, direkt am Spui; Tel. 020 623 77 43; www.lanskroon.nl), einer Pâtisserie mit Café.

RUND UM NIEUWMARKT UND DAS ROTLICHTVIERTEL

Zwischen den zwielichtigen Coffee und Smart Shops an der Warmoesstraat liegen auch einige interessante Geschäfte. **Im Metropolitan Deli** (Nr. 135, Tel. 020 330 19 55; www.metropolitandeli.nl) gibt es leckere hausgemachte Eiscrème und Pralinen aus biologischen Zutaten.

Condomerie (Nr. 141; Tel. 020 627 41 74; www.condomerie.com), einst das weltweit erste Fachgeschäft für Kondome, bringt Lust und Laune in das Geschäft mit der Empfängnisverhütung. Hier können Sie als Lutscher getarnte, aber auch in Walnüsse verpackte Kondome kaufen oder sich einfach nach neuen Anregungen umschauen.

Direkt südlich vom Nieuwmarkt liegt am Kloveniersburgwal 12 **Jacob Hooy** (Tel. 020 505 27 44; www.jacob-hooy.nl). In der 1743 gegründeten Apotheke mit wunderschönen alten Apotheker-schränken ist man auch auf Aromatherapie und Reformkost spezialisiert. Ein Stückchen weiter den Kloveniersburgwal hinunter, im Haus Nummer 39, finden Sie den **Head Shop** (Tel. 020 624 90 61; www.headshop.nl). Er wurde bereits 1968 eröffnet und ist eine Institution für alles rund ums Haschischrauchen. Die kleine **Nieuwe Hoogstraat** ist von lustigen Geschenkboutiquen gesäumt. **De Hoed Van Tijn** (Nr. 15; Tel. 020 623 27 59; www.dehoedvantijn.nl) ist ein elegantes Hutgeschäft, und **Joe's Vliegerwinkel** (Nr. 19; Tel. 020 625 01 39; www.joesvlieger winkel.nl) verkauft Drachen und anderes Fluggerät wie Frisbees und Bumerangs. Am Ende der Straße liegt **Knuffels** (Tel. 020 427 38 62) und bietet Spielwaren, Mobiles sowie die typischen Klompenschuhe. Von hier ist es nicht mehr weit zum **Rembrandthuis** (➤ 70), dessen Museumsshop gute Reproduktionen von den Radierungen des Meisters hat.

MÄRKTE

Nieuwmarkt (Mo–Sa 9–17 Uhr), Lebensmittelmarkt.
Oudemanhuispoort (Mo–Sa 10–16 Uhr): Unter den Arkaden dieses Durchgangs im Unibezirk werden antiquarische Bücher gehandelt.
Spui (Fr 10–18 Uhr): antiqua-rische Bücher und Drucke (März bis Dez. So 10–18 Uhr). Daneben einige Stände mit moderner Kunst.
Waterlooplein (Mo–Sa 9–17 Uhr): der beste und meistbesuchte Floh-markt der Stadt. Ideal für die Suche nach Lederjacken, Second-Hand-Schallplatten und Filmplakaten. Viele Besucher bummeln einfach nur so durch, wühlen hier und dort in einem Kleiderberg oder holen sich eine Portion Pommes frites mit Mayonnaise.

Wohin zum ...
Ausgehen?

Ein Abend im Stadtzentrum kann zwielichtig ausfallen oder höchst kulturbeflissen – es liegt ganz bei Ihnen, ob Sie sich lieber im Rot-lichtviertel vergnügen, die Oper be-suchen oder Modern Jazz anhören.

ROTLICHTVIERTEL UND UMGEBUNG

Nach Einbruch der Dunkelheit er-hellt violettes und rotes Neonlicht die Straßen zwischen Zeedijk, Warmoesstraat und Damstraat und beleuchtet die Prostituierten, die sich in Schaufenstern präsentieren. Natürlich gibt es jede Menge Freier, aber die meisten Passanten sind lediglich neugierige Touristen, und dass jemand, Frau oder Mann, tatsächlich belästigt wird, ist wirk-lich die Ausnahme. Dank der Viel-zahl von Schaulustigen und ent-sprechendem Polizeiaufgebot sind die meisten größeren Straßen durchaus sicher. Die Neben-straßen, vor allem am Südende des Zeedijk, sollten Sie jedoch meiden. Wenn Sie eine Sex-Show sehen wollen, lohnt das **Theatre Casa Rosso** (Oudezijds Achterburgwal 106–108, Tel. 020 627 89 54; www.casarosso.nl) einen Besuch. Vorsicht: Es öffnen zwischenzeitlich immer mehr Nachahmer mit ähn-lichem Namen!
Der Zeedijk, früher absolut indiskutabel, wurde in den letzten Jahren ziemlich aufpoliert. Sein nördliches (besseres) Ende wartet mit Restaurants und nostalgischen Cafés wie **De Ooievaar** (➤ 76) und **In t'Aepjen** (gleich gegenüber, Haus Nummer 1) auf. Das alte Fach-werkhaus »Zum Äffchen« war früher ein Obdachlosenheim. Dieses Café soll das älteste

Mittelalterliche Stadt

Amsterdams sein und auf das Jahr 1560 zurückgehen. Auf jeden Fall ist es eines der zwei Originalholzgebäude der Stadt – das Houten Huys (►61) ist das zweite und älteste.

Auch der von weiteren Cafés gesäumte Nieuwmarkt ist heute weitaus präsentabler als früher. Das interessanteste Lokal ist **In de Waag** (► 75). Und wer ein charakteristisches Braunes Café sucht, dürfte im **'t Loosje** (► 76) auf seine Kosten kommen. Zu **De Bekeerde Suster** (tgl. 12–1 Uhr; Tel. 020 423 01 13, www.debekeerdesuster.nl), gleich südlich am Kloveniersburgwal 6–8 gelegen, gehört eine ausgezeichnete kleine Brauerei.

An der schmuddeligen Warmoesstraat liegen mit Sicherheit mehr Coffeeshops als an irgendeiner anderen Amsterdamer Straße. Dazwischen finden sich zum Beispiel Schwulenlokale wie das **Getto** (Nr. 51; Tel. 020 421 51 51; www.getto.nl), eine kitschige Cocktailbar mit DJ. Live-Rockmusik ist an den meisten Abenden die Attraktion im **Winston** (Nr. 131; Tel. 020 623 13 80; www.winston.nl), einem Club mit Hotel und Restaurant.

SPUIKWARTIER

Die Gegend um die Spuistraat südlich der Raadhuisstraat ist dicht bestückt mit Restaurants, Cafés und Bars. Hier gibt es auch einige der schönsten Braunen und Grand Cafés. Die meisten davon findet man am südlichen Ende der Spuistraat und am Spui. Neben den auf den Seiten ► 74ff. empfohlenen ist das **Dante** (Spuistraat 320; Tel. 020 774 74 73, www.amsterdamdante.com) ein Anziehungspunkt für die Schönen der Stadt, die mit dem eleganten modernen Dekor konkurrieren. Trendigere Bars scharen sich am Nieuwezijds Voorburgwal südlich vom Dam.

MUSIK UND THEATER

Amsterdams Oper, das **Muziektheater** (Waterlooplein 22, Tel. 020 551 81 17; www.hetmuziektheater.nl), befindet sich in einem Gebäudekomplex mit dem Stadhuis oder Rathaus. Der eindrucksvolle Bau aus Backstein und Glas beherbergt neben der Holländischen Oper auch das Nationalballetts. Angeboten wird an elf Monaten im Jahr ein umfassendes Programm an Oper, Ballett und modernem Tanz (keine Vorstellungen im August).

Von Oktober bis Mai finden dienstags um 12.30 Uhr im **Boekmanzaal** kostenlose halbstündige Konzerte statt; einen Blick hinter die Kulissen kann man samstags um 12 Uhr werfen.

Weitere Konzerte finden regelmäßig in einigen alten Kirchen und Kapellen in dieser Gegend statt, so zum Beispiel mehrmals im Monat in der **Waalse Kerk** (Walenpleintje 159, Tel. 020 623 20 74, www.waalsekerk-amsterdam.nl) oder in der **Engelse Kerk** im Begijnhof (► 62).

Natürlich spielt auch jeden Abend irgendwo eine Band oder legt ein DJ auf. Pop- und Rockkonzerte und DJ-Abende gibt es zum Beispiel im **Club Bitterzoet** (Spuistraat 2, Tel. 020 421 23 18). Live-Jazz findet man dagegen im **Cotton Club** am Nieuwmarkt 5 (Tel. 020 626 61 92, www.cottonclubmusic.nl) und immer dienstags, donnerstags und sonntags bei **Bethany's Jazz Club** im Bethanienklooster (Barndesteeg 6a, Tel. 020 625 00 78, www.bethanienklooster.nl).

Nostalgischen Rotlicht-Charme mit Stil kann man im **Paleis van de Weemoed** erleben, wo es freitags und samstags Dinnershows mit Burlesque- und Musikperformances gibt (Oudezijds Voorburgwal 15–17, Tel. 020 625 69 64, www.paleis-van-de-weemoed.nl).

Westlicher Grachtengürtel

 **Kleine Erlebnisse**

Abends über die Grachten gleiten

Ultimativ: eine **Grachtenrundfahrt** (➤ 88) am Abend bei Wein und Häppchen auf einem von Kerzen beleuchteten Boot.

Echt holländische *pannekoeken*

Kosten Sie in der **Pancake Bakery** (➤ 110) eine der Pfannkuchen-Variationen. Köstlich: die Kombination Speck-Apfel mit Sirup.

Übernachten im Windkessel

Im achteckigen **Windkessel-Türmchen** gegenüber vom Café Amsterdam (➤ 109) befindet sich das kleinste Hotel Amsterdams.

Erste Orientierung

Die malerischsten Fotos von Amsterdam sind im westlichen Teil der Stadt aufgenommen, wo die Seele der Grachtenstadt liegt. Wunderschöne Wasserstraßen und ruhige Innenhöfe findet man hier, aber auch die typischsten *bruin cafés*. An praktisch jeder Straße erwartet Sie zumindest eine Überraschung: ein zauberhaftes altes Haus mit pittoreskem Giebel, ein faszinierendes Geschäft oder Café, oder ein Grachtenblick, der einen augenblicklich zur Kamera greifen lässt.

Am besten lernt man dieses Areal kennen, wenn man zuerst eine Grachtenrundfahrt macht und dann zu Fuß loszieht, die malerischen Straßen zu erkunden.

Ausblick von der Westerkerk

Das einstige Armenviertel Jordaan hat sich in den letzten Jahrzehnten zum begehrtesten (und entsprechend teuren) Wohngebiet der Stadt entwickelt. Die pittoresken alten *hofjes* (Armenstifte) in diesem Bezirk sind heute beliebte Wohnhäuser. Die meisten sind öffentlich zugänglich. Zwischen dem Jordaan und dem Stadtzentrum liegen die »Neun Straßen« (➤ 111f), ein anderer aufstrebender Bezirk mit Boutiquen, Cafés und Restaurants – wie der Name schon sagt, alles in einem säuberlichen Drei-mal-drei-Raster. Und noch ein Stück weiter westlich hat die Schickeria ein ehemaliges Gaswerk annektiert. Die meisten Besucher weichen nur selten von dem Streifen ab, der vom Anne Frank Huis über die Westerkerk zum Leidseplein führt, obwohl es sich lohnt, die Touristenpfade zu verlassen und sich ganz dem Zauber der Stadt hinzugeben.

Innenraum der Westerkerk

Erste Orientierung

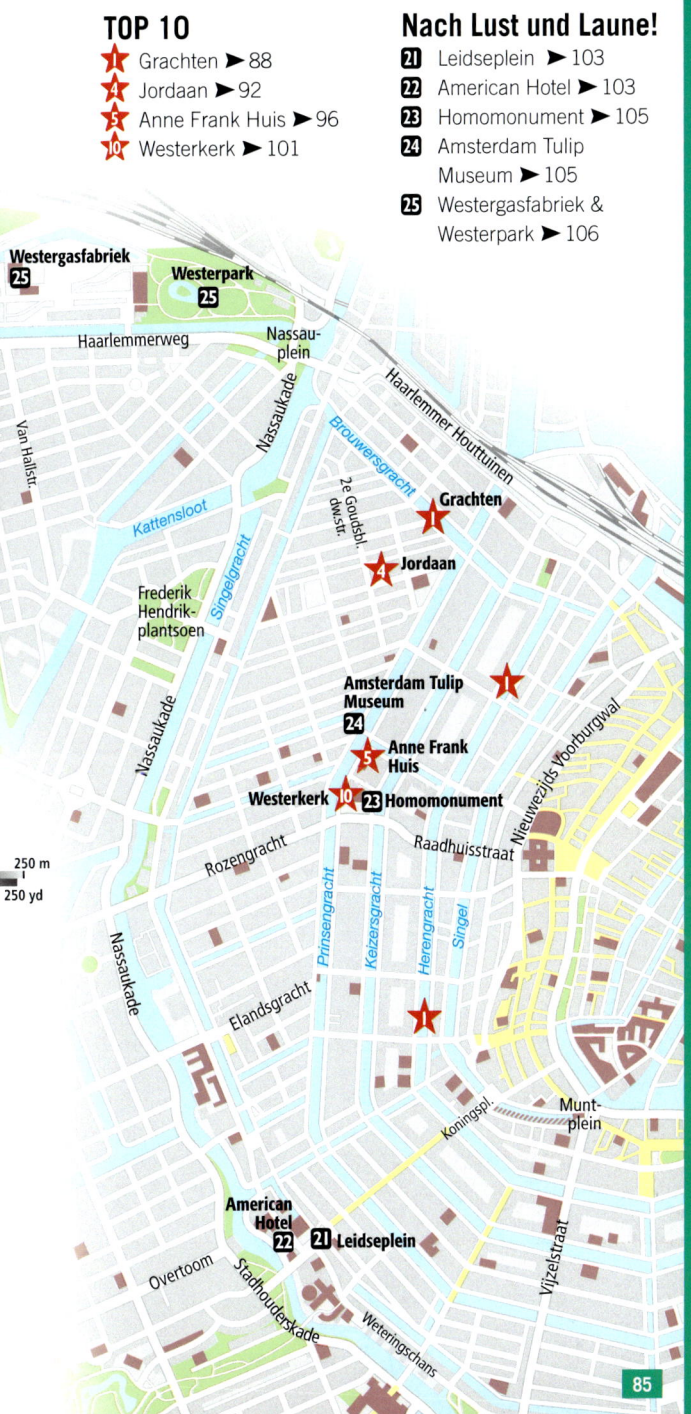

Westergasfabriek
25

Westerpark
25

Haarlemmerweg

Nassau-plein

Haarlemmer Houttuinen

Van Hallstr.

Nassaukade

Brouwersgracht

2e Goudsbl. dw.str.

Grachten ⭐

Kattensloot

Singelgracht

Jordaan ⭐

Frederik Hendrik-plantsoen

Nassaukade

Amsterdam Tulip Museum
24

⭐

Nieuwezijds Voorburgwal

Anne Frank Huis ⭐

Westerkerk 10 23 Homomonument

Raadhuisstraat

250 m
250 yd

Rozengracht

Prinsengracht

Keizersgracht

Herengracht

Singel

Nassaukade

Elandsgracht

⭐

Koningspl.

Munt-plein

American Hotel
22 21 Leidseplein

Vijzelstraat

Overtoom

Stadhouderskade

Weteringschans

An einem Tag

Wenn Sie bei der Besichtigung des Westlichen Grachtengürtels kein Highlight verpassen wollen, folgen Sie unserem Tagesprogramm und beginnen Ihre Entdeckungstour mit einer gemütlichen Bootsfahrt. Weitere Informationen finden Sie unter den Haupteinträgen (➤ 88ff).

🕘 9:00
Frühes Aufstehen lohnt sich: Das erste Boot ist deutlich weniger voll als die nachfolgenden. Bei der ⭐ **Grachtenrundfahrt** (Abb. oben, ➤ 88ff) umrunden Sie die ganze Stadt, aber der hübscheste Teil liegt im westlichen Grachtenring.

🕙 10:00
Spazieren Sie zum **21 Leidseplein** (➤ 103), bevor er von Bier trinkenden, Hasch rauchenden Touristen heimgesucht wird. Setzen Sie sich in ein Straßencafé, oder wärmen Sie sich – bei kühlerer Witterung – im opulenten Ambiente des Café Américain im **22 American Hotel** (➤ 103f) auf.

🕚 11:00
Gehen Sie weiter Richtung Norden, und holen Sie sich bei einem langen Spaziergang durch den ⭐ **Jordaan** (➤ 92ff) Appetit aufs Mittagessen. Lassen Sie das Flair des Stadtteils auf sich wirken, und besichtigen Sie ein oder zwei *hofjes*.

🕐 13:00
Vom Jordaan ist es nicht weit zum Mittagessen in einem der hübschen Cafés in den schicken **9 Straatjes** (»Neun Straßen« ➤ 111f). Oder Sie legen einen Schaufensterbummel ein – in dieser Gegend locken einige der ausgefallensten Läden von ganz Amsterdam. Alternativ können Sie auch

auf der Terrasse des Cafés
Spanjer en Van Twist
(► 108) eine Kleinigkeit
essen.

🕐 14:30
An der Nordwestecke der
Neun Straßen steht die
Westerkerk (► 101f),
1631 erbaut und einst die
letzte Ruhestätte Rembrandts.
Steigen Sie im Sommer (April–
Okt.) auf den Kirchturm hinauf.

🕐 16:00
Stärken Sie sich bei einem Kaffee,
vielleicht im lauschigen **Café Chris**
(► 107) an der Bloemstraat oder, bei
schönem Wetter, auf der Grachten-
terrasse vom **Café 't Smalle** (► 108).

🕐 17:30
Nutzen Sie die verlängerten Öffnungszeiten für einen Besuch im **Anne
Frank Huis** (► 96ff). Um diese Zeit ist
es nicht mehr ganz so überlaufen.

🕐 19:30
Wenn Sie einen Aperitif wollen, haben Sie
hier die Wahl zwischen vielen Bruin Cafés (► 31). Alternativ
können Sie am Leidseplein (Abb. unten) ein Bier trinken und Passanten
beobachten.

🕐 20:00
Besuchen Sie eines der klassischen Eetcafés, zum Beispiel das
Café de Reiger (► 109), für ein
entspanntes Abendessen. Ein
eleganteres Ambiente finden Sie
im **Bordewijk** (► 109), einer
sicheren Adresse für ein hervor-
ragendes Essen.

🕐 22:00
Verspielen Sie Ihr letztes Urlaubs-
geld, oder gewinnen Sie ein Vermögen im **Holland Casino**
(► 113). Oder lassen Sie sich
überraschen, welche Musik im
Melkweg oder im **Paradiso**
(► 113) geboten ist, zwei bekannten Nachtclubs.

Grachten

Amsterdam ist wie dazu geschaffen, vom Wasser aus betrachtet zu werden. Mehrere Millionen Touristen begeben sich jedes Jahr an Bord eines der rund 120 Sightseeing-Boote. Von einem dieser langsam tuckernden Schiffe lässt sich die Schönheit der Grachtenhäuser, das üppige Grün und der Reiz der Uferpromenaden in Ruhe genießen.

Welche Tour?

Jeder Veranstalter hat seine eigene Anlegestelle und eine individuelle Tour. Lebhafte Konkurrenz sorgt für niedrige Preise und hohes Niveau. Die meisten Unternehmen verwenden aber heute Kommentare vom Band. Laut der Veranstalter ist dies die einzige Möglichkeit, den vielen verschiedenen Nationalitäten an Bord gerecht zu werden. Amsterdam Canal Cruises direkt gegenüber von Heineken Experience (➤ 148f) bietet eine attraktive Route entlang einiger der schönsten Wasserwege.

LEBEN MIT DEM WASSER

Der Wasserspiegel in Amsterdam wird dank eines ausgefeilten Schleusensystems konstant gehalten. Den Einheimischen zufolge entsprechen zwei Meter Wassertiefe in Wahrheit einem Meter Wasser und einem Meter Fahrräder. Die Fahrräder werden regelmäßig gehoben – zusammen mit Massen an Sperrmüll, der in den Grachten entsorgt wurde.

Stadtrundfahrt

Unsere Rundfahrt folgt der Route der Amsterdam Canal Cruises (➤ 91). Wie die meisten Touren führt sie im Uhrzeigersinn rings um Amsterdam und schließt auch die Amstel mit ein, jene natürliche Wasserstraße, der die Stadt ihre Existenz überhaupt erst verdankt (es gibt auch einige Veranstalter, die entgegen dem Uhrzeigersinn fahren und die Amstel völlig auslassen).

Vom **Heineken Experience** geht es zunächst am Leidseplein vorbei in die hübsche **Leidsegracht** und dann in den Goldenen Bogen der **Herengracht**. Schulter an Schulter stehen dort die hochherrschaftlichen Paläste des ausgehenden 17. Jahrhunderts. Das Ostufer der Amstel wird vom schönen **Amstelhof** dominiert, in dem nun die Eremitage sitzt. Rechts blickt man auf die Magere Brug (➤ 156f). Durch die Oude Schans fährt das Boot in das **Hafenbecken Oosterdok** und dann hinaus auf das IJ. Das Gefühl, aus der Stadt herauszukommen, kann erfrischend und befreiend sein, begegnet man hier jedoch einem der mächtigen Kreuzfahrtschiff, wird man sich in dem kleinen Touristenboot doch der Kleinheit der eigenen Existenz bewusst.

Die Fahrt über das offene Fahrwasser ist rund einen Kilometer lang, führt vorbei am futuristischen Gebäude des

Bei einer Bootstour lernen Sie Amsterdam in einem anderen Tempo kennen.

Westlicher Grachtengürtel

EYE Film Institute und dem Adam-Hochhaus, in dem früher der Ölmulti Shell saß und das nun Hotel, Büros und Restaurants beherbergt. Ganz oben befindet sich eine Aussichtsplattform mit großartigem Blick über die Stadt (tgl. 10–22 Uhr, www.adamlookout.com, 12,50 Euro).

Durch das **Westerdok** geht es zurück in die Altstadt. In der **Prinsengracht** treffen der noble Grachtenring und das ehemalige Armenviertel Jordaan aufeinander: hier sieht man große Kaufmannshäuser auf der östlichen, kleine Arbeiterhäuser auf der westlichen Seite. Vorbei am Anne-Frank-Haus, der Westerkerk, dem Leidseplein und dem Rijksmuseum bringt Sie das Boot zurück zum Heineken Experience.

HAUSBOOTE

Die Unterkünfte aller Größen und Formen, die am Ufer der Grachten vertäut liegen, sind eine relativ junge Bereicherung des Stadtbilds. Sich eine dauerhafte Bleibe auf dem Wasser zu suchen, kam nach dem Zweiten Weltkrieg auf, als der Wohnraum in der Stadt knapp wurde. Heute gibt es rund 2500 Hausboote, alle legal, mit offizieller Postadresse, Strom- und Wasseranschluss. Viele bestehen aus dem Stahlrumpf ehemaliger Frachter und müssen alle paar Jahre zum Check-up in eine Werft. Immer häufiger werden jedoch Betonwannen verwendet. Sie sind wartungsfrei und bieten mehr Wohnfläche – es sind sogar Unterwasseretagen möglich (Merkmal: schmale Fenster dicht über der Wasseroberfläche). Auf dem Betonfundament haben sich manche Leute richtige Ziegelhäuser gebaut, oft mit Garten oder Terrasse. Die Abwässer werden schon lange in die Kanalisation geleitet und nicht mehr in die Grachten entsorgt. Nur eine Heizung haben die meisten Hausboote nicht: Sie werden mit kleinen Allesbrennern beheizt.

Wenn Sie wissen wollen, wie es sich auf einem Hausboot lebt, besuchen Sie das **Hausbootmuseum** (▶ Abb. unten; Prinsengracht – Tel. 020 427 07 50, www.houseboatmuseum.nl, März–Okt. Di–So 10–17 Uhr, Febr., Nov., Dez., Do–So 10–17 Uhr; geschl. den größten Teil des Januar und an einigen Feiertagen, 4,50 €) am Westufer der Prinsengracht direkt südlich der Berenstraat.

Grachten

Rundfahrtboot vor dem Hauptbahnhof	**Grachtenrundfahrten** ✉ die meisten Veranstalter: am oder beim Damrak-Becken, gegenüber vom Hauptbahnhof

Amsterdam Canal Cruises

✉ Nordufer der Singelgracht, direkt gegenüber der Heineken-Brauerei
☎ 20 679 13 70; www.amsterdamcanalcruises.nl 🕐 Touren: April–Sept.
10–18 Uhr (alle 30 Minuten), Okt.–März 10–17 Uhr (stdl.). Die Touren sind ohne
Pause und dauern rund 75 Minuten 💶 16 €

BAEDEKER TIPP

- Die Konkurrenz ist so groß, dass viele Veranstalter **Rabatt** gewähren, wenn man die Karten im Voraus kauft. Preiswerte Hotels und Jugendunterkünfte werben manchmal mit Preisnachlässen von über 30 Prozent. Die meisten Veranstalter bieten günstige Online-Tickets an.
- Stärken Sie sich vor der Abfahrt: **Nur wenige Boote haben Erfrischungen an Bord.** Ausgenommen sind natürlich die Dinnercruises am Abend.
- Im Sommer können tagsüber 80 oder mehr Kanalboote auf dem Wasser sein. Dazu kommen zahlreiche kleinere Wasserfahrzeuge und Dutzende ungeschickt gesteuerte Tretboote. Die Staus können lang sein und die durchschnittliche Fahrtzeit enorm verlängern. Einige Angebote sind evtl. auch von Reisegruppen ausgebucht. Versuchen Sie, bei einer der **ersten Touren des Tages** um ca. 9 Uhr dabei zu sein. Ab 10 Uhr beginnt der Massenbetrieb, der bis 17 oder 18 Uhr andauert.
- **Canal Bike** (Tel. 020 623 98 86, www.canal.nl, ca. 10–20 Uhr im Sommer) vermietet 🚲 Tretboote für vier Personen. Sie können die »Grachtenfahrräder« an jeder beliebigen von vier Anlegestellen abholen und abgeben: Drei liegen am westlichen Grachtenring – an der Nordseite des Leidseplein, Keizersgracht Ecke Leidsestraat und vor dem Anne Frank Huis. Die vierte (der Firmensitz) befindet sich am Weteringschans, unweit vom Haupteingang des Rijksmuseums.

 Jordaan

Nirgends ist Amsterdam ursprünglicher als in diesem ehemaligen Armenviertel, wo Sie eine Mischung aus stimmungsvoller Architektur, verführerischen Geschäften, malerisch-verträumten Ansichten und dörflichem Ambiente erwartet. Der unten beschriebene Rundgang soll lediglich ein Gerüst darstellen: Weichen Sie ruhig davon ab, und schlendern Sie in idyllische Gassen, spähen in jene verborgenen Innenhöfe, denen der Stadtteil so viel von seinem Charme verdankt.

Das goldene Zeitalter im 17. Jh. wurde von einer wahren Bevölkerungsexplosion begleitet, da Handwerker, Künstler und Abenteurer aus ganz Europa nach Amsterdam strömten. Während die Reichen sich Grundstücke am neuen Grachtengürtel sicherten, entstand dahinter, wo noch kurz zuvor Polderland gewesen war, ein eng besiedeltes Viertel. Der Name »Jordaan« leitet sich vom französischen *jardin* her, obwohl bei der Bebauungsdichte eigentlich nicht viel an einen Garten erinnert. Das Viertel liegt, flankiert von der Prinsengracht im Osten und der Lijnbaansgracht im Westen, im westlichen Teil des Grachtengürtels. Die Nordgrenze bildet die Brouwersgracht, die Südgrenze die Looiersgracht, wo unser Rundgang auch beginnt.

Egelantiersgracht, eine der meistfotografierten Wasserstraßen Amsterdams

Westlich der Prinsengracht

Sobald Sie sich westlich der Prinsengracht befinden, ändert sich das Stadtbild, die Hektik schwindet mit der Größe und der Anmut der Gebäude. Die Brücke über die **Looiersgracht** ist ein toller Aussichtspunkt. Gehen Sie entlang der **Eerste Looiersdwaarsstraat** nach Nordwesten. Hier finden Sie einige interessante Geschäfte, deren Angebot sich zwischen Antiquitäten und Ramsch einordnen lässt.

Dort wo sich der Straßenname in **Hazenstraat** ändert, gibt es eine Reihe ausgefallener Geschäfte, in denen Sie wahrscheinlich genau die Olivenölqualität finden, die Sie suchen (**Olivaria,** P106). Kurz darauf könnte allerdings ein rüdes Erwachen aus der romantischen Träumerei folgen, wenn Sie die einzige große Verkehrsader im Jordaan queren müssen, **Rozengracht**, wo zwei Trambahnlinien und jede Menge Autos durch eine Straße drängen, die so gar nicht in das malerische Bild des Viertels passen will.

Haben Sie sie glücklich überquert, kommen Sie auf die **Bloemstraat** (erwarten Sie hier, wie überhaupt im Jordaan, aber bitte nicht besonders viele Blumen) und gehen dann auf den unverkennbaren Turm der **Westerkerk** (➤ 101f) zu. Vorher biegen Sie aber links in die **Eerste Bloemdwarsstraat** ein, die Sie zu verschiedenen *hofjes* (➤ 94) bringt. Bummeln Sie anschließend zur **Westerstraat**, versäumen aber auf gar keinen Fall die **1e Leliedwarsstraat-Brücke** über die **Egelantiersgracht**, wo der vielleicht schönste Grachtenblick Amsterdams auf Sie wartet. Die Westerstraat

Westlicher Grachtengürtel

ist zwar die Hauptstraße des Viertels, verliert aber durch die vielen geparkten Autos sehr an Charme. Biegen Sie in der Mitte der **Lindengracht** nach Norden ab, und Sie sind binnen fünf Minuten am nördlichsten Punkt des Jordaan.

Von hier aus können Sie Rundgang 1 (▶ 180ff) oder Rundgang 3 (▶ 187ff) machen, westwärts in Richtung **Westergasfabriek** und **Westerpark** (▶ 106) spazieren oder einfach über einen anderen Weg wieder zurückgehen und weitere malerische Ecken dieses Stadtteils entdecken.

Die Hofjes im Jordaan

Das ehemalige Arbeiterviertel weiß seine Schätze zu verbergen. Hinter einer Reihe unscheinbarer Pforten versteckt, liegen um Innenhöfe (*hofjes*) herum gebaute Wohnkomplexe, errichtet von den Reichen und Mächtigen für die vom Schicksal weniger Begünstigten. Sie boten – und bieten teils heute noch – Not leidenden und alten Menschen bestimmter Glaubensrichtungen Unterkunft. Einige dieser Armenstifte wirken in der Tat ärmlich, während andere wunderschöne Anlagen mit prachtvollen Gärten sind.

Hofjes gibt es in ganz Amsterdam, aber nirgendwo ist die Dichte so hoch wie im Jordaan. In der Regel sind sie an Werktagen zwischen 9 und 17 Uhr zugänglich.

Wenn Sie Zeit für nur einen *hofje* haben, sollten Sie den **Karthuizerhof** (Karthuizerstraat 89–171) besuchen, der auch als Huyszittenweduwenhofje bekannt ist. Er besteht aus einem großen Innenhof mit zwei kunstvoll verzierten Wasserpumpen. Die Gebäude sind streng symmetrisch angeordnet, wie es im 17. Jh., als dieser *hofje* entstand, Mode war. An der Wand des oberen Stockwerks ist dort, wo ein Fenster sein sollte, ein Platz frei gelassen – wohl, um die Ausdehnung des *hofjes* hervorzuheben.

Claes Claesz Hofje, Egelantiersstraat 34–54, zählt zu den am einfachsten zugänglichen *hofjes*. Er liegt in einer dicht bebauten Gegend des Jordaan zwischen Egelantiersstraat, Tuinstraat und Eerste Egelantiersdwarstraat, wo sich auch der Haupteingang befindet. Claes Claesz Anslo war ein mennonitischer Tuchhändler, der die Anlage 1626 begrün-

Im Bezirk Jordaan stehen zahlreiche Statuen wie diese, die an das Leben von Theo Thijssen erinnert.

Ein gepflegter umzäunter Garten ist der Mittelpunkt dieses Hofes in der Egelantiers-straat.

dete. Sie umfasst drei miteinander verbundener grün verwilderte Höfe und beherbergt heute ein Wohnheim für Musikstudenten.

Um die Ecke gibt es einen zweiten Eingang, direkt neben einer Taverne, die in einen der Höfe hineinragt. Wenn Sie durch dieses Tor hinausgehen und über den Eingang zur Taverne schauen, sehen Sie eine besonders schöne Tafel mit dem Wappen der Stifterfamilie.

Größer als zwischen dem Claes Claesz Hofje und dem **St. Andrieshofje**, Egelantiersgracht 107–145, zum Ende der Straße hin gelegen, könnte der Kontrast kaum sein. In diesem Bilderbuchhofje mit seinem gepflegten Garten und den schiefen Häuschen wohnten 66 katholische Witwen.

Den Zugang zum **Zevenkeurvorstenhof**, Tuinstraat 199–225, zu finden, bedarf längerer Suche. Als Belohnung winkt allerdings eine Insel der Stille, die das städtische Leben vollständig ausschließ.

Das Attraktivste am **Bosschehofje**, Palmgracht 20–26, ist der Blick von der Straße auf den Haupteingang. Hoch über dem Tor prangt eine große Tafel, darunter ein Bullauge und ein Schlussstein über einem dekorativen Backsteinbogen.

Dahinter findet ganz alltägliches Leben statt: Kinder toben herum, Wäsche flattert zum Trocknen an der Leine. Über die rückwärtige Mauer hat man einen guten Blick auf die rückseitigen Fassaden einiger schöner Häuser.

✉ 202 C2

BAEDEKER TIPP

- Wegen der Lage der Straßen und Grachten im Jordaan ist das beste Licht zum **Fotografieren** gewöhnlich am Spätnachmittag.
- Wenn Sie um den **Geburtstag des Königs am 27. April** in Amsterdam sind, sollten Sie in diesem Stadtteil mitfeiern.
- Wer das Leben auf einem Hausboot kennenlernen möchte, besucht das **Hausbootmuseum** (▶ 90), das auf Höhe Johnny Jordaan Plein in der Prinsengracht vertäut liegt.

5 Anne Frank Huis

Ein idyllischerer Ort ist schwerlich vorstellbar: Im Schatten der Westerkerk steht an einer der schönsten Wasserstraßen Amsterdams in der Prinsengracht 263 ein stattliches Kaufmannshaus, erbaut 1635. Hinter der gefälligen Fassade aber liegen ein Gefängnis und ein Ort der Denunziation. Heute erinnert es an die Opfer des Zweiten Weltkriegs, insbesondere jedoch an ein junges Mädchen, dessen man sich noch im 21. Jh. entsinnt.

25 lange Monate lebten die Familien Frank und van Pels im Anbau des Hauses Prinsengracht 263 in ständiger Furcht vor Entdeckung und Deportation. Kurz vor Kriegsende wurden sie dann tatsächlich denunziert und abtransportiert. Als Einziger überlebte Annes Vater Otto Frank das KZ. Als er später in das Haus zurückkehrte, gab ihm einer der Helfer der Familie Annes Tagebücher, die er dann veröffentlichte.

Das Haus, in dem sie sich versteckt gehalten hatten, stand jahrelang leer. Ende der 1950er-Jahre sollte es abgerissen werden, woraufhin engagierte Bürger das Anne Frank Haus ins Leben riefen. Ursprünglich ging es dabei allein um die Erhaltung des Hauses, doch betrachtet die Organisation es zunehmend als ihre Aufgabe, vor den Gefahren des Rassismus allgemein zu warnen.

Vor dem Anne Frank Haus herrscht meist großer Andrang.

Der Rundgang durch die Räume macht mit Annes Geschichte bekannt. Es gibt keine Führer: Jeder Besucher kann sich so viel Zeit lassen, wie er möchte. Der Eingang liegt in der Prinsengracht 267, es folgt ein Videoraum, der den Weg zum Haus mit der Nummer 265 bereitet. Das eigentliche Anne Frank Haus betritt man im Erdgeschoss durch die einstigen Lagerräume, wo auch Gewürze gemahlen wurden.

Otto Frank war nach der Ernennung Hitlers zum Reichskanzler 1933 mit seiner Familie von Frankfurt nach Amsterdam gezogen und hatte dort zwei Geschäfte gegründet: Opekta, die das bekannte Geliermittel herstellt, und eine Gewürzfirma namens Pectagon. Die Kräuter und Gewürze eigneten sich ideal als Erklärung, warum die Fenster im rückwärtigen Anbau des Hauses geschwärzt waren: Was dahinter lag, blieb besser im Dunkeln.

Invasion

Im Mai 1940 marschierten die Nazis in Amsterdam ein und nahmen der jüdischen Bevölkerung nach und nach sämtliche Rechte. Otto Frank, seine Frau Edith und ihre Töchter Anne und Margot hielten sich ab dem 6. Juli 1942 versteckt – nachdem Margot die Einweisung in ein Arbeitslager erhalten hatte. In einem Video **im ersten Stock** erzählt Miep Gies – Mitglied der Familie, die Anne und ihre Angehörigen versteckt hielt –, wie die Franks im Hinterhaus lebten. Es kam noch eine zweite Familie dazu, Otto Franks Geschäftspartner Hermann van Pels, seine Frau Auguste und ihr Sohn Peter. Und ab November lebte zudem Fritz Pfeffer hier, der mit seiner nichtjüdischen Verlobten aus Deutschland geflohen war.

Geholfen wurde den Zufluchtsuchenden von vier Personen; eine davon war Victor Kugler, einer der Geschäftsführer des Unternehmens. Über die Treppe und einen Korridor gelangen Sie durch sein Büro in den **zweiten Stock**. Manchmal wagten sich die Verfolgten abends aus ihrem Versteck und lauschten dort dem »feindlichen« britischen Sender. Mit Kuglers Hilfe führte Otto Frank sogar weiterhin seine Geschäfte.

Leben im Verborgenen

Auf der gleichen Etage liegt das Büro dreier weiterer Mitarbeiter: Johannes Kleimann, Miep Gies und Bep Voskuijl. Samstagnachmittags wurde der vordere Teil zum Badezimmer für die beiden Mädchen umfunktioniert. »Wir schrubben uns in der Dunkelheit«, schrieb Anne. »Während sich die eine wäscht, späht die andere zwischen den Vorhängen hindurch nach draußen.« Im Warenlager ist die Geschichte der Judenverfolgung dokumentiert. Von hier gelangt man in das **Hinterhaus**, wo auf zwei Stockwerken acht Menschen lebten, zu ständigem Stillsein verurteilt, um nur ja keine Aufmerksamkeit auf sich zu lenken. Der

Fortsetzung S. 100

Leben im Hinterhaus

Im Jahr 1957 wurde das Haus von seiner Eigentümerin der Anne-Frank-Stiftung geschenkt, die es 1960 der Öffentlichkeit zugänglich machte. Da das Museum dem Ansturm von knapp 600 000 Besuchern jährlich kaum mehr gewachsen war, wurde es komplett renoviert.

❶**Vorderhaus:** Das Gebäude an der Prinsengracht 263 bestand – wie viele Amsterdamer Grachtenhäuser – aus einem Vorder- und einem Hinterhaus. Im Vorderhaus hatte Otto Frank, der Vater, seit 1940 sein Geschäft mit Büro- und Lagerräumen. Der Geschäftsbetrieb ging während des Zweiten Weltkriegs weiter. Anhand historischer Fotos wurden die Räume rekonstruiert. Sie sind aber nicht mehr möbliert. Zitate aus dem Tagebuch der Anne Frank geben einen Eindruck davon, wie es ehemals hier aussah, welche Atmosphäre hier herrschte.

❷**Hinterhaus:** Als die ersten Juden sich 1942 in Arbeitslagern melden mussten, stattete Otto Frank im Hinterhaus vier Räume so aus, dass er hier mit seiner Familie und Freunden untertauchen konnte. Die ehemalige Sekretärin von Otto Frank, Miep Gies, und weitere Helfer versorgten die Leute im Versteck mit Lebensmitteln.

❸**Geheimtür:** Durch eine als Bücher-regal getarnte Geheimtür gelangte man in das Hinterhaus und die kleine Wohnung, in der die Familie hausen musste. Diese Räume sind nicht mehr eingerichtet.

❹**Annes Zimmer**

Helfer versorgten die Unterge-tauchten mit Lebensmitteln.

Anne Frank Huis

Anne Frank (1929–1945)

⑤ Zimmer der Eltern

⑥ Zimmer der Familie Van Daam: Das Mobiliar war von den Nationalsozialisten beschlagnahmt worden, und 1962 stellte sich die Frage nach einer Rekonstruktion. Otto Frank war dagegen, lediglich einige persönliche Gegenstände und Briefe der acht Untergetauchten sind ausgestellt.

⑦ Dachboden: Auf dem Dachboden des Hauses zeigen Fotos und andere Dokumente den Leidensweg der im Hinterhaus versteckten Juden durch die verschiedenen Konzentrationslager. Videofilme stellen die Einzelschicksale in den historischen Zusammenhang.

©BAEDEKER

Westlicher Grachtengürtel

Zugang war hinter einem verschiebbaren Bücherregal verborgen, hinter dem eine schmale Treppe in den Anbau hinaufführt.

Jede Woche brachte Victor Kugler Anne eine Kino- und Theaterzeitschrift mit, aus der sie Bilder ihrer Idole ausschnitt und an die Wand heftete. Anne führte seit ihrem 13. Geburtstag am 12. Juni 1942 Tagebuch, wenige Wochen bevor die Familie untertauchte. »Ich hoffe, ich kann Dir alles anvertrauen«, notierte sie. Der letzte Eintrag stammt vom 1. August 1944, als sie schreibt: »Etwas in mir schluchzt.«

Vom Hinterhaus gelangt man in einen modernen **Ausstellungsraum**, wo man das weitere Schicksal der acht Menschen erfährt. Am 4. August 1944 kam die SS – jemand hatte die Untergetauchten verraten. Alle acht wurden verhaftet, ins Übergangslager Westerbork und von dort mit einem der letzten Judentransporte nach Auschwitz gebracht. Auch ihre Helfer Victor Kugler und Johannes Kleimann wurden festgenommen, aber später wieder freigelassen. Hermann van Pels wurde kurz nach der Ankunft im KZ vergast, seine Frau und sein Sohn von Lager zu Lager verschoben; sie starben sechs Monate später. Auch Fritz Pfeffer überlebte die Strapazen nicht. Otto und Edith Frank entgingen der Gaskammer, doch Edith starb im Januar 1945 an Unterernährung. Anne und Margot landeten schließlich im Lager Bergen-Belsen, wo sie einen Monat vor Kriegsende im März Opfer einer Typhus-Epidemie wurden.

Nach dem Krieg entschloss sich Otto Frank, dem Wunsch seiner Tochter nachzukommen und ihr Tagebuch zu veröffentlichen; das Original ist im Dachgeschoss ausgestellt. Es erschien erstmals 1947 auf Niederländisch, wurde aber sehr bald übersetzt und liegt heute in über 65 Sprachen vor.

KLEINE PAUSE

An der Südseite des Museums befindet sich ein hübsches **Café** mit Blick auf die Westerkerk (tgl. 9–19 Uhr).

✚ 203 D2 ✉ Prinsengracht 263 (Eingang Hausnummer 267)
☎ 020 556 71 05; www.annefrank.org 🕐 April–Juni So–Fr 9–21, Sa 9–22 Uhr; Juli–Aug. tgl. 9–22 Uhr; Sept.–April So–Fr 9–19, Sa 9–21 Uhr; geschl. Jom Kippur; Achtung: 9–15.30 Uhr nur mit Online-Ticket zugänglich, erst danach sind auch Tickets an der Kasse erhältlich! 🚊 13, 14, 17 💶 9 €

BAEDEKER TIPP

- Im Sommer sollten Sie später kommen, um nicht lange anstehen zu müssen.
- Wenn Sie Ihren Besuch für eine Uhrzeit planen, zu der viel Andrang ist, sollten Sie Ihre **Eintrittskarten online kaufen** (www.annefrank.org). Dann müssen Sie sich nicht am Schalter anstellen, sondern können einen separaten Eingang nehmen.
- Viele Menschen nimmt der Besuch des Anne Frank Hauses emotional stark mit, insbesondere Kinder. Planen Sie so viel Zeit ein, dass Sie das Gesehene verdaut haben, bevor Sie die nächste Sehenswürdigkeit ansteuern.

⭐10 Westerkerk

Von all den schönen Kirchen Amsterdams ist dies die populärste, dem pulsierenden Leben der Stadt ganz nah und auch eng verbunden. Der Turm – angesichts des nachgiebigen Untergrunds ein wahres Meisterwerk an Baukunst und Statik – beherrscht den westlichen Teil der Grachtenstadt, und Amsterdamer, die in Hörweite der Glocken der Westerkerk geboren sind, betrachten sich als vom Schicksal besonders begünstigt.

Die Wester-kerk ist ein beliebtes Wahrzeichen des Bezirks.

Die Westerkerk, eine der ersten protestantischen Kirchen Amsterdams, wurde von Hendrick de Keyser (1565–1621) im Stil der Renaissance entworfen und am Pfingstsonntag 1631 eingeweiht. Der weithin sichtbare Turm, im Volksmund »Langer Jan« genannt, der erst sieben Jahre später fertiggestellt wurde, ist über 85 m hoch und trägt die schwerste Glocke der Stadt. Sie wiegt 7500 kg, der Schlaghammer ist 200 kg schwer.

Der Innenraum ist auffallend schlicht gehalten, in bewusstem Gegensatz zu dem oft überladenen Prunk katholischer Kirchen. Die prächtigsten Stücke sind die »Logen« der reichen Familien, die sich darin vom gemeinen Volk abgrenzten. Die große, reich geschmückte Orgel über dem Westportal kam erst mehr als 50 Jahre nach Vollendung der Kirche hinzu – so lange dauerte die Debatte darüber, ob musikalische Begleitung dem Gottesdienst überhaupt angemessen sei. Sie ruht, unterstützt von zwei Putti, auf Marmorsäulen und ist so das extravaganteste Stück der Kirche.

Das verborgene Grab von Rembrandt

Die berühmteste Persönlichkeit, die in der Westerkerk ihre letzte Ruhe fand, ist de facto heute nicht mehr auffindbar: Rembrandt wurde hier in einem gemieteten Grab beigesetzt, seine sterblichen Überreste wurden aber 20 Jahre später entfernt, um anderen Verstorbenen Platz zu machen. Dennoch behauptet eine Gedenktafel in der Nordwand der Kirche: »Hier ruht R. Harmensz Van Ryn, geb. 15. Juli 1606, gest. 4. Oktober 1669.«

Westlicher Grachtengürtel

Der schönste Blick über die Stadt

Der Aufstieg auf den nach einer umfangreichen Renovierung wiedereröffneten Turm wird mit einem prächtigen Panorama belohnt, angeblich »der schönste Blick über die Stadt«. Im 17. Jh. diente der Turm nicht nur der Ehre Gottes, sondern zugleich als Wachturm: Hier hielt man Ausschau nach Bränden oder Dammbrüchen. Der untere Teil des Turms ist gemauert, doch ab der ersten Etage ist das Bauwerk aus Gewichtsgründen aus Holz, mit Sandstein- oder Bleiverkleidung. Der mittlere Teil der heute geschlossenen ersten Etage war einst offen, um Baumaterial und die Glocken nach oben zu ziehen. In der vierten Etage sieht man die Balken, die die Schwingungen der sieben Tonnen schweren Glocke auffangen – ohne sie würde der Turm wahrscheinlich irgendwann einstürzen.

Das Glockenspiel der Westerkerk erklingt über der Stadt.

KLEINE PAUSE

Machen Sie eine Pause im **Spanjer en Van Twist** (➤ 108) und genießen Sie einen Kaffee oder ein Mittagessen. Dieses nette Café an der Leliegracht, gleich neben der Kirche, hat eine pittoreske kleine Terrasse direkt am Kanal.

✚ 203 D2 ✉ Prinsengracht 281
☎ 020 624 77 66; www.westerkerk.nl
🕐 Mo–Sa 11–15 Uhr. Von April–Okt. findet Fr um 13 Uhr ein kostenloses Orgelkonzert statt. Turmführungen April–Okt. halbstündlich zwischen 10 und 17.30 Uhr, Juli–Sept. bis 19.30 Uhr.
🚋 13, 14, 17 🎫 Kirche: frei; Turm: 7,50 €

BAEDEKER TIPP

- Der **Aufstieg** auf den Turm ist für körperlich gesunde Personen nicht schwierig, in den steilen Bereichen vor der Spitze sollten Sie allerdings vorsichtig sein.
- Gleich nördlich des Haupteingangs befindet sich ein **Sturz** mit vier Cherubim und zwei Totenköpfen.

Nach Lust und Laune!

21 Leidseplein

Der Leidener Platz (so benannt, weil hier die Straße zwischen Leiden und Amsterdam endete) wurde erstmals im 17. Jh. als Parkplatz für Pferde und Kutschen genutzt. Heute pulsiert hier jeden Abend das Nachtleben mit Neonlichtern und Nachtschwärmern.

Den richtigen Zeitpunkt zu finden ist das A und O. Besuchen Sie den Knotenpunkt der vielen Touristenpfade deshalb möglichst früh, wenn er sich frisch geputzt präsentiert und das American Hotel (► rechts) im Glanz der Morgensonne liegt.

Der imposante neoklassische Klotz von Hirsch & Cie am Südufer beherbergte früher ein Modehaus, heute einen Apple-Store. An der **Marnixstraat**, und zwar an der Nordostseite des American Hotel, befindet sich eine attraktive Häuserzeile, die inzwischen zu Hotels umgewandelt worden ist.

Im **Last Minute Ticketshop** (► 49) in der Stadsschouwburg

gibt es Tickets für Veranstaltungen am gleichen Tag zum Sonderpreis.
✚ 204 B3

22 American Hotel

Das im Jahr 1900 erbaute Hotel ist ein Baudenkmal und als verrückte Art-Nouveau-Interpretation eines schottischen Baronschlosses eine der Hauptattraktionen auf dem Leidseplein. Von außen lohnt sich eine ausführliche Betrachtung, und auch das Innere ist einen Besuch wert.

Beginnen Sie an der Nordwestecke, wo unter einem Bogenfenster schön gestaltete Störche und Eich-

Das Stadsschouwburg-Theater am Leidseplein bei Nacht

Westlicher Grachtengürtel

Das Interieur des Café Americain im Art-déco-Stil

hörnchen zu bewundern sind. Der Giebel wird von einem stilisierten Sonnenstrahl erhellt. Der Platz vor dem Hotel schmückt sich mit einem Fischbrunnen, interessanter jedoch ist das Relief links vom Eingang zum Café Américain (oben, ► 107). An der Südecke zeigt sich auf den Kacheln eine Venus in Begleitung zweier Eulen, einiger Schlangen und einer böse dreinblickenden Fledermaus. Bei genauerem Hinsehen lassen sich aus einem Mosaik die Worte »American Hotel« herauslesen. Offiziell heißt es jetzt Hampshire American Hotel,

Das Homomonument ist jetzt ein integraler Bestandteil der Kanallandschaft.

allgemein wird es aber immer noch American Hotel genannt.

✚ 204 B3 ✉ Leidsekade 97 ☎ 035 677 72 17; www.edenamsterdam americanhotel.com 🚊 1, 2, 5

23 Homomonument

Die Toleranz der Stadt zeigt sich auch am Standort – direkt neben der Westerkerk – dieses Denkmals für all die Männer und Frauen, die wegen ihrer Homosexualität verfolgt wurden. Form und Farbe des dreieckigen rosafarbenen Granitblocks, der in die Keizersgracht hineinragt, basieren auf dem rosa Dreieck, das Schwule und Lesben während der deutschen Besatzung tragen mussten. Fast ist es eine Art Mahnmal geworden, und viele Leute legen hier Blumen nieder.

✚ 203 D2 ✉ Ecke Westermarkt und Keizersgracht 🕐 immer zugänglich 🚊 13, 14, 17

24 Amsterdam Tulip Museum

Vom Tulpenmuseum sieht man von außen zunächst nur den Museumsshop. In der Tat nimmt er einen Großteil der Fläche des kleinen Museums in einem Grachtenhaus ein. Ein Besuch lohnt sich dennoch, denn drinnen wartet eine liebevoll gestaltete, gar nicht verstaubte Ausstellung rund um die berühmteste Blume Hollands. Sie bringt Licht in die Vormachtstellung der Tulpe in der Kunst des Osmanischen Reiches und die Tulpenmanie des 17. Jhs., als die teuersten Zwiebeln den Preis eines Hauses überstiegen. Die vielen verschiedenen Tulpenzwiebeln im (frei zugänglichen) Museumsshop sind dagegen erschwinglich.

✚ 203 D2 ✉ Prinsengracht 112 ☎ 020 421 00 95; www.amsterdamtulip museum.com 🕐 tgl. 10–18 Uhr 💶 5 € 🚊 13, 14, 17

Informativ und bunt: das Tulpenmuseum

Westlicher Grachtengürtel

25 Westergasfabriek und Westerpark

Das westliche Ende der Stadt, insbesondere nördlich vom Haarlemmerweg, lag lange im Abseits, was auch erklärt, warum die westlichen Inseln (➤ 190ff) so wunderbar unberührt geblieben sind. Zwischen einer Wasserstraße und den Bahngleisen findet man in diesem Dreieck heute einen Park und ein ehemaliges Gaswerk, das seit einiger Zeit Cafés, Kinos und Galerien (➤ 114) beherbergt und auch im Nachtleben eine festen Platz einnimmt. Die Westergasfabriek besteht aus mehreren Gebäuden an der Nordseite der des Haarlemmertrekvaart-Kanals und wurde 2003 grundlegend renoviert. Die Haupt»straße« wird von mehreren ansehnlichen Gebäuden gesäumt, die sich für experimentelle Kunst geradezu anbieten.

Ort moderner Kunst: die Westergasfabriek

Im Osten geht die Westergasfabriek in den Westerpark über. 👫 Dort befindet sich ein Wasserbecken, in dem bei schönem _ Wetter unzählige Kinder plantschen.
➕ 202 A5 und B5 ☎ 020 586 07 10; www.westergasfabriek.nl 🚋 10 endet an der Van Hallstraat, von wo man ein kurzes Stück nordwärts zum Haarlemmerweg und über den Kanal zur Westergasfabriek läuft; die Trambahnlinie 3 fährt zum Haarlemmerplein am östlichen Ende des Westerparks 🎫 frei

Wohin zum ...
Essen und Trinken?

Preise
für ein 3-Gänge-Menü ohne Getränke:
€ unter 20 Euro   €€ 20–40 Euro   €€€ über 40 Euro

CAFÉS

De Admiraal €/€€
Dieses Proeflokaal (Probierlokal, ►31f) in einem ehemaligen Lagerhaus bietet 20 alte Jenever (Gin) und 60 Liköre (manche mit so herrlichen Namen wie Perfect Happiness oder Lift-up-your-Shirt) aus der eigenen Brennerei. Alte Eichenfässer, riesige Schnapsflaschen aus Steingut und kupferne Destillierkessel zieren die große Bar. Anders als in den meisten Probierstuben gibt es hier auch Snacks wie Hering und Räucheraal sowie richtige Mahlzeiten.
🞤 205 D3 ✉ Herengracht 319
☎ 020 625 43 34; www.proeflokaaldeadmiral.nl
🕓 Mo–Sa 18–24 Uhr

Café Américain €–€€€
Das Jugendstil-Interieur dieses Grand Cafés im American Hotel (► 103f) steht praktisch unter Denkmalschutz. Über den Steinbogen gibt es herrliche Buntglasdekorationen und wunderschöne, ausgefallene Leuchten. Die knappe, aber einladende Speisekarte bietet Burger und Fingerfood wie Dim Sum. Man kann das Ambiente aber auch nur bei einem Kaffee oder Bier genießen. Zum Sonntagsbrunch spielt eine Jazzband.
🞤 204 B3 ✉ Leidsekade 97
☎ 020 556 30 00; www. edenamsterdam american.com 🕓 tgl. 7–23.30 Uhr

Café Chris €
Eine gute Wahl, wenn Sie ein traditionelles Braunes Café im Jordaan suchen, das nicht von Touristen überlaufen ist. Möglicherweise mit Recht behauptet das Chris, das älteste Café Amsterdams zu sein. Es wurde 1624 gegründet, als die Arbeiter an der Westerkerk hier ihren Lohn erhielten (und vermutlich zum Teil gleich wieder ausgaben). Skurriles Charakteristikum ist eine Herrentoilette, die so klein ist, dass ihr Spülkasten im Schankraum über der Bar hängen muss.
🞤 202 C1 ✉ Bloemstraat 42
☎ 020 624 59 42; www.cafechris.nl
🕓 Mo–Do 15–1, Fr, Sa bis 2, So bis 21 Uhr

Café Dulac €/€€
Dieses Café in einem ehemaligen Bankgebäude aus den 1920er-Jahren wartet sicher mit einem der auffälligsten Interieurs aller Grand Cafés auf. Postmoderner Kitsch prägt das Bild, dazu kommen von der Decke hängende Trompeten und Schiffsmodelle sowie Wasserspeier und nackte Frauenleiber an den Wänden. An manchen Abenden lockt ein DJ studentisches Publikum an. Auf der Karte stehen u. a. Salate, Steaks und Pasta.
🞤 203 E3 ✉ Haarlemmerstraat 118
☎ 020 624 42 65; www.restaurantdulac.nl
🕓 So–Do 12–1, Fr, Sa bis 3 Uhr

Café Papeneiland €
Das winzige »Priesterinselchen« ist eines der ältesten Braunen Cafés (►31) in Amsterdam. Seit dem frühen 17. Jh. wird hier Bier ausgeschenkt – Haupterwerb des damaligen Besitzers war freilich das Särgezimmern. Holztäfelung, Delfter Kacheln, an Balken hängende Bierseidel, ein riesiger

Westlicher Grachtengürtel

alter Kamin und nach traditionellem Brauch auf der Bar präsentierte gekochte Eier und Apfelkuchen – das Café atmet ganz einfach Atmosphäre.

✚ 203 E3 ✉ Prinsengracht 2
☎ 020 6 24 19 89; www.papeneiland.nl
🕐 Mo–Do 10–1, Fr, Sa bis 2, So 12–1 Uhr

Café de Prins €/€€

Ein Braunes Eetcafé (beachten Sie die alte Bar, die typischen Holztische und die halbhohe Wandvertäfelung), immer gut besucht von Gästen, die teils hier speisen, teils nur zum Trinken kommen. Pluspunkte sind die Lage am Wasser (bei schönem Wetter kann man draußen sitzen), die Nähe zum Anne Frank Huis und die gute, preiswerte holländisch-französische Küche. Besonders lecker sind das Käsefondue, die Quiches sowie mittags das exzellente *uitsmijter* (Spiegeleier auf Brot).

✚ 203 D2 ✉ Prinsengracht 124
☎ 020 624 93 82; www.deprins.nl
🕐 tgl. 10–1 Uhr (Küche bis 22 Uhr)

Café 't Smalle €

Idyllischer als dieses winzige Eckhaus kann ein Bruin Café (► 31) kaum sein. Lage an einer Gracht, Kerzen auf der Bar, Holztäfelung an den Wänden und Buntglas aus dem späten 18. Jh. sorgen dafür, dass es meist voll ist – aber immer auch stilvoll. Eine gute Auswahl an Jenever und Snacks tun ein Übriges. Bei gutem Wetter kann man direkt am Wasser sitzen.

✚ 202 C2 ✉ Egelantiersgracht 12
☎ 020 623 96 17; www.t-smalle.nl
🕐 So–Do 10–1, Fr, Sa bis 2 Uhr

De Doffer €/€€

Ein großzügiges Braunes Eetcafé (mit einer weiteren Bar gleich nebenan), wo einfach alles stimmt (auch der Jazz im Hintergrund passt irgendwie): Holzboden, Wandtäfelung, Kerzenlicht und ausgesprochen leckere Gerichte – Suppen und Sandwiches zum

Mittagessen und Gerichte wie Lachs und Wasabi oder gefüllte Ente mit Cassis am Abend. Das noblere Ambiente spiegelt sich in der Klientel.

✚ 204 B4 ✉ Runstraat 12–14
☎ 020 622 66 86; www.cafededoffer.nl
🕐 So–Do 12–3, Fr bis 4, Sa 11–4 Uhr

Spanjer & Van Twist €/€€

In diesem modernen Eetcafé gibt es mit das beste Café-Essen Amsterdams – zu Mittag fantastische Omeletts und interessante Sandwiches, abends dann Gehaltvolleres wie gedünsteten Fisch oder Hasenpfeffer. Zudem sind die meisten Zutaten aus biologischem Anbau. Das Grachtencafé ist gemütlich, hinter der Bar zieht ein Spiegel im Mondrianstil die Blicke auf sich. Die Terrasse an der Gracht ist im Sommer ein hübscher Sitzplatz.

✚ 203 D2 ✉ Leliegracht 60
☎ 020 639 01 09; www.spanjerenvantwist.nl
🕐 tgl. 10–1 Uhr

Tabac €

Gemütliches Café an einer der schönsten Straßenecken Amsterdams. Im Sommer kann man sich auf Sitzkissen auf dem Dach eines kleinen Anbaus niederlassen und die Boote auf der Prinsengracht beobachten. Die Karte ist asiatisch orientiert, köstlich ist die indonesische Hühnersuppe *Soto Ayam*.

✚ 203 D3 ✉ Brouwersgracht 101
☎ 020 622 44 13 🕐 So–Mo 11–1, Di–Do 16–1, Fr 16–3, Sa 11–3 Uhr

De Tuin €

»Der Garten« zählt zu den Bruin-Café-Klassikern des Jordaan. Nehmen Sie Kaffee und Kuchen oder ein Essen in der zauberhaften alten Bar mit Kerzenlicht, Holztischen, zigarettengebräunten Wänden und alten Werbeplakaten für Bier. Die jungen Leute des Viertels kommen gerne her, es herrscht ein wunderbarer Mix aus Studenten, Intellektuellen und Biertrinkern.

✚ 203 D2 ✉ 2e Tuindwarsstraat 13
☎ 020 624 45 59 🕐 Mo–Do 10–1,
Fr, Sa 10–2, So 11–1 Uhr

Walem Café €/€€

Eine der »Designer Bars« – daher
ganz in Schwarz gekleidete Bedienungen, beleuchtete Spiegel
und reichlich Grünpflanzen. Trotzdem fühlt man sich im Walem
wohl. Hauptgrund für seine
Beliebtheit dürfte die ausgezeichnete (einsehbare) Küche sein.
Mittags gibt es etwa *croque
madame* (Schinken-Käse-Toast mit
Spiegelei überbacken). Und wie
klingt geschmortes Kaninchen mit
in Riesling gekochtem Sauerkraut?
Man kann auch am Wasser oder
im Garten sitzen.

✚ 204 C3 ✉ Keizersgracht 449
☎ 020 625 35 44; www.walem.nl
🕐 So–Do 10–1, Fr, Sa bis 2 Uhr

RESTAURANTS

De Belhamel €€

Ein ruhiges, romantisches Restaurant mit zauberhaftem Blick über
die Brouwersgracht und die Herengracht. Bitten Sie bei der Reservierung um einen Tisch am Fenster.
Das Lokal wie auch die schnörkel-
reiche Bar sind authentischer
Jugendstil, die französische Küche
recht gut und die Speisekarte
wechselt oft. Was halten Sie z. B.
von Krabbenmousse, gefolgt von
gedünsteter Kalbszunge und
Birnentorte?

✚ 203 E3 ✉ Brouwersgracht 60
☎ 020 622 10 95; www.belhamel.nl
🕐 tgl. 12–16, 18–1 Uhr

Bordewijk €€/€€€

Eines der schicksten Restaurants
der Stadt (unbedingt reservieren),
jedoch mit wunderbar legerer
Atmosphäre. Vom sparsam eingerichteten modernen Raum überblickt man durch große Fenster
den hübschen Noordermarkt. Auf
der Speisekarte stehen italienische
und französische Gerichte wie

Bressehuhn mit frischen Morcheln
und Polenta oder auch holländische Garnelen mit Frühlings-
zwiebeln. Dazu gibt es günstige
Tagesmenüs.

✚ 203 D3 ✉ Noordermarkt 7
☎ 020 624 38 99; www.bordewijk.nl
🕐 Di–Sa 18.30–22.30 Uhr

Café-Restaurant Amsterdam €€

Die zehnminütige Fahrt vom Stadtzentrum aus (Endstation der Linie
10) lohnt sich allein schon der
Räumlichkeiten wegen: Das Lokal
befindet sich im ehemaligen
Maschinenhaus des Wasserwerks,
in dem leicht zehn Grachtenhäuser
Platz fänden. Die vorwiegend
französische Küche wird gerne mit
holländischen Zutaten garniert; alle
Gerichte sind einfach zubereitet,
schmackhaft und preiswert. Wer
nicht reserviert hat, muss mit
Wartezeit rechnen.
(Übrigens: Im kleinen Windkessel
gegenüber befindet sich das
kleinste Hotel der Stadt, www.
windketel.nl.)

✚ 202 bei A4 ✉ Watertorenplein 6
☎ 020 682 26 66; www.cradam.nl
🕐 So–Do 10.30–24, Fr, Sa bis 1 Uhr

Café de Reiger €€

Dieses stimmungsvolle *Eetcafé*
(► 32) im Jordaan ist ständig von
Amsterdamern bevölkert. Sie kommen wegen der schönen, kerzen-
beleuchteten Bar, dem geschäfti-
gen, aber entspannten Treiben und
der herzhaften, unkomplizierten
französischen, italienischen und
niederländischen Küche. Auf der
Speisekarte stehen Steaks und
Pasta. Die Tagesgerichte auf den
Tafeln sind interessanter – probieren Sie das Schafskäsesoufflé oder
Risotto mit Lammkeule. Es werden
weder Reservierungen noch Kreditkarten angenommen; um Wartezeiten zu vermeiden, sollten Sie
möglichst früh kommen.

✚ 202 C2 ✉ Nieuwe Leliestraat 34
☎ 020 624 74 26 🕐 Di–Fr, So 17–22.30,
Sa 12–22.30 Uhr

Westlicher Grachtengürtel

Chez Georges €€/€€€

Sie müssen frühzeitig reservieren, um in diesem kleinen und gemütlichen, aber ziemlich formellen Bistro einen Tisch zu bekommen. Die Küche des Belgiers Georges Roorda ist französisch-burgundisch inspiriert. Kommen Sie nicht für einen Snack hierher; empfehlenswert ist das gastronomische Sieben-Gänge-Menü, das – im Vergleich zu der teuren Weinkarte – zu einem hervorragenden Preis angeboten wird.

⊞ 203 E2 ✉ Herenstraat 3
☎ 020 626 33 32; www.chez-georges.nl
🕐 Di–Sa 18–23.30 Uhr

Christophe €€€

2006 verkaufte Christophe Royer sein elegantes, mondänes Restaurant an zwei seiner Mitarbeiter, Ellen Mansfield und Jean-Joel Bonsens. Obwohl das Restaurant daraufhin seinen Michelin-Stern verlor, gilt es immer noch als eines der besten (und teuersten) Lokale der Stadt. Ellen ist der Sommelier, während der Franzose Jean-Joel der Chefkoch und Schöpfer von Gerichten wie Dorsch mit Anis oder Crème Brulée mit rotem Pfeffer und Limonengras ist.

⊞ 203 D2 ✉ Leliegracht 46
☎ 020 625 08 07; www.restaurantchristophe.nl
🕐 Di–Sa 18.30–22.30 Uhr

Envy €€/€€€

Kreative italienische Gerichte in Probiergröße sowie leckere Käse- und Fleischsorten werden in diesem ultramodernen, minimalistischen Restaurant am Kanal serviert. Sie können an Einzeltischen oder auf Hockern an langen Gemeinschaftstischen sitzen. Vor dem Essen können Sie ein oder zwei Gläser Wein in der Vyne, der ebenso modernen Weinbar des Envy einige Häuser weiter genießen.

⊞ 204 B5 ✉ Prinsengracht 381
☎ 020 344 64 07; www.envy.nl
🕐 So–Do 18–1, Fr, Sa 12–15, 18–1 Uhr

Moeders €€

Als das »Moeders« 1990 eröffnete, kauften die Gäste ihr eigenes Geschirr und Besteck, und die bunte Mischung wird in dem gemütlich-kitschigen Restaurant bis heute verwendet. Die freundlichen Kellnerinnen erläutern gerne die Speisekarte mit traditionellen niederländischen sowie internationalen Speisen. Probieren Sie die holländischen »Reistafel« – eine Parodie der indonesischen Spezialiät ohne Reis, aber dafür mit einer Sammlung kleiner nationaler Gerichte.

⊞ 204 A5 ✉ Rozengracht 251
☎ 020 626 79 57; www.moeders.com
🕐 Mo–Fr 17–24, Sa–So 12–24 Uhr

⛎ The Pancake Bakery €€

Der Renner bei Kindern und Erwachsenen gleichermaßen: Mehr als 75 süße und herzhafte Pfannkuchen- und Omelettevariationen werden in den steinernen Mauern dieses alten Grachtenhauses serviert. Wählen Sie internationale Optionen wie ägyptisches Lamm und Paprika oder Thai-Curry-Füllungen, oder genießen Sie einen Klassiker mit Käse und Schinken oder Kirschen und Sahne. Die Pfannkuchen sind etwas teurer als gewöhnlich, aber dafür riesig und ein unvergesslicher Genuss.

⊞ 203 D2 ✉ Prinsengracht 191
☎ 020 625 13 33; www.pancake.nl
🕐 tgl. 12–21.30 Uhr

Toscanini €€/€€€€

Einer der besten Italiener in Amsterdam. Die Zutaten sind biologisch, die Pasta hausgemacht und das Brot selbst gebacken. Pizza gibt es hier nicht, dafür aber Besonderes wie Orecchiette mit Oktopus. Im großen Saal herrscht immer Trubel und es kann recht laut werden. Unbedingt reservieren!

⊞ 203 D3 ✉ Lindengracht 75
☎ Tel. 020 623 28 12; www.restaurant toscanini.nl 🕐 Mo–Sa 18–22.30 Uhr

Van Puffelen €€

Ein freundliches Lokal am Wasser, das gleichzeitig als Braunes Café (▶31) und vollwertiges Restaurant firmiert. Schwere Samtvorhänge trennen das Café von dem geräumigen, wunderschön getäfelten Speiseraum. Das herzhafte Menü ist hauptsächlich von französischem Stil, enthält aber auch einige Ausflüge in die multi-ethnische Küche, z. B. Rindfleisch-Carpaccio mit Artischockensoße, Pangasius mit rotem Curry.

✚ 204 B5
✉ Prinsengracht 375–377
☎ 020 624 62 70; www.restaurant vanpuffelen.com
🕐 Mo–Do 15–1, Fr 13–2.30, Sa 12–2.30, So 12–1 Uhr

La Oliva €

Baskisch-kantabrische Küche mitten im Jordaan. Bei La Oliva gibt es nordspanische Spezialitäten und pintxos: Canapés, deren Belag von je einem namensgebenden Spießchen fixiert wird. Mittags locken hausgemachte Tortillas und verschiedene Salate.

✚ 202 C2
✉ Egelantiersstraat 122–124
☎ 020 320 43 16; www.laoliva.nl
🕐 tgl. 12–22, Do–Sa bis 23 Uhr

Wohin zum …
Einkaufen?

Im westlichen Grachtenring und im Jordaan findet man die besten Einkaufsmöglichkeiten in Amsterdam. Entlang der Grachten und in den kleinen Nebenstraßen gibt es Dutzende einzigartiger kleiner Läden, dazu Galerien, Antiquitäten- und Blumengeschäfte. Individualismus ist Trumpf. Am besten, Sie gehen auf eigene Faust bummeln und besuchen die Boutiquen des Jordaan. Denken Sie daran, dass viele Geschäfte hier montags geschlossen bleiben.

9 STRAATJES

Die »Neun Straßen« (www.de9 straatjes.nl) sind ein Quadrat zwischen Singel und Prinsengracht, Leidsegracht und Raadhuisstraat. Die schlichten Häuser, einst Quartier der Dienstboten, deren Herrschaften am Wasser residierten, beherbergen heute eine Vielzahl mitunter skurriler Läden.

Von Norden nach Süden finden Sie: am Gasthuismolensteeg 7 den **Brillenwinkel** (Mi–Fr 11.30–17.30, Sa 11.30–17 Uhr; www.brilmuseum amsterdam.nl). Im Laden können Sie witzige Retrobrillen und antike Operngläser erwerben. In den oberen Stockwerken ist das Museum untergebracht, hier können Sie Zwickerbrillen, Schutzbrillen aus dem 19. Jh. und Brillen in Fernsehform bewundern. Gegenüber hat sich im Haus Nummer 16 **Antonia** (www.depantoffelwinkel.nl) auf Pantoffeln, Gummistiefel und Badeschlappen spezialisiert. In der Hartenstraat 28 lohnt **BLGK** (www. blgk.nl): Der hier gezeigte Schmuck ist ausgefallener als alles, was Sie in den Diamantenschleifereien der Stadt entdecken werden.

Weiter entlang der Reestraat befindet sich in der Nr. 5 das **Fifties-Sixties** (www.fifties-sixties. nl), wo Gegenstände wie Toaster und Staubsauger aus den 1930er- bis 1970er-Jahren angeboten werden. **E Kramer** (Nr. 18–20; Tel. 020 626 52 74) ist spezialisiert auf Kerzen und spirituelle Objekte.

JAN (Wolvenstraat 9) verkauft Geschenk- und Wohnartikel mit Designanspruch, während man bei **Laura Dols** (Haus Nr. 7; www.laura dols.com) Kleidung aus den 1940er- und 1950er-Jahren findet. Schöne moderne Plastiken gibt es bei **De Beeldenwinkel** (Nr. 29, Tel. 020 676 49 03) zu bewundern.

Westlicher Grachtengürtel

Zeit für eine Verschnaufpause: Verwöhnen Sie sich im Louis-XVI-Teesalon von **Pompadour** (Huidenstraat 12; Tel. 020 623 95 54) mit sündhaft gutem Kuchen.

In der Runstraat finden Sie hervorragende Bäckereien und Käsegeschäfte. **De Kaaskamer** (Nr. 7; www.kaaskamer.nl) – die »Käsekammer« – ist eines davon. Hier können Sie aus Hunderten Käsesorten wählen. Eine holländische Spezialität ist der Old Amsterdam, ein reifer Gouda mit angenehmer Schärfe und viel Biss. Gleich nebenan liegt der schrullige **De Witte Tanden Winkel** (Nr. 5; www.dewit tetandenwinkel.nl) – »Der Weiße-Zähne-Shop« – wo seit über 20 Jahren Zahnbürsten und andere Zahnpflegemittel verkauft werden.

JORDAAN

An den winzigen Gässchen südlich der Westerstraat locken jede Menge kuriose kleine Läden, in denen man wunderbar nach alten Schallplatten, Filmplakaten und Secondhand-Kleidung stöbern kann. Die Rozengracht ist zwar die reizloseste Straße des Viertels, doch liegen hier das 1884 gegründete **Wegewijs** (Nr. 32; www.wege wijs.nl – wunderbarer Käse) und **Coppenhagen** (Nr. 54), das nach Farben sortierte Perlen anbietet.

Südlich davon verkauft **Olivaria** (Tel. 020 638 35 52) in der Hazenstraat 2a, zum Teil biologisch angebaute Olivenprodukte. Katzenliebhaber finden ein Stück weiter im Haus Nummer 26 bei **Cats & Things** (www.catsandthings.nl) alles, was mit Katzen zu tun hat: kleine Leckereien ebenso wie knuddelige Plüschkatzen.

PRINSENGRACHT UND HAARLEMMERSTRAAT

Das Spektrum der Geschäfte an diesem wunderschönen Abschnitt der Prinsengracht reicht von edlen Antiquitäten bis hin zu Geschenkshops. Vom Noordermarkt aus südwärts, auf der Westseite der Gracht, ist **Galleria d'Arte Rinascimento** (Nr. 170; www.delft-art-galle ry.com) ein Muss für alle Liebhaber echten Delfter Porzellans. Ein Stück weiter wehen verlockende Düfte durch den Laden von **Simon Levelt** (Nr. 180; www. simonlevelt.com), der seit 1817 Tee und Kaffee, aber auch Schoko-Poller verkauft. Hochwertiges gibt es bei **Van Hier tot Tokio** (Nr. 262; www.van hiertottokio.com), spezialisiert auf edle japanische Antiquitäten.

Wenn Sie noch Zeit haben, sollten Sie nördlich der Brouwersgracht zur Haarlemmerstraat spazieren, wo zwischen Coffeeshops (►32f) einige gute Delikatessengeschäfte und Boutiquen liegen.

LEIDSESTRAAT UND UMGEBUNG

Interessant ist die Leidsestraat lediglich für den Schuhkauf, denn hier reiht sich ein Schuhladen an den anderen, darunter Filialen niederländischer Ketten wie **Van Dalen** und **Sacha**, internationale Marken wie **Camper**, aber auch die exklusiven Designerläden **Shoebaloo** (Nr. 8) und **Paul Warmer** (Nr. 41). In einem zauberhaften Grachtenhaus an der Prinsengracht verkauft **Heinen** (Nr. 440, Nähe Leidsestraat; www.jorrit heinen.com) modernes Delfter Porzellan und im Delfter Stil bemalte Keramiken.

MÄRKTE

Noordermarkt (Mo 9–13 Uhr): Flohmarkt mit jeder Menge Kleidung, Schallplatten und Büchern sowie obskureren Dingen wie Flaggen, rostigem Werkzeug und klassischen Statuen. Nicht so groß und bunt sortiert wie der Flohmarkt am Waterlooplein (►81), aber an-

gesichts der Kulisse der Grachtenhäuser weitaus malerischer.

Samstag zwischen 9 und 16 Uhr
wird hier der **Boerenmarkt** abgehal-
ten, spezialisiert auf Bio-Lebens-
mittel und mit herrlich verführerischen Ständen. Zu einem Besuch
des Noordermarkt gehört traditi-
onsgemäß eine Einkehr im Café
Winkel, Noordermarkt 43, wo ein
fantastischer Zimt-Apfelkuchen
lockt.

Lapjesmarkt (Mo 8–13 Uhr): vom
Noordermarkt die Westerstraat
entlang; ein großer, viel besuchter
Markt für Stoffe und billige
Kleidung.

De Looier Kunst en Antiekcentrum
(Elandsgracht 111, www.looier.nl,
Sa–Do 11–17 Uhr) ist ein labyrin-
thischer, aber kultivierter überdachter Antiquitäten- und Kuriosi-
tätenmarkt, dessen über 80 Stände
Porzellan, Glaskunst, Teleskope,
Militaria und Spielzeugautos anbieten. Unterhaltsam ist der »Tisch-
markt«, wo jedermann einen Tisch
mieten und dort seine eigenen
Antiquitäten und Kuriositäten verkaufen kann.

Wohin zum …
Ausgehen?

Mit Dutzenden von Restaurants,
Cafés, Nachtclubs, Kinos und
Theatern stehen der Leidseplein
und die umliegenden Straßen im
Zentrum des Amsterdamer Nacht-
lebens. Wer es lieber ruhiger und
romantischer mag, sollte durch den
Jordaan spazieren und die Prinsengracht entlanglaufen, die hübsch
beleuchteten Brücken bewundern
und in einem oder zwei Bruin
Cafés (➤ 31) einkehren. Nördlich
vom Jordaan wartet mit der Wester-
gasfabrik das größte Kulturzent-
rum der Grachtenstadt.

LEIDSEPLEIN UND UMGEBUNG

Der Leidseplein ist nichts für einen
stimmungsvollen Abend, aber das
bunte Treiben hier hat auch seinen
Reiz. Cafés voller Touristen säumen
den Platz, im Sommer sitzt alles
draußen, und Straßenmusikanten
sorgen für Unterhaltung.

Wenn Sie Spaß daran haben,
Leute zu beobachten, suchen Sie
sich einen Platz im **Café Américain**
(➤ 107). Andere interessante
Lokale in der Nachbarschaft sind
das **Grand Café Stanislavski** (Leidseplein 26, www.stanislavski.nl) im
Erdgeschoss der Stadsschouwburg,
und **Lux** (Marnixstraat 403; Tel. 020
64 22 14 12), eine Nachtbar mit
eigenem DJ.

Verschiedene Bars bieten all-
abendlich Livejazz. Erkundigen Sie
sich nach dem Programm im **Café
Alto** (Korte Leidsewarsstraat 115;
www.jazz-cafe-alto.nl) und im
Bourbon Street (Leidsekruisstraat 6;
www.bourbonstreet.nl): Bei beiden
ist der Eintritt preiswert oder frei.

Steht Ihnen der Sinn nach einem
Joint, ist der Coffeeshop **Bulldog**
(dazu gehören auch eine Bar und
ein Souvenirgeschäft; www.thebull
dog.com) direkt am Leidseplein die
nächstliegende Wahl. Kleiner und
persönlicher ist **Grey Area** (Oude
Leliegracht 2, ➤ 33).

Das **Holland Casino** (Max Euweplein 62, Tel. 020 521 11 11, www.
hollandcasino.nl, tägl. 12–3 Uhr),
ist ein Erlebnis für sich. Gäste
müssen eine geringe Eintrittsge-
bühr zahlen (für I Amsterdam-Card
Inhaber inkl.), über 18 sein und
den Ausweis dabeihaben; elegante
Kleidung ist kein Muss.

In direkter Nachbarschaft des
Leidseplein liegen das **Melkweg**
(Lijnbaansgracht 234a, Tel. 020
531 81 81; www.melkweg. nl) im
Südwesten und das **Paradiso**
(Weteringschans 6–8, Tel. 020
626 45 21; www.paradiso.nl) im
Südosten; Ersteres ist eine ehe-
malige Molkerei (»Milchstraße«),

Westlicher Grachtengürtel

Letzteres ein früheres Gotteshaus. In der Hippiezeit in den 1960er- und 1970er-Jahren standen beide ganz im Zeichen von Love, Peace und Haschisch. Heute hat sich das Melkweg zum Multimedia-Kulturzentrum entwickelt, das jungen holländischen Bands ein Forum bietet und internationale Rock- und Popgrößen einlädt. Unter der Woche findet in beiden gewöhnlicher Nachtclubbetrieb statt. Das Zentrum umfasst weiterhin ein Kino, ein Theater, eine Galerie und ein Café.

Am Wochenende strömt die Jugend ins Paradiso, um sich in dem wunderschönen Raum Techno, Funk, Disco oder Soul hinzugeben. Im »Tempel der Rockmusik« treten oft Rockgruppen und Jazzbands auf, bisweilen gibt es auch Konzerte mit klassischer Musik.

Das **Nachttheater Sugar Factory** (Lijnbaansgracht 238; Tel. 020 626 50 06; www.sugarfactory.nl) ist ein faszinierender alternativer Club. Neben abwechslungsreicher Musik und DJs wird vielseitige Unterhaltung mit Live-Bands, Slam-Poetry und Kabarett angeboten.

Das **City Theater** ist ein Kino in einem Art-déco-Backsteinbau in direkter Nähe des Leidseplein. In sieben Sälen werden Arthouse-Filme gezeigt (Kleine-Gartmanplantsoen 15–19, Tel. 0900 14 58, www.pathe.nl/city). Das **Cinecenter**, ebenfalls ein Programmkino, versteckt sich in der Gasse hinter der Stadsschouwburg, ist viel intimer als das City und hat eine nette Bar (Lijnbaansgracht 236, Tel. 020 623 66 15, www.cinecenter.nl).

JORDAAN

Neben den traditionellen Braunen Cafés (➤31) gibt es im Jordaan zwei Cafés/Bars, in denen außer Trinken auch Gesang angesagt ist. Im wunderbar kitschigen **Café Nol** (Westerstraat 109; Tel. 020

624 53 80; www.cafenolamsterdam.nl) singen Einheimische lautstark zu holländischer Volksmusik vom Band. Im etwas intimeren **Twee Zwaantjes** (Prinsengracht 114, bei der Egelantiersgracht; Tel. 020 625 27 29; www.cafedetweezwaantjes.nl) finden sich oft bereits angeheiterte Amsterdamer ein, um zur Akkordeonmusik zu grölen.

Im **Boom Chicago** (Rozengracht 117, Tel. 020 217 04 00, www.boomchicago.nl) veranstalten Exil-Amerikaner improvisierte englischsprachige Comedy-Shows.

WESTERGASFABRIEK

Mitte der 1990er-Jahre wurde das ehemalige Gaswerk der Stadt, das **Westergasfabriek** (Haarlemmerweg 8–10, Tel. 020 586 07 10; www.westergasfabriek.nl), zum Schauplatz illegaler Rave-Partys; inzwischen steht das Ganze unter der Ägide der Stadt und ist ganz legaler Schauplatz von Großveranstaltungen wie Rockkonzerten, Opern und Balletts – und manchmal sogar Konferenzzentrum. In anderen Gebäuden sind Theater und Filmstudios und ein Kino (das **Ketelhuis**; www.ketelhuis.nl) untergebracht. Das **Pacific Parc** (www.pacificparc.nl), Herz und Seele der Westergasfabriek, ist ein unkonventionelles Café/Bar/Restaurant in einem der Lagerhäuser. Jeden Abend ist ein DJ vor Ort, und häufig treten Live-Bands auf. Das Pacific Parc hat jeden Abend geöffnet und ist der einzige Teil des Westergaskomplexes, wo Sie auf gut Glück hinkönnen. Bei allen anderen Lokalitäten sollten Sie sich vorher nach dem Programm erkundigen. Verbinden Sie die Fahrt hier heraus mit einem Besuch im **Café-Restaurant Amsterdam** (➤ 109). Ein Taxi von der Stadtmitte kostet rund 20 €. Wem das zu teuer ist, der macht von der Endstation der Trambahnlinie 10 einen kurzen Spaziergang.

Das Museumsviertel

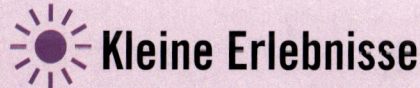 **Kleine Erlebnisse**

Grüne Kultur

Im historischen Garten des **Rijksmuseums**
(► 120) werden zwischen den Buchsbaum-
hecken Skulpturen ausgestellt.

Auf Skates durch die Grachtenstadt

Freitags kann man sich um 20.30 Uhr einer
Skate-Tour durch Amsterdam anschließen.
Start: im Nordosten des **Vondelparks** (► 130).

Für Fischfreunde

Genießen Sie in der **Seafood Bar** beim
Museumplein holländische Krabbenkroketten
und Räucheraal (Van Baerlestraat 5).

Erste Orientierung

Das kulturelle Zentrum Amsterdams ist ein Distrikt abseits des Stadtkerns, südlich der Singelgracht. Im Museumsviertel liegt neben unzähligen Museen – davon viele von Weltklasse – der Vondelpark als große grüne Lunge der Stadt.

In Amsterdam findet sich eine Ansammlung herausragender Kunst. Als 1885 das Rijksmuseum für die staatliche Sammlung gebaut wurde, erhielt es einen Standort, der sich damals noch am Rande der Stadt befand. Ein Jahrzehnt später öffnete das Stedelijk Museum für moderne Kunst, und 83 Jahre nach seinem Tod 1890 wurde Vincent van Gogh durch ein

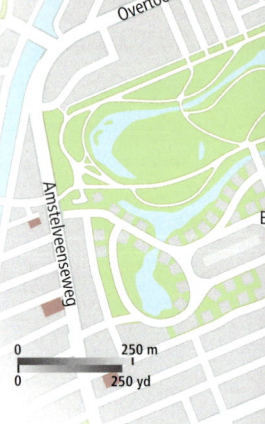

Oben: Das prächtige Exterieur des Rijksmuseums zeigt romanische und gotische Einflüsse.

Links: Der Eingangsbereich des frisch renovierten Stedelijk Museums

Museum geehrt, das seinen Namen trägt. Die Museen liegen alle am Museumplein, und sowohl das Rijksmuseum als auch das Stedelijk Museum wurden vor wenigen Jahren renoviert. Das Stedelijk besitzt seither einen unübersehbaren futuristischen Anbau in Form einer weißen Badewanne. Der nahe gelegene Vondelpark, die größte Freifläche im Zentrum von Amsterdam, umstanden von hübschen Häusern und übersät mit eklektischem Zierrat, sorgt für frische Luft, während Sie die Kultur genießen.

Das Museumsviertel ist aber nicht nur das Kunstzentrum der Stadt, auch einige der besten Cafés und Restaurants liegen hier.

TOP 10

★ Rijksmuseum ➤ 120
★ Van Gogh Museum ➤ 124
★ Stedelijk Museum ➤ 128
★ Vondelpark ➤ 130

Nach Lust und Laune!

An einem Tag

Lernen Sie Amsterdams kulturelle Seite kennen und besuchen welt-berühmte Museen wie das Rijksmuseum und das Van Gogh Museum. Folgen Sie dabei unserem Tagesprogramm, damit Sie kein Highlight des Museumsviertels verpassen. Weitere Informationen finden Sie unter den Haupteinträgen (► 120ff).

🌐 9:00

Reihen Sie sich möglichst früh in die Schlange vor dem ⭐ **Rijksmuseum** (► 120ff) ein und steuern Sie direkt die Ehrengalerie und die Nachtwache an. Frühmorgens ist der Andrang noch nicht allzu groß.

🌐 11:00

Schauen Sie beim Museum von **26 Coster Diamonds** (► 134) vorbei, und vielleicht haben Sie auch Lust zu einer Tour durch die Werkstätten.

🕐 12:00
Keine Lust auf Museumscafés? Dann probieren Sie das **Café Cobra** ➤ 137 in der Mitte des **Museumplein** (Abb. links, ➤ 135) – oder machen Sie bei schönem Wetter ein Picknick im ⭐8 **Vondelpark** (➤ 130ff).

🕐 13:00
Machen Sie einen Schaufensterbummel an den Designer-Läden, die die P. C. Hooftstraat säumen; besuchen Sie die Stallungen der 28 **Hollandsche Manege** (Abb. unten, ➤ 135), oder bummeln Sie zum 30 **Hilton Hotel** (➤ 136). Alles ist von den wichtigsten Museen aus leicht zu erreichen.

🕐 14:30
Besuchen Sie das renovierte und erweiterte ⭐ **Stedelijk Museum** (➤ 128f).

🕐 16:00
Zurück am Museumplein schwinden allmählich die Besuchermassen vor dem großartigen ⭐ **Van Gogh Museum** (Abb. oben, ➤ 124ff). Es ist also die optimale Zeit, um sich in Licht- und Schattenseiten des Genies aus dem 19. Jh. zu vertiefen.

🕐 18:00
Folgen Sie dem Strom der Kulturbeflissenen bis zur Van Baerlestraat, und entspannen Sie sich bei einem Glas Bier bei **Welling** (➤ 138), oder gönnen Sie sich bei **Bark** (➤ 138) ein frühes Abendessen in mediterraner Atmosphäre.

🕐 20:00
Genießen Sie eine Aufführung im 29 **Concertgebouw** (➤ 136).

Das Museumsviertel

⭐ 2 Rijksmuseum

Das Rijksmuseum ist einer der größten Kunsttempel Europas, und das Gebäude ist Ausdruck der niederländischen Ambitionen des 19. Jahrhunderts. 2013 wurde es nach einem aufwendigen Umbau, der zehn Jahre dauerte, wiedereröffnet. Nun strahlt es wieder im historischen Glanz.

Das Backsteingebäude des Rijksmuseums dominiert den südwestlichen Bezirk von Amsterdam. Auch zwischen neueren und höheren Gebäuden bewahrt es seine majestätische Ausstrahlung. Der Architekt P. J. H. Cuypers schuf einen düsteren und strengen neogotischen Bau und belebte ihn mit Renaissance-Elementen. Das Ensemble ist unübersehbar holländisch, obgleich manche Elemente von einer deutschen oder französischen Kathedrale stammen könnten.

Neid war das Hauptmotiv für die Gründung der staatlichen Sammlung. Prinz Wilhelm V. hatte etwa 2000 Gemälde zusammengetragen, die er mit nach London nahm, als er 1795 vor der französischen Revolutionsarmee flüchtete. In den folgenden Jahren beschlagnahmten Abgesandte der holländischen Regierung die Werke, und sie wurden zunächst in Den Haag untergebracht. 1808 wurde Louis Napoleon (der Bruder des französischen Kaisers) zum König der Niederlande gekrönt. Er setzte alles daran, in seinem Herrschaftsbereich mit der Galerie seines Bruders im Louvre gleichzuziehen. Die Sammlung wurde zunächst im Königspalast, später im Trippenhuis untergebracht, das sich für die rasch wachsende Zahl von Gemälden, Radierungen und Skulpturen bald als zu klein erwies.

Ursprünge des Museums
Ein Wettbewerb für ein neues Museum am Rand der Stadt wurde ausgeschrieben, ein Deutscher gewann; da man

Die Rückseite des Rijksmuseum weist zum Museumsplein.

STRASSE ZUR KUNST

Das Rijksmuseum öffnete 1885. Es wurde über eine Hauptstraße hinweg gebaut. Geplant war die Schaffung einer großen Achse, die mit denen in Paris und Berlin wetteifern sollte – ein Projekt, das sich mit Amsterdams Stadtanlage kaum vereinbaren ließ. Dafür wurde der Verlauf der geradesten Linie im Straßengewirr der Innenstadt, Oudezijds Achterburgwal, in der Nieuwe Spiegelstraat weitergeführt, die direkt auf die Mitte des Rijksmuseums zielt. Nach der Überquerung der Singelgracht trägt die Achse den Namen Museumstraat; sie wird mittels eines großen düsteren Tunnels unter dem Rijksmuseum hindurchgeführt. Dieser Tunnel war weit bis ins 20. Jh. hinein eine der wichtigsten Zufahrten ins Zentrum von Amsterdam, Autos und Busse wurden allerdings später westlich um das Rijksmuseum herumgeleitet. Erst 1997 wurde die Autostraße gesperrt. Nun liegen im Tunnel die Museumseingänge, aber auch Radfahrer dürfen noch immer hindurchfahren.

dies als unpassend empfand, wurde Cuypers auserwählt, für Ersatz zu sorgen. Der Entwurf des katholischen Architekten wurde gebaut, sorgte aber mit seiner Kathedralenhaftigkeit in den protestantischen Niederlanden für Protest. »Ich werde keinen Fuß in dieses Kloster setzen«, verkündete König Wilhelm III. kurz vor der Eröffnung 1885.

Besichtigung des Rijksmuseums

Die Eingänge des Rijksmuseum wurden bei der Renovierung in den Fahrradtunnel verlegt. Durch Drehtüren gelangt man in das große unterirdische Foyer, das in zwei glasüberdachten ehemaligen Lichthöfen untergebracht ist. Auf dieser Ebene liegt auch der Zugang zur **Mittelalter-Sammlung**. Seit der Neueinrichtung des Museums werden in diesen wie in allen anderen Sälen Gemälde und Kunsthandwerk gemeinsam mit historischen Artefakten gezeigt. Zu den Höhepunkten gehört das Gemälde der Sankt Elisabethsflut im Jahr 1421, auf dem ein anonymer Meister um 1490

Im Foyer des Rijkmuseums

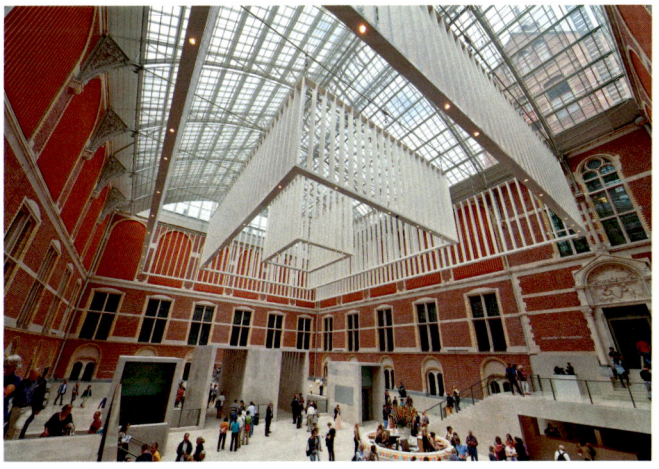

Das Museumsviertel

zum ersten Mal eine Sturmflut mit Deichdurchbruch darstellte. Von der Mittelalter-Abteilung aus gelangt man auch in den neu erbauten **Asiatischen Pavillon**. Die Sammlung asiatischer Kunst ist klein, aber fein und eine Oase der Ruhe. Besonders schön sind zwei wüst dreinblickende japanische Tempelwächter-Skulpturen aus dem 14. Jahrhundert.

Die meisten Besucher gehen jedoch vom Foyer aus direkt in das erste Obergeschoss, wo hinter der prachtvollen, mit Wandgemälden geschmückten Vorhalle die **Ehrengalerie** wartet. Hier reiht sich ein Meisterwerk des Goldenen Zeitalters ans andere, von Jan Vermeers intimen Darstellungen von Milchmagd und Briefleserin über die von Frans Hals mit fedrigem Pinselstrich gemalten Porträts bis hin zu den deftigen Genrebildern des Jan Steen. Höhepunkt sind jedoch die Werke von Rembrandt Harmenszoon van Rijn.

Das erste ist ein Selbstporträt des Künstlers als junger Mann, den Kontrast dazu bildet ein zweites Porträt, das er 1661 im Alter von 55 Jahren anfertigte und auf dem er mit dem Mantel des Apostels Paulus bekleidet ist. Seine Genialität bei der Darstellung von Emotionen wird in dem Werk Die *Judenbraut* deutlich, das die Leidenschaft zwischen Isaak und Rebecca in der biblischen Geschichte zeigt. Rembrandt (▶ 22ff) malte hauptsächlich Porträts auf Auftragsbasis. Sein Bild des alternden Pfarrers Johannes Wtenbogaert stellt die Weisheit des Alters dar.

Höhepunkt des Museumsbesuches: die Ehrengalerie

Die Staalmesters war eine kompliziertere Angelegenheit: Die Kunden verlangten, dass sie alle auf der gleichen Ebene dargestellt werden. Um dem Gemälde mehr Energie zu verleihen, stellte Rembrandt eine Figur halb stehend dar, während die Augen des Ensembles direkt auf den Betrachter gerichtet sind. Sein am meisten gefeiertes Werk, *Die Nachtwache*, wurde von der Kloveniers-Gilde in Auftrag gegeben. Im 17. Jh. war es üblich, dass die Angehörigen eines Berufes sich zusammen auf einem Gruppenporträt verewigen ließen. Der Aufbau des Standardporträts war eher steif, aber Rembrandt brach mit dieser Tradition, um ein Gefühl von Theater, Vitalität und Spaß in das militärische Thema zu bringen.

In den umliegenden Sälen des zweiten Geschosses kann man zahllose weitere Werke des Goldenen Zeitalters bewundern – aber auch drei unglaublich detailreiche Puppenhäuser, die wohlhabende Kaufmannsfrauen im 17. Jh. anfertigen ließen. Im ersten Stock sind 18. und 19. Jh. untergebracht und im dritten Stock die noch recht kleine Sammlung des 20. Jahrhunderts.

KLEINE PAUSE

Das **Sama Sebo** (P.C. Hooftstraat 27; Tel. 020 662 81 46; www.samasebo.nl; Mo–Sa 9–13 (Café), 12–15 (Mittagessen), 17–22 Uhr (Abendessen), serviert gute indonesische Küche.

✚ 204 C2 ✉ Museumstraat 1
☎ 020 674 70 00; www.rijksmuseum.nl
🕐 tgl. 9–17 Uhr 🚌 2, 5, 6, 7, 10, 12
✋ 17,50 €; Museumkaart und I Amsterdam-Card gültig (➤ 41), Kinder unter 18 Jahren gratis

Das Museumsviertel

⭐ 3 Van Gogh Museum

Er starb von eigener Hand, nachdem er während seiner kurzen und schwierigen Künstlerlaufbahn lediglich zwei Bilder hatte verkaufen können. Heute jedoch erzielt van Goghs Kunst Rekorderlöse – und der Ort, der die beste Sammlung seiner Werke überhaupt enthält, ist das am besten besuchte Museum in Amsterdam.

Vincent Van Gogh begann 1880, nach wenig Erfolg versprechenden Versuchen als Lehrer und Prediger in England, zu malen und zu zeichnen. Im folgenden Jahrzehnt produzierte er 800 Bilder, von denen das Museum rund ein Viertel besitzt. Es bewahrt außerdem 500 seiner Zeichnungen und 700 Briefe auf (die allerdings wegen ihrer Brüchigkeit nur selten gezeigt werden) – und 400 japanische Zeichnungen, aus denen Van Gogh Inspiration und Trost bezog.

Blick in den von Gerrit Rietveld entworfenen Bau des Van Gogh Museums

Nach seinem Tod im Juli 1890 gingen die Werke des Künstlers auf seinen jüngeren Bruder Theo über, der ihn nur um sechs Monate überlebte, dann auf Theos Witwe Johanna. Deren Sohn, Willem Van Gogh, verkaufte die Sammlung 1962 an die Vincent Van Gogh Stiftung.

Das Van Gogh Museum wurde 1973 eröffnet. Gerrit Rietvelds nüchterner, rechteckiger Entwurf bildet einen erheblichen Gegensatz zu seinen eleganteren Backsteinnachbarn am Museumplein, aber er lässt das Werk des Künstlers umso lebhafter hervortreten.

Frühe Arbeiten

Das Museum beherbergt auch Werke von Van Goghs Zeitgenossen, die seinerzeit sehr viel berühmter waren. Im

Sonnen-blumen,
Vincent van Gogh, 1889

Erdgeschoss begegnet man sogleich einem düsteren Selbstporträt, das einzige, auf dem eine Staffelei zu sehen ist. Historischen Quellen zufolge ist es von all seinen Selbstbildnissen das ähnlichste. Die große Zahl von Selbstporträts ist kein Zeichen von Eitelkeit: Van Gogh konnte es sich nicht leisten, Modelle zu bezahlen, und malte sich deshalb selbst.

Im **ersten Oberge-schoss** ist die Ausstellung im Uhrzeigersinn chronologisch angeordnet, angefangen in Antwerpen

und Den Haag. Eine kurze Periode, die er Ende 1883 im Nordosten Hollands verbrachte, erwies sich als unproduktiv, und Van Gogh kehrte bald zurück zu seinen Eltern nach Nuenen, das ein paar Kilometer nordöstlich von Eindhoven liegt. Seine Ehrfurcht vor der Hände Arbeit zeigt sich in *Die Kartoffelesser* (1885), das erste Gemälde, das er signierte. Ganz in der Nähe zeigt das *Stillleben mit Quitten und Limonen* (1887) eine ungewöhnliche Leichtigkeit.

DER ERWEITERUNGSBAU

1999 wurde der dringend benötigte Erweiterungsbau für das Van Gogh Museum (entworfen von dem japanischen Architekten Kisho Kurokawa) eingeweiht. Der Grundriss ist oval, die Außenverkleidung aus Titan wird von eigenwilligen Kuben durchbrochen. Insgesamt steht der Bau in willkommenem Gegensatz zu der Nüchternheit des ursprünglichen Museums vom niederländischen Architekten Gerrit Rietveld. Beide Gebäude sind unterirdisch miteinander verbunden. Ende 2015 wurde der Pavillon um einen gläsernen Anbau mit neuem Foyer erweitert, der ebenfalls von Kisho Kurokawa entworfen wurde. Dort befindet sich seither der Haupteingang zum Museum.

Das Museumsviertel

Im Frühjahr 1886 zog Van Gogh ins Pariser Viertel Montmartre, wo er bei seinem Bruder Theo, einem Kunsthändler, lebte und den Einfluss der Impressionisten auf sich wirken ließ. Seine Unruhe trieb ihn im Mai 1888 weiter nach Arles im Süden Frankreichs, wo er in dem gelben Haus, das er gemietet hatte, eine Künstlerkolonie aufzubauen hoffte. Paul Gauguin traf im Oktober zu einem kurzen, unglücklichen Aufenthalt ein. Während dieses stürmischen Besuchs verwirrte sich Van Goghs Geisteszustand, was in einer Selbstverstümmelung, dem Abschneiden des linken Ohrläppchens, gipfelte.

Später Ruhm: Van Goghs Bilder erzielen heute Rekorderlöse

Die letzten Jahre von Van Gogh

Nach Gauguins Rückkehr nach Paris erlitt Van Gogh einen Zusammenbruch und wurde im April 1889 in eine Anstalt in St Rémy eingewiesen. Hier schuf er seine bedeutends-

Weizenfeld mit Krähen, ca. 1890

ten Werke, darunter die *Schwertlilien* (1890). Aus Mangel an Modellen griff er als Anregung auf Drucke der Alten Meister zurück: *Die Auferstehung des Lazarus* (1890) nach Rembrandt ist eine kühne Beschönigung, in der die Sonne Jesus ersetzt und Lazarus in unheimlicher Weise Van Gogh ähnelt. *Weizenfeld mit einem Mäher* (1889) zeigt den unheilvollen Blick aus Van Goghs Zimmer in St Rémy; der Künstler schrieb: »Ich sah in ihm das Abbild des Todes.«

Im **zweiten Stock** begegnet man zunächst Van Goghs Künstlerfreunden und kann einige seiner berühmten Briefe einsehen. Im dritten Stock folgen die kraftvollen Gemälde aus seinen letzten Lebensmonaten - bevor der Künstler sich im Juli 1890 in einem Weizenfeld nahe Auvers-sur-Oise eine Schusswunde zufügte und zwei Tage später seinen Verletzungen erlag. Weizenfeld mit Krähen (1890), eines seiner beeindruckendsten Landschaftsgemälde, entstand nur zwei Wochen vor seinem Tod. In diesem Gemälde deutet sich bereits an, weshalb Van Gogh als Vorläufer der Expressionisten gilt: Die düstere Landschaft setzt sich nur aus energischen Pinselstrichen zusammen. Der posthume Erfolg ließ auch nicht lange auf sich warten, und schon 1905 fand die erste große Ausstellung seiner Werke im benachbarten Stedelijk Museum statt.

Im Museumscafé gibt es Kaffee und richtige Mahlzeiten. An sonnigen Tagen suchen Sie sich einen Platz auf der Terrasse des Café **Cobra** (➤ 137). Oder erstehen Sie im **Albert Heijn Supermarkt** an der Südwestecke des Museumplein die Zutaten für ein Picknick und setzen sich auf das begrünte Dach des Supermarkts. Dort kann man das Treiben auf dem Museumplein gut beobachten.

✚ 208 E2 ✉ Museumplein 6
☎ 020 570 52 00; www.vangoghmuseum.nl
🕐 tgl. 9–17, Fr 9–22, Mitte Juli–Anf. Sept. tgl. 9–19, Fr 9–22, Sa 9–21, Sept. bis Anf. Nov. tgl. 9–18, Fr 9–22 Uhr, über Weihnachten/Neujahr s. Webseite
🍴 Museumscafé (€) tgl. 9–17.30 Uhr 🚊 2, 5
💶 17 €; Kinder unter 18 Jahren frei; ICOM-Karte und
I Amsterdam-Card gültig

BAEDEKER TIPP

- Die Schlange vor dem Van Gogh Museum ist manchmal frustrierend lang. Selbst wenn Sie früh kommen, um die Massen zu umgehen, werden wahrscheinlich viele Andere das gleiche versuchen. Sie können allerdings das Schlangestehen vermeiden, indem Sie Ihr **Ticket im Voraus online kaufen** – auf der Website des Museums.
- Sie können das Anstehen auch umgehen, indem Sie mittags, am Montagmorgen oder nach 16 Uhr kommen, wenn der Ansturm langsam abflaut.
- **Audioführer** kosten extra, sind aber eine schöne Bereicherung des Rundgangs. 🎒 Für Kinder gibt es außerdem eine **lustige Schatzsuche**.
- Am **Freitagabend** hat das Museum bis 22 Uhr geöffnet, dann gibt es immer zusätzliche Unterhaltung, z. B. Livemusik oder einen DJ von 18 bis 22 Uhr.

Das Museumsviertel

⭐7 Stedelijk Museum

Die alten Meister des Rijksmuseums und die Werke von Van Gogh aus dem 19. Jh. haben in Amsterdam kein künstlerisches Monopol: Das Stedelijk bringt als Hauptaussteller der modernen Kunst mit aufregenden und anspruchsvollen Arbeiten aus ganz Europa Kunstliebhaber auf den neuesten Stand. 2013 wurde es nach jahrelangem Umbau wiedereröffnet – bereichert um einen auffälligen weißen Anbau auf der Museumplein-Seite.

Sophia de Bruijn-Suasso, eine holländische Aristokratin, vermachte der Stadt Hunderte von Uhren, Schmuck- und Einzelstücken. Die Stadt, die sich zu dieser Zeit mit dem Wunsch nach einem Ort für die zeitgenössische Kunst konfrontiert sah, beschloss, beides unter einem Dach zu vereinen, und 1895 wurde das Stedelijk nach einem Entwurf von A.W. Weissmann gebaut. Die moderne Kunst gewann nach und nach die Oberhand, und das de Bruijn-Suasso-Erbe wurde allmählich in andere Sammlungen überführt. Unmittelbar nach dem Zweiten Weltkrieg übernahm Willem Sandberg die Leitung des Museums: Er öffnete das Stedelijk und damit Amsterdam für die Kunst der Avantgarde. In der Sammlung finden sich Bilder von Matisse, Picasso, Mondrian und Chagall sowie Werke, die mit der CoBrA-Gruppe und der holländischen De-Stijl-Tradition in Verbindung stehen.

Präsentation der Sammlung

Die Renovierung umfasste eine beträchtliche Erweiterung, durch die das vorhandene Gebäude um 50 Prozent vergrößert wurde. Platz, der bitter nötig war, um die umfassende Sammlung des Museums unterzubringen und angemessen zu präsentieren. Teil der neuen Erweiterung ist der überdachte Eingang am Museumplein. Diese futuristische weiße »Badewanne«, wie die Einheimischen sie nennen,

Eingang des Stedelijk Museums

Das Museum widmet sich in erster Linie der modernen Kunst. hat eine Fassade aus einem Kunststoff, der sonst nur in der Luftfahrt verwendet wird. Die Designer sind die Architekten von Benthem Crouwel, die auch den Flughafen Schiphol und die Erweiterung des Anne Frank Haus entworfen haben. Parallel zur Renovierung hat das Museum auch all seine historischen Archive digitalisiert, die bis ins 19. Jh. zurückgehen. Sie bestanden aus über 1,5 Millionen Papierdokumenten – für das riesige Projekt wurde eine hochmoderne Software entwickelt. Jetzt kann das Museum die Inhalte seiner Archive umfassend nutzen und bietet häufig Programme wie Lesungen, Aufführungen und Filmpräsentationen an.

KLEINE PAUSE

Das Museum verfügt über ein großes neues **Terrassencafé**, das von Gilian Schrofer entworfen wurde. Im ersten Stock des alten Gebäudes liegt eine helle kleine **Kaffeebar**, ebenfalls von Schrofer gestaltet. Eine weitere Option sind die Cafés und Restaurants am Museumplein.

✚ 208 E2 ✉ Museumplein 10 ☎ 020 573 29 11; www.stedelijk.nl
🕐 tgl. 10–18, Fr 10–22 Uhr 🍴 Café (€–€€) 🚊 2, 5, 12
🎫 15 €; Museumspass und I Amsterdam-Card gültig

BAEDEKER TIPP

- Der **Eingang** des Museums liegt auf dem Museumplein. Von hier betritt man den beeindruckenden Erweiterungsbau mit Wechselausstellungen, Shop und Restaurant.
- Während bedeutender Ausstellungen entstehen an der Kasse manchmal lange Schlangen. Wenn Sie Ihr **Ticket online kaufen**, können Sie direkt durchgehen. Mit Museumkaart müssen Sie vorher ein kostenloses Ticket aus einem Automaten ziehen oder an der Kasse abholen.
- Ein Kuriosum in der Ausstellung ist die kleine **Appelbar**: ein Nachbau einer Kaffeebar, die 1951 vom niederländischen Künstler Karel Appel rundum mit Wandgemälden versehen.

Das Museumsviertel

⭐8 Vondelpark

Auch in einer grünen Stadt wie Amsterdam mit nicht weniger als 30 Parks ist der Vondelpark etwas Besonderes. Die 45 Hektar große Anlage hat pro Jahr über zehn Millionen Besucher. Einheimische und Touristen zieht es gleichermaßen in die grüne Lunge der Stadt, um Theater, Rosengarten, Brunnen und Cafés zu genießen.

Der Vondelpark liegt auf einem Fleckchen Erde unterhalb des Meeresspiegels. Der lange schmale Flecken Grün erscheint auf der Karte in Form eines Kricketschlägers, dessen Griff gegen die Singelgracht gedrückt ist, während das andere Ende auf dem Amstelveenseweg, fast zwei Kilometer entfernt, ruht.

Es ist ein durch und durch urbaner Ort, an dem man einen Mikrokosmos des Amsterdamer Lebens findet: Familien picknicken, während Rollerblader vorbeirasen und Witwen ihre Pudel spazieren führen, vorbei am Dunst von Haschisch-Rauchern. Allerdings trifft man heute nicht mehr auf Hippiekolonien. Aber man kann hier noch viel mehr tun als Leute beobachten: z.B. durch einen Rosengarten flanieren, im Plantschbecken toben oder ein Freiluftkonzert genießen.

Design im englischen Stil
Briten werden sich in diesem Park ganz besonders zu Hause fühlen, denn die Anlage ähnelt den vielen engli-

Amsterdam von einer anderen Seite – die weiten offenen Flächen des Vondelparks

schen Stadtparks. L. D. Zocher hat diesen eher schlichten Stil, übersät mit zahlreichen Teichen, in seine Pläne für einen »Park zum Reiten und Spazierengehen« einbezogen. Als der Vondelpark 1865 eröffnet wurde, grenzte er auf drei Seiten an die offene Landschaft. Bald jedoch zogen reiche Stadtbewohner wegen der frischeren Luft dort hinaus; der Vondelpark liegt günstig im Südwesten der Innenstadt, in der Richtung, aus der die vorherrschenden Winde wehen.

Ein Spaziergang durch den Park

Am besten betritt man den Vondelpark durch einen der Eingänge mit Blick auf die Singelgracht. Sehr gut kommt man vom Max Euweplein hinein, dem modernen Komplex südlich des Leidseplein. Ein Fahrradweg führt durch den Gebäudekomplex, vorbei an einem riesigen Schachbrett und über eine Brücke. Überqueren Sie die belebte Stadhouderskade, und schon stehen Sie vor den alten Gittertüren.

Nach ungefähr 400 m führt die **Eerste Constantijn Huygensstraat** (der Name ist fast so lang wie die Straße) über den »Hals« des Vondelparks. Kurz vor der Brücke liegt zur Rechten (Richtung Norden) die größte **Jugendherberge** (▶ 43) der Stadt, die in die Hülle eines alten Schulhauses hineingebaut wurde. Direkt gegenüber steht das **Flying Pig** – die modernere Konkurrenz, ein Hostel.

Hinter der Brücke wird der Park breiter, und die erste Wasseranlage wird sichtbar, ein lang gezogener **Teich**, der sich 400 m weiter bis ins Herz des Parks hineinschlängelt.

Das Museumsviertel

Halten Sie sich am **Vondelpark Pavillon** rechts. Das elegante, unverkennbare Gebäude wurde 1881 von P. J. Hamer und seinem Sohn W. Hamer im italienischen Renaissance-Stil entworfen. Der Pavillon hat eine große erhöhte Veranda und drei elegant dekorierte Speiseräume, darunter ein französischer Raum im Stil Ludwigs XIV und ein japanischer Raum. Verzierungen wie die großäugigen Jungfern am Treppenaufgang stammen von Hamer, aber das »neue« Interieur war Teil der Art-déco-Dekoration aus dem Cinema Parisien, das ursprünglich 1910 eröffnet wurde. Als das erste Lichtspielhaus Amsterdams in den 1980er-Jahren abgerissen werden sollte, wurde so viel wie möglich gerettet und im Pavillon installiert, der damals das Filmmuseum beherbergte (heute Teil des EYE Film Institut am Norufer des IJ).

Ehrung eines Dramatikers und Poeten

Es ist bezeichnend, dass unter den vielen Bürgern, deren Name für Amsterdams schönsten Park hätte ausgesucht werden können, die Wahl gerade auf den Poeten Joost van den Vondel fiel. Er war ein Zeitgenosse Rembrandts, dessen mit dem viel kleineren und schäbigeren Rembrandtplein gedacht wird. Der in Köln geborene Dichter Vondel schrieb zur selben Zeit wie Shakespeare Theaterstücke, wenngleich mit deutlich weniger Erfolg und Unsterblichkeit als sein englischer Zeitgenosse. Dennoch überragt auf der Landzunge gegenüber dem Pavillon ein großes **Standbild** von ihm den Park.

Wenn man das Zentrum des Vondelparks durchstreift, fällt auf der Suche nach einer Erfrischung **'t Blauwe Theehuis** (➤ 137) ins Auge, eine zum Café gewordene fliegende Untertasse, die gegenüber der Konzertbühne zur Erde gefallen ist. Nebenan bietet das **Openluchttheater** (Freilichttheater, ➤ 140) ein lebhaftes Sommerprogramm bei freiem Eintritt. Der zweite Erfrischungsstopp, das **Melkhuis**, ist sowohl eine Brasserie als auch ein großes Selbstbedienungsrestaurant mit weniger Ausstrahlung, aber besserem Kaffee und Kuchen als das Blaue Teehaus.

Setzt man den Rundgang auf der Südseite des Parks fort, gelangt man zum 🚻 **Kinderbad**, in dem im Sommer viele kleine Amsterdamer plantschen. Direkt dahinter liegt der **Rosengarten**. Die Folge von sechseckigen Blumenbeeten sieht im Sommer wunderbar aus, im Winter wirkt sie dagegen trist. Südlich davon kommt man zu einem zwi-

Joost van den Vondel war ein niederländischer Nationaldichter, bekannt für seine Satiren über den Calvinismus, die Staatsreligion.

't Blauwe Theehuis nutzt seine stimmungsvolle Lage optimal. schen den Bäumen versteckten Kletterspielplatz für größere Kinder.

Am westlichen Ende des Parks lässt man die Vegetation wachsen in der Hoffnung, dass einige der Lebewesen zurückkehren, die das ursprüngliche Sumpfland bevölkerten. Auf Informationstafeln werden die eingeleiteten Schritte und die Ziele des Projekts erläutert.

Eine interessante Skulptur ist *Der Fisch* (1965) von Pablo Picasso. Sie wurde zur Hundertjahrfeier des Parks 1965 von dem spanischen Künstler gestiftet. Die große Steinskulptur steht auf einem Feld in der Mitte des Parks, das entsprechend Picassowiese genannt wird. Sie ist ideal für ein Picknick und zum Leutebeobachten an einem sonnigen Tag.

Eine letzte Möglichkeit zur Einkehr ergibt sich im **Vondeltuin** (Vondelpark 7; Tel. 06 27 56 55 76; April–Okt. tgl. 9–18 Uhr) in der Südwestecke, bevor man den Park zum Amstelveenseweg hin verlässt – oder umgekehrt und den Rückweg in Richtung Stadtzentrum antritt.

KLEINE PAUSE

Wenn Sie keinen Zwischenstopp beim Vondeltuin oder 't Blauwe Theehuis einlegen möchten, sollten Sie sich ein Picknick zusammenstellen. Rund um den Park finden Sie mehrere Filialen der Supermarktkette Albert Heijn, die zwei nächstgelegenen am Overtoom.

✚ 208 B2

BAEDEKER TIPP

- In Anbetracht der Größe des Vondelparks kann es sich lohnen, ein **Fahrrad** zu mieten (➤ 28).
- Die **Straßenbahnlinien 2 und 5** halten direkt am Osteingang, die Linie 2 am Südwesteingang.
- Der Vondelpark ist ideal für **Vogelbeobachtungen**. Achten Sie auf Reiher, Kormorane, Schwäne und sogar eine Kolonie Papageien, die sich in den Bäumen verstecken.

Nach Lust und Laune!

26 Coster Diamonds

Eine von Amsterdams führenden Diamantenschleifereien hat ihren Sitz gleich neben dem Rijksmuseum und in derselben Straße wie das Van Gogh Museum. Sie bietet regelmäßige Führungen (Dauer: 45 Minuten) an, die dem härtesten Mineral der Welt gewidmet sind.

Die Tour beginnt in einem Ausstellungsraum, in dem Repliken der berühmtesten Diamanten der Welt zu sehen sind, wie etwa Koh-i-Noor und Cullinen. Der bei Weitem interessanteste Teil der Führung besteht jedoch darin, dass man den Schleifern bei der Arbeit zusehen kann. Man schaut dabei direkt auf die Werkbänke.

Jede geführte Gruppe wird dann in einen der »Privaträume« gebeten, wo man erfährt, wie Diamanten bewertet und eingestuft werden. Tabletts mit Ringen werden hereingebracht. Für die Gäste ergibt sich die Gelegenheit zu Fragen – für den Führer die Gelegenheit zum Verkaufen. Coster Diamonds hat das **Diamant Museum Amsterdam** in der Paulus Potterstraat 8 eröffnet. Hier werden die Diamantenherstellung, die Fundorte und die vier Qualitätskriterien erläutert – Karat, Reinheit, Farbe und Schliff. Abwechslungsreich sind die interaktiven Elemente: Sie können sich auf einem Bildschirm selber krönen und in einem zimmergroßen Diamanten werden Sie mit den Glamourbotschaften der Diamantenverkäufer bombardiert.

✚ 204 B1 ✉ Paulus Potterstraat 2–8
☎ 020 305 55 55; www.diamantmuseum amsterdam.nl 🕐 tgl. 9–17 Uhr
🚊 2, 5 💶 10 €

Ein Experte prüft im Coster Diamonds einen Diamanten.

27 MoCo

In einer denkmalgeschützten Villa zwischen Van Gogh Museum und Rijksmuseum wurde 2016 auf Privatinitiative das Modern Contemporary Museum (MoCo) eröffnet. In dem prachtvollen Gebäude, das ebenso wie das Rijksmuseum von Pierre Cuypers entworfen wurde, sind Wechselausstellungen mit Werken von internationalen Kunststars wie Andy Warhol oder Banksy zu sehen.

Südlich von MoCo und Van Gogh Museum liegt der **Museumplein**, ein Park mit einem langen schmalen Teich und vielen Rasenflächen, auf denen Skulpturen stehen, beispielsweise die *Fäuste* nahe der Südecke.

✚ 204 B1
✉ Honthorststraat 20
☎ 020 370 19 97; www.mocomuseum.com
◷ tgl. 10–18 Uhr 🚋 2, 5
🎫 12,50 €, Museumkaart gratis

28 Hollandsche Manege

Der Entwurf für diese schönen Stallungen von A. L. Van Gendt wurde stark von der Spanischen Hofreitschule in Wien beeinflusst.

Der grasbewachsene Museumplein mit dem Rijksmuseum im Hintergrund

Als die Ställe 1882 errichtet wurden, ging es dort noch ganz und gar ländlich zu. Nach und nach expandierte Amsterdam um die Gebäude herum, doch ihr Cha-

rakter blieb intakt. Zur Straße hin wirkt der Eingang abweisend, aber man kann hineingehen und 👥 vom Balkon in die Reithalle schauen oder die Pferde von dem opulenten Café (ausgeschildert als Foyer) aus beobachten.

✚ 208 bei D1
✉ Vondelstraat 140
☎ 020 618 09 42; www.dehollandsche manege.nl
◷ tgl. 9–17 Uhr 🍴 Café (€)
🚋 1 (Overtoom, eine Querstraße nördlich)
🎫 8 €

Das Museumsviertel

29 Concertgebouw

Amsterdam hatte schon immer ein Problem mit Monumenten – oder eher mit dem Mangel daran. Gegen Ende des 19. Jhs. bemühte man sich, der Stadt mehr Größe zu verleihen: Rijksmuseum und Centraal Station wurden gebaut, außerdem das Concertgebouw, der erste feste Konzertsaal der Stadt.

P. J. H. Cuypers, der die beiden ersten Bauten errichtet hatte, saß auch dem Entwurfskomitee für das Concertgebouw vor. Dies erklärt, warum der Entwurf des ausgewählten Architekten, A. L. Van Gendt, den des Rijksmuseums ähnelt. Mittwochs zur Mittagszeit kommen Sie in den Genuss eines kurzen kostenlosen Konzerts. Die Darbietungen sind sowohl im Großen Saal mit einer hervorragenden Akustik als auch im Kleinen Saal zu hören.

✚ 208 E2 ✉ Concertgebouwplein 2–6 ☎ 020 671 83 45; www.concertgebouw.nl 🚋 3, 5, 12, 16

30 Hilton Hotel

Der elegante, lichtdurchflutete Hotelbau wurde vom bedeutenden Nachkriegsarchitekten Hugh Maaskant entworfen und 1963 eröffnet. Der Hotelgrundriss spiegelt die Kanalschleife wider.

Die meisten Menschen kommen jedoch nicht wegen der Architektur hierher. Sie wollen entweder in einem der 271 Zimmer übernachten oder eine Pilgerfahrt zu einer wichtigen Stätte auf dem John-Lennon-Pfad unternehmen. Im März 1969 bezogen Lennon und Yoko Ono das heutige Zimmer 702 und ließen sämtliche Möbel mit Ausnahme des Bettes entfernen. Dann luden sie die Medien der Welt ein, bei ihrem »Bed-in für den Frieden« Zeuge zu sein. Das Ereignis wurde später in dem Beatles-Hit *The Ballad of John and Yoko* verewigt, dessen Text hier entstand.

Als Yoko das Hotel 1991 noch einmal besuchte, wurde das Zimmer im schicken Hippiestil renoviert. Das Bett steht noch an derselben Stelle, aber der Rest ist in eine Art Schrein verwandelt worden. Um es zu sehen, muss man das Zimmer allerdings buchen – für rund 1000 € pro Nacht.

✚ 208 C/D4 ✉ Apollolaan 138 ☎ 020 710 60 00; www.hilton.com 🚋 16 (De Lairessestraat, zwei Querstraßen nördlich)

Eine festliche Adresse: das Concertgebouw

Wohin zum ...
Essen und Trinken?

Preise
für ein 3-Gänge-Menü ohne Getränke:
€ unter 20 Euro   €€ 20–40 Euro   €€€ über 40 Euro

CAFÉS

't Blauwe Theehuis €
Dieses aus den 1930er-Jahren stammende pagodenähnliche Gebäude liegt im Herzen des Vondelparks, umgeben von hohen Bäumen und Wasserläufen. Drinnen ist nur wenig Platz, denn hier sitzt man meist im Freien: entweder in biergartenähnlicher Atmosphäre auf der ebenerdigen Terrasse oder auf dem Balkon im Obergeschoss. Es gibt Sandwiches, Muffins, Häppchen in Selbstbedienung.
✚ 208 B2 ✉ Vondelpark 5
☎ 020 662 02 54; www.blauwetheehuis.nl
🕐 Mo–Fr 9–18, Sa, So bis 20 Uhr

Bakkerswinkel €
Im wohnlich eingerichteten »Bäckerladen«, der zu einer kleinen Amsterdamer Kette gehört, gibt es zum Mittagessen gute Sandwiches, Salate und Suppen, später leckeren Cheesecake und englische Scones. Probieren Sie *karnejus*, ein Mixgetränk aus Buttermilch und frischem Orangensaft.
✚ 208 E3 ✉ Roelof Hartstraat 68
☎ 020 662 35 94; www.bakkerswinkel.nl
🕐 Di–Sa 7.30–17, So 9–16 Uhr

Café Loetje €
Dieses beliebte *eetcafé* (➤ 32) serviert mit die besten Steaks in Amsterdam. Im Sommer ist die große Außenterrasse vollgepackt mit Angestellten und hungrigen Studenten, im Inneren geht es gemütlich und lebendig zu. Die Speisekarte wird täglich auf eine Wandtafel geschrieben. Sie ist auf Holländisch, aber die Bedienung übersetzt sie gern und gibt auch Empfehlungen.
✚ 208 E3 ✉ Johannes Vermeerstraat 52
☎ 020 662 81 73; www.cafeloetje.nl
🕐 tgl. 10–24 Uhr

Caffepc €€
Das ultramoderne caffepc auf der elegantesten Einkaufsstraße von Amsterdam ist genau der richtige Ort für ein exklusives Sandwich oder einen Salat zu einer Flasche Champagner. In einer der Ledersseparees mit Holzverkleidung können Sie einige *Tapas* oder ein leckeres Stück Kuchen genießen oder auch etwas Gehaltvolleres probieren. Im Hintergrund spielt ruhige Musik.
✚ 204 A2 ✉ Pieter Cornelisz Hooftstraat 87
☎ 020 673 47 52; www.unlimitedlabel.com
🕐 So, Mo 10–20, Di, Mi 8.30–20, Do 8.30–22, Fr, Sa 8.30–21 Uhr

Cobra €€
Dieses Café am Museumplein hat seinen Namen von der expressionistischen Künstlergruppe der späten 40er-Jahre, in der Maler aus Kopenhagen, Brüssel und Amsterdam eine führende Rolle spielten. Alles vom Muster auf dem Boden bis zum Geschirr ist von dieser Bewegung inspiriert. Bei schönem Wetter kann man draußen sitzen.
✚ 204 C1 ✉ Hobbemastraat 18
☎ 020 470 01 11; www.cobracafe.nl
🕐 tgl. 10–17 Uhr

🎠 Kinderkookkafé €
Dieses einzigartige Kindercafé ist in einem umgebauten Kuhstall auf

Das Museumsviertel

der Nordseite des Vondelparks untergebracht. Es hat eine große Außenterrasse und einen Spielbereich. Hier können Sie mit der Familie zu einem Snack vorbeikommen; die Kinder kochen und dekorieren ihr eigenes Essen wie Pizzen, Sandwiches und Kuchen. Kinder ab acht Jahre können nach Voranmeldung an einem Kochkurs teilnehmen, in dem von den Kindern am Vormittag ein Menü gekocht wird, das sie dann ihren Eltern zum Mittagessen servieren.

✚ 208 C1 ✉ Vondelpark 6B an der Kattenlaan ☎ 020 625 32 57, www.kinderkookkafe.nl ⏰ tgl. 10–17 Uhr

Welling €

Das Welling ist in diesem Teil der Stadt einer der wenigen, traditionellen Orte für einen Drink. Ein etwas versnobtes Eckcafé, das hinter dem Concertgebouw liegt und von dort viele seiner Besucher bezieht.

✚ 208 E2 ✉ J W Brouwersstraat 32 ☎ 020 662 01 55; www.cafewelling.nl ⏰ So–Do 16–1, Fr, Sa 15–2 Uhr

Wildschut €/€€

Dieses Grand Café (►33) im Art-déco-Stil liegt abseits der Touristenpfade, ist aber vom Concertgebouw in fünf Minuten zu erreichen. Seine lange geschwungene Fassade ist Teil eines von der Amsterdam-Schule der 1920er-Jahre geschaffenen architektonischen Ensembles, das man vor der großen Außenterrasse bewundern kann. Mittags werden in erster Linie Sandwiches angeboten. Ein umfangreiches Snackangebot steht den ganzen Tag über zur Auswahl.

✚ 202 E1 ✉ Roelof Hartplein 1–3 ☎ 020 676 82 20; www.cafewildschut.nl ⏰ Mo–Fr 9–1, Sa, So 10–1 Uhr

RESTAURANTS

Bark €€/€€€

Ein belebtes Fisch-Bistro in der Nähe des Concertgebouw mit flinkem Service. Hier bekommt man noch sehr spät etwas zu essen. Sie können wählen zwischen Austern, *fruits de mer* und Gerichten wie Ente mit Apfelsirup. Das auf Fleisch spezialisierte Schwesterlokal De Knijp liegt im selben Häuserblock, Nr. 134 (Tel. 020 671 42 48).

✚ 208 E2 ✉ Van Baerlestraat 120 ☎ 020 675 02 10; www.bark.nl ⏰ Mo–Fr 12–15, 17.30–0.30, Sa, So 17.30–0.30 Uhr

Blue Pepper €€€

Die Gäste des Blue Pepper, einem der besten indonesischen Restaurants in Amsterdam, werden einer wahrhaftigen Attacke auf ihre Sinne ausgesetzt: hellblaue Wände, kunstvolle Teller, einfache weiße Orchideen und hervorragende, innovative indonesische Küche einschließlich einer modernen *rijsttafel*. Informieren Sie das Personal über Ihre Gewürzwünsche und folgen Sie seinen Anweisungen – verpassen Sie auf keinen Fall die klebrige Reiseiscreme mit Kokosnusspfannkuchen.

✚ 204 A3 ✉ Nassaukade 366 ☎ 020 489 70 39; www.restaurantbluepepper.com ⏰ tgl. 18–22 Uhr

Café De Toog €/€€

Abseits der Touristenpfade (gehen Sie die Gerard Brandtstraat entlang, die vom Vondelpark wegführt und biegen dann nach rechts in die Eerste Helmersstraat ab) liegt dieses lebendige Restaurant in einem traditionellen Haus aus dem Jahr 1890. Auf der internationalen Speisekarte stehen unter anderem warmer thailändischer Rindfleischsalat oder Wildsteak mit Cranberrysauce.

✚ 208 C1 ✉ Nicolaas Beetsstraat 142 ☎ 020 618 50 17; www.cafedetoog.com ⏰ Mo–Do 15–1, Fr 15 –3, Sa 12 –3, So 12–1 Uhr

Le Garage €€€

Die einstige Hinterhof-Garage nahe dem Vondelpark ist heute eines der glamourösesten Restaurants der

Stadt. Hinter einer offenen Küche und einer schicken Bar liegt der Speisebereich mit seinen verspiegelten Wänden und roten Sitzbänken. Die meisten Gerichte, wie *fruits de mer* und *rôtisserie*-Fleisch, sind französisch und trotz der glitzernden Umgebung erstaunlich bodenständig. Auch aus anderen Küchen gibt es Anleihen, z. B. als Vorspeise holländischen Chicorée mit Räucheraal. Reservieren Sie frühzeitig, und werfen Sie sich in Schale!

✚ 208 E3 ✉ Ruysdaelstraat 54–56
☎ 020 679 71 76; www.restaurantlegarage.nl
🕐 Mo–Fr 12–23, Sa, So 18–23 Uhr

Momo €€

Das Momo gilt als panasiatisches Restaurant, ist aber weitaus eklektischer. Starten Sie mit einer südamerikanischen *Ceviche* oder alaskischen Königskrabben. Obwohl das Interieur eher protzig wirkt, sind die Kellner sehr nett.

✚ 204 B2 ✉ Hobbemastraat 1
☎ 020 671 74 74;
www.momo-amsterdam.com 🕐 tgl. 10–13 Uhr (Bar); tgl. 12–14.30 Uhr (Mittagessen), 18–22.30 Uhr (Abendessen)

Wohin zum ...
Einkaufen?

Im Museumsviertel gibt es nicht nur unbezahlbare Exponate zu sehen, sondern man kann hier auch ein Vermögen ausgeben – in exklusiven Boutiquen, die Kreationen holländischer und internationaler Modedesigner feilbieten oder bei Coster Diamonds (➤ 134).

P. C. HOOFTSTRAAT

Amsterdams Antwort auf Bond Street oder Rodeo Drive ist nach Pieter Cornelisz Hooft, einem

Dichter des 17. Jhs., benannt. Doch es sind die berühmten Namen der Modewelt, die Kauflustige zu den drei kompakten Häuserblocks zwischen Hobbemastraat und Van Baerlestraat locken.

Gucci (Nr. 56–58; Tel. 020 662 51 84; www.gucci.com) hat oft stark reduzierte, doch auffallende Ausstellungsstücke wie etwa eine ausgestopfte Schlange mit einer Handtasche im Maul. Weitere lohnenswerte Geschäfte finden Sie auf dieser (nördlichen) Straßenseite:

Shoebaloo (Nr. 80; Tel. 020 671 22 10; www.shoebaloo.nl) für Aufsehen erregende Schuhe in einem futuristischen Interieur, **Anne Fontaine** (Nr. 92) für eine riesige Auswahl weißer Damenblusen.

Auf der Südseite halten Sie Ausschau nach: **Emporio Armani** (Nr. 39), **Oger** (Nr. 81) für ultrakonservative Herrenbekleidung, **Filippa K** (Nr. 129, www.filippa-k. com) für minimalistische, skandinavische Damenmode.

Sie möchten mal was anderes als Kleidung? **Schaap & Citroen** (Nr. 40, www.schaapcitroen.nl) gehört zur Crème der niederländischen Juweliere. **LifeStyle** (Nr. 116; Tel. 020 470 99 13; www.lifestyle94. com) ist spezialisiert auf Möbel und Innenausstattung.

Abseits des oberen Endes der P.C. Hooftstraat zeigt **Romeo Vetro** (Hobbemastraat 11; Tel. 020 470 27 05; www.romeovetro.com) exotische Glaswaren in Form von Musikinstrumenten, Delfinen und Booten. Am westlichen Ende der P.C. Hooftstraat, an der Van Baerlestraat, gibt es bezahlbarere Boutiquen, z.B. von **Sissy Boy** (Tel. 020 671 51 74; www.sissy-boy.nl).

CORNELIS SCHUYTSTRAAT

Abseits der Touristenpfade gibt es in dieser Straße alles für den täglichen Bedarf der gut gestellten

Das Museumsviertel

Yuppies in der Nachbarschaft. Es gibt Blumenläden mit kunstvollen Auslagen, schicke Boutiquen und etliche Cafés, vor denen man sitzen kann, um die neuesten Erwerbungen vorzuführen. Für ein großes Picknick im Vondelpark können Sie bei **Food for You** (Nr. 26; Tel. 020 379 51 95; www.organicfoodforyou. nl), einem biologischen Lebensmittelladen, und bei **Van Avezaath** (Nr. 36; Tel. 020 662 08 91; www.vana vezaath-beune.nl), einer seit 1905 bestehenden hochklassigen Pâtisserie, einkaufen.

MUSEUMSSHOPS

Die großen Museen des Viertels haben alle Läden. Der Shop im **Van Gogh Museum** hat eine ausgezeichnete Auswahl an Postern, aber auch Brotboxen mit Sonnenblumen. Am Museumplein gibt es einen Laden, in dem es schöne Rembrandt- und Van Gogh-Puzzles und Schirme gibt. Der Museumsladen im **Rijksmuseum** verkauft gute Reproduktionen der Werke von Rembrandt, Vermeer und anderen Künstlern. Auch Bücher, DVDs, Schmuck, Spielwaren etc. gehören zum Angebot.

Wohin zum ... Ausgehen?

Im Museumsviertel mangelt es ein wenig an Cafés mit Atmosphäre, und nach dem Dunkelwerden ist es hier ruhig und langweilig, da das Flair der zentraleren Stadtviertel fehlt. An schönen Tagen allerdings lässt es sich im Vondelpark und am Museumplein gut aushalten.

Die kulturelle Hauptattraktion der Gegend ist das **Concertgebouw** (Concertgebouwplein 2–6, Tel. 020 671 83 45; www.concert gebouw.nl), Amsterdams wichtigster Veranstaltungsort für klassische Musik (▶ 136) aber auch für Jazz und Weltmusik. Das große klassizistische Gebäude, Heimstatt des Königlichen Concertgebouw Orchesters, steht an der Südwestseite des Museumplein. Neben den Abendvorstellungen kann man auch eine Matinee am Sonntagmorgen (mit der Gelegenheit, gegen ein kleines Aufgeld eine Führung durch den Bereich hinter der Bühne mitzumachen) besuchen.

Es ist zu einem erheblichen Teil dem Concertgebouw zu verdanken, dass es an der Van Baerlestraat einige gute Restaurants gibt; insgesamt ist sie abends die lebhafteste Straße des Museumsviertels. Für den späten Abend bietet sich das **Café Lusthof** (Tel. 020 662 82 89, www.cafe-lusthof. nl) auf der Van Baerlestraat Nr. 128 an. Dieses freundlich eingerichtete Café (▶ 30ff) ist bei Einheimischen und Touristen gleichermaßen beliebt und bis mindestens 1 Uhr morgens geöffnet. Einfache, herzhafte Speisen und Snacks werden ganztägig serviert. Ein zweites Angebot etwas weiter entfernt ist das **En Pluche** (Rusdaelstraat 48, Tel. 020 471 46 95, www.enpluche.nl). Diese Lounge-Bar ist ideal, um lokale Stars zu sichten. Genießen Sie einen Cocktail und asiatisch inspiriertes Streetfood, Burger oder Fish and Chips.

An Sommerabenden kommen viele Amsterdamer in den Vondelpark, um hier zu bummeln oder zu sitzen. An einigen Abenden von Ende Mai bis Ende August zeigt dort das **Openluchttheater** (Freilichttheater; www.openluchttheater.nl) kostenlose Aufführungen, darunter Jazz, Rock und klassische Musik, Kindertheater und Stegreif-Comedy. Im **'t Blauwe Theehuis** (▶ 137) legen Freitagabends im Sommer DJs auf.

Östlicher Grachtengürtel

 ## Kleine Erlebnisse

Im Kerzenschein
In der **Portugiesischen Synagoge** (➤ 157)
werden regelmäßig Konzerte bei Kerzen-
schein organisiert, die Gänsehaut machen.

Kinoerlebnis
Gönnen Sie sich und Ihrem Schatz eine
Loge mit Loveseat im prachtvollen Art-déco-
Saal des Kinos **Tuschinski** (➤ 166).

Sommerlicher Sonnenuntergang
Nirgends kann man die letzten Sonnenstrahlen
so schön genießen wie auf der Café-Terrasse
des **Muziekgebouw aan 't IJ** (➤ 178).

Erste Orientierung

Der Ostteil Amsterdams bietet mit dem großbürgerlichen Plantage-Viertel, dem multikulturellen Stadtteil De Pijp und den modernen Östlichen Hafeninseln eine große urbane Vielfalt. Aber auch einige wichtige Museen finden sich dort.

Die Hermitage Amsterdam und das kürzlich renovierte Scheepvaartmuseum haben diesem Teil der Stadt einen Platz auf der Karte verschafft. Aber auch kleinere, eigenwillige Ausstellungsorte wie das Taschenmuseum und herrschaftliche Grachtenhausmuseen gehören zum Angebot. Außerdem liegen der Zoo, der Botanische Garten und die wunderschöne Portugiesische Synagoge in diesem Gebiet.

Ar

Tassenmuseu **Hendrik**

35 **Mus** **Van**

Vijzelstraat

Wetering-circuit

31 **Heineken** **Experience**

Blick auf Scheepvaart Museum und die *Amsterdam*

Erste Orientierung

TOP 10

9 Scheepvaartmuseum ➤ 146

Nicht verpassen!

31 Heineken Experience ➤ 148
32 Hermitage Amsterdam ➤ 150
33 Joods Historisch Museum ➤ 152
34 Hortus Botanicus ➤ 154

Nach Lust und Laune!

35 Museum Van Loon ➤ 156
36 Magere Brug ➤ 156
37 Tassenmuseum Hendrikje ➤ 157
38 Portugees Israëlietische Synagoge ➤ 157
39 Museum Willet-Holthuysen ➤ 158
40 Verzetsmuseum ➤ 158
41 Entrepotdok ➤ 159
42 ARCAM ➤ 159
43 Tropenmuseum ➤ 160

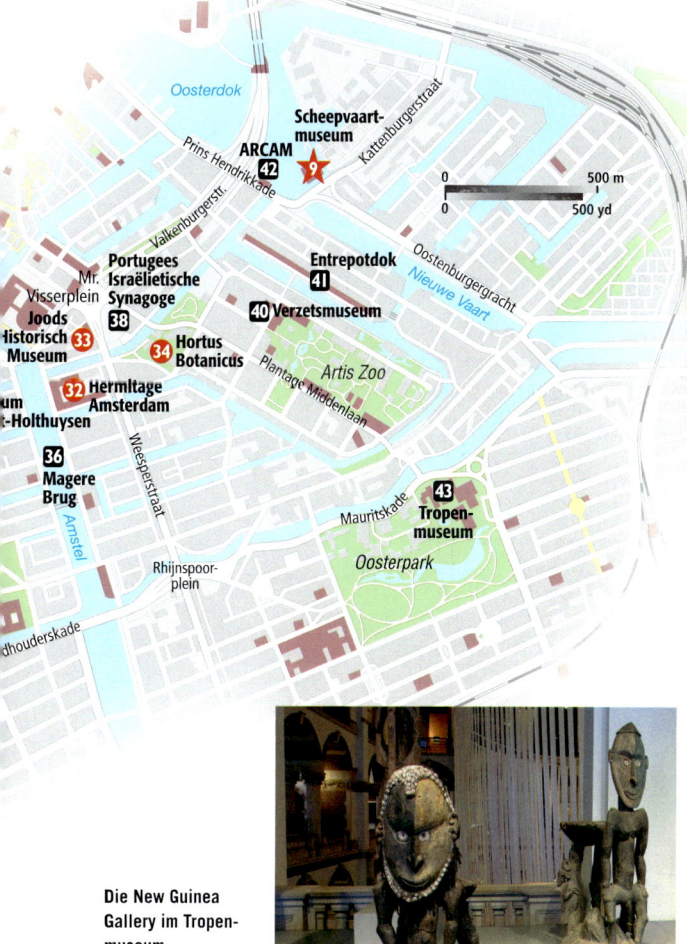

Die New Guinea Gallery im Tropenmuseum

An einem Tag

Folgen Sie unserem Tagesprogramm, das Sie zu den Highlights des östlichen Grachtengürtels Amsterdams führt und genießen die etwas ruhigeren Straßen und Gassen der Stadt. Weitere Informationen finden Sie unter den Haupteinträgen (➤ 146ff).

🕐 9:00
Wandern Sie durch die ruhigen Straßen des östlichen Grachtengürtels zur Amstel und schauen Sie sich die Schleusentore und die schöne **36** **Magere Brug** (Abb. oben, ➤ 156) an.

🕐 10:00
Seien Sie einer der ersten Besucher in der **32** **Hermitage Amsterdam** (➤ 150).

🕐 13:00
Genießen Sie ein Mittagessen in der Brasserie des **Amstel Intercontinental** (➤ 162). Vielleicht kommen Sie auch zu einem Nachmittagstee unter den Kronleuchtern des gläsernen Wintergartens zurück.

🕐 14:30
Machen Sie einen Spaziergang am Fluss Amstel und biegen Sie dann in die **Nieuwe Herengracht** ein (➤ 183).

🕐 15:00
Machen Sie eine Pause und entdecken Sie die Florasammlung des Botanischen Gartens **34** **Hortus Botanicus** (Abb. rechts, ➤ 154f) oder der Fauna im **Artis Zoo** (➤ 154).

🕐 17:00

Amüsieren Sie sich im ③ **Heineken Experience** (► 148f), wo Sie eine informative Einführung in die Kunst und die Wissenschaft des Bierbrauens erhalten.

🕐 19:00

Gönnen Sie sich ein Essen in einem der zwei Michelin-Sterne-Restaurants des **Okura Hotels** – entweder traditionell japanisch im Yamazato (► 164) mit angrenzendem Garten oder hohe französische Küche im Ciel Bleu im obersten Stockwerk, von wo Sie einen grandiosen Blick über Amsterdam genießen (► 163).

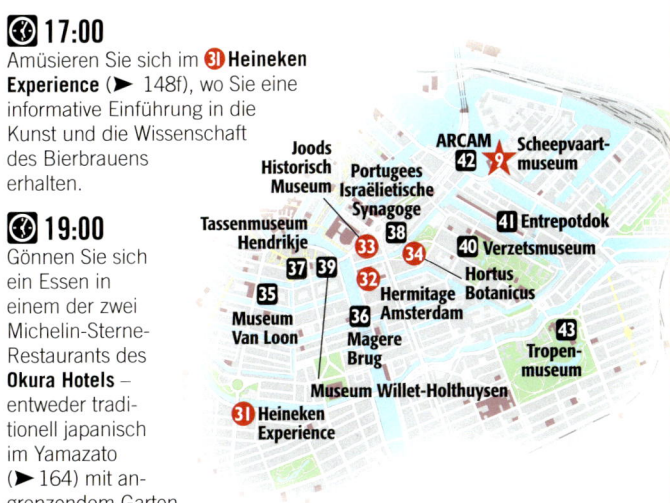

🕐 21:00

Genießen Sie den Blick auf das Wasser im **östlichen Hafengebiet** (► 178), lehnen Sie sich zurück und lauschen Sie den Jazzklängen im **Bimhuis** (► 166) oder der klassischen Musik im **Muziekgebouw aan 't IJ** (► 178).

★9 Scheepvaartmuseum

Das Schifffahrtsmuseum liegt in einem ehemaligen Marinelagerhaus aus dem Jahr 1656. Das ausgezeichnete Museum zeichnet die Entwicklung Amsterdams zu einem der wichtigsten Häfen der Welt nach: Hier lag das Drehkreuz der Handelsflotte, die einen großen Teil des globalen Handels bestritt und kontrollierte.

Das Gebäude selbst ist sehr attraktiv, und es lohnt sich, die Schlichtheit und Symmetrie des ehemaligen Marinearsenals, in dem jetzt das Museum untergebracht ist, vom Wissenschaftszentrum NEMO (▶ 73) aus zu bewundern.

Das Scheepvaartmuseum war einst ein Marinearsenal am Hafen.

Geschichte der Seefahrt und des Handels

Ein Großteil der Sammlung ist der Schifffahrt des 17. und 18. Jhs. gewidmet – dem goldenen Zeitalter der Amsterdamer Handelsflotte und des kulturellen Lebens der Stadt. Mehrere Gemälde zeigen Siege der holländischen Marine. Besonders interessant ist eine Weltkarte von 1648, die zeigt, dass die Holländer Australien lange vor Kapitän Cook kannten. Der Kontinent ist auf der Karte als »*Hollandia Nova, detecta 1644*« eingezeichnet. Außerdem gibt es beeindruckende Schiffsmodelle sowie echte Schiffe, etwa eine Barkasse aus dem 18. Jh., zu sehen.

Ab dem 19. Jh. entwickelten sich Handel und Technologie mit rasender Geschwindigkeit. Hocheffiziente Alltagssegler mit dem Spitznamen »Butterdosen« kamen zum Einsatz, und die Techniken für die windgetriebene Hochgeschwindigkeitsschifffahrt wurden perfektioniert.

Etwa ein Jahrhundert lang feierte der Klipper sein kurzes goldenes Zeitalter. Das Dampfschiff war schon entwickelt, aber noch langsamer. Mit der Fertigstellung des Suezkanals 1869 wurden alle Regeln umgeworfen, und bald sanken die Klipperflotten im wirtschaftlichen Sinn.

Die Niederlande erlangten mit der Gründung von Schifffahrtsunternehmen wie der Holland-Amerika-Linie als Seemacht bald neue Stärke. Es entstand ein Netzwerk von Schifffahrtslinien: Einige verbanden das holländische Mutterland mit den Kolonien, während andere Lücken im globalen Markt für Verbindungen zu anderen Ländern nutzten. Alle diese Entwicklungen und weitere Details werden in interaktiven und statischen Ausstellungsstücken gezeigt. Viele der neueren Exponate richten sich dabei direkt an Kinder.

 De Amsterdam

Eine Replik der *Amsterdam* in Originalgröße ist vor dem Museum vertäut. Das große Schiff gehörte der Vereinigten Ostindien-Kompanie. Sie können sich die Brücke, den Laderaum und die Unterkünfte anschauen. Das Original aus dem 18. Jh. wurde zum Transport von Waffen, Silber- und Goldmünzen sowie Baumaterial im Handel mit Ostindien erbaut. Die Jungfernfahrt der *Amsterdam* fand Ende 1748 statt, aber das Schiff kam aufgrund eines Sturms nur bis zum Ärmelkanal. Dort liegt es noch heute im Schlamm, ein Großteil der Ladung ist noch an Bord. Das Wrack ist rechtlich geschützt und soll irgendwann geborgen werden.

KLEINE PAUSE

Das **Museumsrestaurant Stalpaert** serviert einfache, aber gute Sandwiches, Suppen und Salate. Die sonnige Terrasse mit Blick auf das Wasser ist ideal für wärmere Tage.

✚ 207 D3 ✉ Kattenburgerplein 1 ☎ 020 523 22 22; www.hetscheepvaartmuseum.nl ⏱ tgl. 9–17 Uhr 🚌 22, 42, 43 🚶 bei flotter Gehweise 15 Min. von Centraal Station. 🎫 15 €; Museumkaart und I Amsterdam-Card gültig

BAEDEKER TIPP

- Häufig befinden sich Schauspieler im **Originalkostüm** der Zeit an Bord der *Amsterdam*, um für mehr Atmosphäre zu sorgen.
- Achten Sie an Bord des Schiffes darauf, dass Sie sich **nicht den Kopf stoßen**.
- Der Innenhof des Museums wurde 2011 im Zuge einer großen Renovierung überdacht. Schauen Sie unbedingt einmal nach oben, denn die **Netzstruktur des äußerst filigranen Daches** beruht auf den Linienmustern alter Seekarten. Aus Denkmalschutzgründen durfte es den Altbau nur an vier Punkten berühren.

31 Heineken Experience

Von außen lässt sich kaum erahnen, dass das Innere der ehemaligen Brauerei auf der Stadhouderskade im Besitz einer der führenden holländischen Brauereien entkernt wurde und in eine etwas unkonventionelle, aber unbestreitbar beliebte Touristenattraktion umgewandelt. In der alten Brauerei befindet sich nun eine Erlebniswelt rund um das Thema Bier.

Im Dezember 1864 kaufte Gerard Adriaan Heineken eine heruntergekommene Brauerei namens De Hooiberg (Der Rutenberg) aus dem 16. Jh., die hinter dem Königspalast stand. In den folgenden vier Jahren verlegte er die Produktion an einen neuen Standort, zu dieser Zeit ein freies Feld südlich des Stadtzentrums. Abgesehen davon, dass er das tschechische Verfahren der Untergärung übernahm und für die Entwicklung eines robusten Hefestamms sorgte, führte Heineken rigorose Qualitätskontrollen und innovative Marketingmethoden ein – nicht zuletzt das sofort erkennbare Roter-Stern-Logo –, die die Bedingungen für eine erfolgreiche Massenproduktion schufen. Heute produziert die größte Heinekenbrauerei in 45 Minuten so viel Bier, dass jeder Einwohner von Amsterdam eine Flasche bekommen könnte.

Die (frühere) Brauerei (*brouwerij*) ist ein schlichter Bau, der an der Ecke Stadhouderskade und Ferdinand Bolstraat, an der Südseite der Singelgracht aufragt. Bis 1988 wurde hier das Heineken Lager gebraut, dann wurde die

Spannend und interaktiv: das Heineken Experience

- Im Eintrittspreis sind Coupons für Getränke enthalten (Sie können auch alkoholfreie Getränke wählen). Um Wartezeiten zu vermeiden, können Sie auch **vorab online buchen**.
- Es lohnt sich, einen Besuch der Heineken Experience mit einer **Kanalfahrt** zu verbinden. Die Boote legen gleich gegenüber dem Haupteingang an der Stadhouderskade ab (▶ 88ff).
- Der »Stallgang« im 2. Stock entführt die Besucher auf eine Reise in die geheime Welt der Arbeitsställe. Lernen Sie die **prächtigen Pferde** aus der Nähe kennen, die auch heute noch Heineken-Bier in einige Teile der Niederlande bringen.

Produktion ausgelagert, und eine Erlebnisausstellung rund um das Bier wurde in den Räumlichkeiten eingerichtet.

Ein Teil des Originalkomplexes wurde abgerissen, und die neu gestaltete „Erlebnisbrauerei" öffnete 1991 ihre Türen für Besucher. 2001 und 2008 fanden weitere Modernisierungen statt. In der Heineken Experience sind einige Originalanlagen ausgestellt, z. B. Malzsilos und Maischekessel, aber der größte Teil der Ausstellung wurde für Besucher eigens neu geschaffen.

Die Ausstellung

Im Eintrittspreis sind zwei Getränke – entweder ein Heineken oder ein Softdrink – enthalten. Im Eingangsbereich wird den Besuchern die **Geschichte der Marke** vorgestellt, und man kann sogar seine eigene Flasche mit einer individuellen Botschaft kreieren. Auf der gleichen Ebene gibt es auch einen Shop mit unzähligen Heineken-Produkten jeder Art. Der erste Stock zeigt eine Galerie mit **Werbung von früher und heute** sowie einige der gesponserten Sportler des Unternehmens. Im zweiten Stock befindet sich der historische Brauereiraum, und Sie haben dort die Möglichkeit, Ihr eigenes **Musikvideo** aufzunehmen. Außerdem befindet sich hier die »**Innovation Station**«, die die Entwicklung des Biers und der Marke zeigt. Höhepunkt ist aber das »**Brew U**« im dritten Stock, wo Sie den Brauprozess aus der Sicht einer Flasche kennenlernen. Diese lustige interaktive Reise scheint wirklich jedem Spaß zu machen.

KLEINE PAUSE

Die **World Bar** mit Panoramaaufnahmen aus aller Welt liegt im Erdgeschoss. In der Verkostungsbar im dritten Stock können Sie Ihre kostenlosen Getränkechips einlösen (siehe oben). Beide Bars sind Teil der »Experience« und servieren keine Speisen, aber im umliegenden Viertel De Pijp gibt es zahlreiche günstige Lokale.

205 D1 ✉ Stadhouderskade 78 ☎ 020 523 94 35; www.heinekenexperience.com 🕐 Mo–Do 10.30–19.30, Fr–So bis 21 Uhr 🚋 16, 24 💶 16 €

32 Hermitage Amsterdam

Die erste Außenstelle des staatlichen St. Petersburg Hermitage Museums außerhalb Russlands wurde 2009 in Amsterdam am Ufer des Flusses Amstel eröffnet. Gezeigt werden Ausstellungen mit Werken aus dem Mutterhaus. Ein Besuch lohnt aber auch wegen des Gebäudes selbst.

Das Museum ist im historischen Amstelhof untergebracht, der im 17. Jh. als Altersheim erbaut wurde. Es ist Teil der Bemühungen der Hermitage, ihre faszinierenden Sammlungen auf der ganzen Welt zu präsentieren. Peter der Große (1672–1725) besuchte Amsterdam, damals die reichste Stadt der Welt, im Jahre 1697, und war so beeindruckt vom Kulturleben, dass er seine eigene Kunstsammlung ins Leben rief.

In dem einstigen Altersheim werden heute Kunstwerke von Weltrang präsentiert.

Wechselausstellungen
Zwei große Ausstellungen werden pro Jahr in der Hermitage Amsterdam gezeigt. In der Vergangenheit zählten dazu Meisterwerke von Gauguin, Bonnard und Denis ebenso wie Kunsthandwerk aus dem russischen Zarenhaus. Meist läuft parallel noch eine kleinere Schau.

Amstelhof
Neben der Ausstellung lockt aber auch der historische Bau des Amstelhofs, der sich als Quadrat um einen

Zwei Wechsel-ausstellungen pro Jahr bietet die Hermitage.

großen Innenhof legt. Im Ausstellungsbereich merkt man nicht mehr viel davon, dass dieses Gebäude aus dem 17. Jh. stammt, denn er wurde sehr modern und minimalistisch eingerichtet. Wenn man doch noch etwas von der Geschichte erleben will, muss man sich in den dem Fluss zugewandten Westflügel begeben. Dort befindet sich die ehemalige Kapelle, einst einer der größten Räume der Stadt, der nun für Empfänge vermietet wird. Angesichts der großartigen Aussicht auf den Fluss kann einen das nicht verwundern. In den benachbarten, kleineren Räumen gibt es Ausstellungen zur Geschichte des Amstelhofs, aber auch zu den russisch-niederländischen Beziehungen. Verpassen Sie nicht die historische Küche im Untergeschoss!

KLEINE PAUSE

Das elegante Restaurant Neva (Tel. 020 530 74 83; www. neva.nl, Mo–So 12–17 Uhr) im Ostflügel bietet russisch inspirierte Speisen an. Hier können Sie auch einen Kaffee oder ein Glas Wein mit Panoramablick auf den Museumshof genießen.

✚ 206 B2 ✉ Amstel 51 ☎ 020 530 74 88; www.hermitage.nl
🕐 tgl. 10–17 Uhr 🚊 4, 9, 14
💶 17,50 €; I Amsterdam-Card gültig

BAEDEKER TIPP

- 🎠 Gleich neben dem Hauptgebäude befindet sich die **Hermitage für Kinder.** Dort gibt es verschiedene Workshopprogramme und einen Kindermuseumsshop.
- Der **Eingang** liegt in der Gebäudefront am Ossenport, dem ehemaligen Händlereingang am Fluss Amstel.
- Manchmal finden **Konzerte oder Lesungen** statt.
- Der über Jahrhunderte geschlossene Hof wurde restauriert und ist jetzt eine **grüne Oase**, die jedem offensteht. Die Besucher können sich hier auf Sitzgelegenheiten oder der Steineinfassung um den Rasen entspannen und die 200 Jahre alten Kastanienbäume bewundern.

③③ Joods Historisch Museum

Mit einer Konstruktion aus Glas und Stahl wurden vier zwischen 1670 und 1778 entstandene benachbarte aschkenasische Synagogen zum Jüdisch-Historischen Museum verbunden. Die Ausstellung hat vielerlei zu bieten: von der Erklärung der Lehren des Judaismus bis zur Bedeutung des jüdischen Volkes für das Geschäftsleben in Amsterdam. Das Motto des Museums stammt aus dem babylonischen Talmud: »Sehen führt zu Erinnern, Erinnern führt zu Handeln.«

Bleiben Sie an der Nieuwe Amstelstraat erst einmal draußen stehen, um die einzelnen Bauten wahrzunehmen, aus denen das Museum besteht. Vor dem Gebäude sind hoch oben an einem Rahmen zwei große gelbe Dreiecke angebracht. Ihre Form fügt sich zu einem goldenen Davidstern zusammen, dem Symbol, das Juden in Holland während der Besatzung durch Nazi-Deutschland im Zweiten Weltkrieg tragen mussten.

Gegründet wurde das Museum bereits 1932. Damals war es in *De Waag* untergebracht, dem alten Wiegehaus auf dem Nieuwmarkt, in dem sich heute ein Café befindet (► 75f). Unter der deutschen Besatzung wurde es geschlossen und erst 1955 wiedereröffnet. 1987 zog es an seinen aktuellen Standort um.

Der Heilige Schrein aus weißem Marmor ist das zentrale Element der Großen Synagoge.

Die große Synagoge

Das Zentrum des Komplexes bildet die **Große Synagoge** aus dem 18. Jh., die eine Einführung in den Judaismus

und die jüdische Tradition zeigt. In einer Dauerausstellung werden die Religion und ihre Symbole erläutert. In einem Nebenraum der Großen Synagoge wird ein Bad gezeigt, das die Tradition der rituellen Waschung von Frauen nach Menstruation oder Geburt illustriert. Außerdem werden hier die Bestandteile des Rituals für die Konvertierung zum Judentum präsentiert.

Im ersten Stock wird das jüdische Leben in Amsterdam von 1600 bis 1900 dargestellt: Selbst in dieser toleranten Stadt hatten die jüdischen Bürger häufig mit Antisemitismus zu kämpfen (▶ Das jüdische Amsterdam, 20f).

Vor dem Museum steht der große Davidstern, das Symbol des Judentums.

Die neue Synagoge

Die **Neue Synagoge** wurde 1752 als Nachbildung des Zweiten Tempels in Jerusalem erbaut, die prächtige Kuppel 2000 restauriert. Hier wird das jüdische Leben in den Niederlanden ab 1900 präsentiert. In einem Geschäft im Erdgeschoss werden Judaica angeboten, und darüber wurde ein zusätzliches Stockwerk gebaut, in dem fragile Schriften und Zeichnungen gezeigt werden.

Die **⚄ Obbene Shul** aus dem Jahr 1685, die ursprünglich von ärmeren Gläubigen genutzt wurde, beherbergt heute ein Kindermuseum für 8- bis 12-Jährige.

Außerdem beleuchtet das Museum das Wachstum der zionistischen Bewegung, die Ende des 19. Jhs. begann und ein jüdisches Heimatland in Israel forderte.

KLEINE PAUSE

Das **Museum Café** bietet einen Lesetisch mit jüdischen Magazinen und Kochbüchern sowie Internetterminals mit Links auf jüdische Seiten.

🔟 206 B2 ✉ Nieuwe Amstelstraat 1 ☎ 020 531 03 80; www.jhm.nl
🕐 tgl. 11–17 Uhr; geschl. Jom Kippur und Rosh Hashanah
🚇 Waterlooplein 🚌 9, 14; der Canalbus hält an der Blauen Brücke, 200 Meter westlich des Museums 💶 15 €, Museumkaart und i Amsterdam-Card gültig

BAEDEKER TIPP

- Hinter der Kasse sind Geräte für eine **kostenlose Audio-Tour** erhältlich; sie bereichern den Rundgang erheblich.
- In der **Mediathek** (Mo–Fr 13–17 Uhr) kann man mehr über die jüdische Gemeinde in Amsterdam erfahren.

34 Hortus Botanicus

Die Ruhe des Gartens und die angenehmen Düfte entführen den Besucher aus dem Trubel der Stadt. Dies ist einer der ältesten Botanischen Gärten der Welt mit mehr als 4000 Pflanzenarten.

Der Botanische Garten der Stadt entstand 1638 als Heilkräutersammlung – Hortus Medicus – für pharmazeutische Zwecke und befindet sich seit 1682 an seinem heutigen Standort. Hier breitete er sich weiter aus, als die Vereinigte Ostindische Kompanie von ihren Expeditionen rund um den Globus immer neue Pflanzen mitbrachte.

Die moderne Sammlung

Die Sammlung ist geteilt in einen Freilandgarten, in dem Pflanzen aus gemäßigten bis arktischen Klimaten gedeihen, und eine Reihe von Gewächshäusern. Vom Eingang aus links liegt eine Rekonstruktion des **Hortus Medicus** mit all den Pflanzen, die 1646 im ersten Gartenkatalog aufgelistet waren. Gleich dahinter stehen das **Mexikanisch/Kalifornische Wüstenhaus**, ein Anzuchthaus für **Orchideen** und ein **Schmetterlingshaus**. Südlich davon erstreckt sich vor dem Verwaltungsgebäude eine elegante halbkreisförmige Gartenanlage aus dem 17. Jahrhundert.

Weiter im Uhrzeigersinn gelangt man zum **Palmenhaus**, einem großen, reich verzierten Bau aus dem 19. Jahrhundert. Highlight hier ist ein 300 Jahre alter Palmfarn.

Am entgegengesetzten Ende liegt das **Gewächshaus mit drei Klimazonen**, eine Errungenschaft des späten 20. Jhs., so konstruiert, dass man in den verschiedenen Klimazonen (Tropen, Subtropen, Wüste) wandeln kann. Ein Glanzpunkt des Wüstenabschnitts ist die skurrile *Welwitschia mirabilis*, ein »lebendes Fossil«: Sie gehört einer bis auf diese eine Art längst ausgestorbenen Pflanzenfamilie an. Die Pflanze, die bis zu 2000 Jahre alt werden kann, bringt nur zwei Blätter hervor, die aus der Sprossachse zeitlebens nachgeschoben werden.

Um das »Dach« das Regenwaldes zu betrachten, kann man den Umgang in fünf Meter Höhe benutzen.

⛨ ARTIS ZOO

Der kuriose Name des Amsterdamer Zoos (⊞ 207 D2, Plantage Kerklaan 38–40, www.artis.nl, März–Okt. 9–18 Uhr, Nov.–Feb. bis 17 Uhr, Linien 9, 10, 14; 20,50 €) kommt vom lateinischen »Natura Artis Magistra«, zu Deutsch »Die Natur ist der Lehrer der Kunst«. Der Artis, wie er in der Stadt genannt wird, hat einen großen Schmetterlingspavillon, ein schönes historisches Aquarium, ein Planetarium, ein Geologiemuseum und ein Insektarium zu bieten. Zu den Highlights zählen das Training und die Fütterung der Seelöwen und die Lemureninsel. Wer 7,50 Euro Aufschlag zahlt, kann außerdem die Ausstellung Micropia besuchen, in der man alles über Bakterien, Viren und anderes Kleinstgetier erfährt (www.micropia.nl).

Das große, kunstvolle Palmenhaus wurde 1912 erbaut

KLEINE PAUSE

In der reizenden **Orangerie** können Sie sich von der Hitze der Gewächshäuser erholen. Das luftige Außencafé geht zurück auf das Jahr 1875 und ist umgeben von seltenen exotischen Pflanzen. Es serviert lokale, organische Mittagessen, Snacks und Getränke.

⊕ 206 C2 ✉ Plantage Middenlaan 2 ☎ 020 625 90 21; www.dehortus.nl ⏰ tgl. 10–17 Uhr 🚊 9, 10, 14 🍴 Orangery-Café (€) 💳 8,50 €

BAEDEKER TIPP

- Der **Garteneingang** ist schwer zu finden: Er liegt hinter einem Torhaus an der Ecke Plantage Middenlaan/Dr D M Sluyspad, gegenüber der Nieuwe Herengracht.
- Am Eingang ist ein **Plan erhältlich**; die Beschriftungen sind größtenteils in Niederländisch und Latein.
- Sonntags gibt es eine **Führung um 14 Uhr**; sie kostet extra.
- Im Sommer herrscht an Wochenenden viel Betrieb. Die **erste Stunde der Öffnungszeit** ist gewöhnlich ruhiger, die Pflanzen sind allerdings an einem heißen Sommertag nicht im besten Zustand.

Nach Lust und Laune!

35 Museum Van Loon

Das schön erhaltene Interieur dieses Museums ist ein wichtiger Bestandteil der Geschichte Amsterdams. Das historische Doppelfronthaus wurde 1672 nach Plänen von Adriaen Dortsman erbaut und im 19. Jh. das Zuhause der Van Loons. Die Familie, die das Haus auch heute noch besitzt, war sehr einflussreich. Viele ihrer Mitglieder waren Bürgermeister oder Mitglieder der Vereinigten Ostindien-Kompanie. Auf keinen Fall verpassen sollten Sie das interessante Video eines Familienmitglieds der Van Loons, das das Haus und seine verschiedenen Zimmer zeigt (einige sind für die Öffentlichkeit nicht zugänglich) und die dazugehörigen Geschichten der Verwandten erzählt.
✚ 205 D3 ✉ Keizersgracht 672 ☎ 020 624 52 55; www.museum vanloon.nl 🕐 tgl. 10–17 Uhr 🚃 16, 24, 25 💶 9 €, Museumspass und I Amsterdam-Card gültig

36 Magere Brug

Die »Magere Brücke« ist die am häufigsten fotografierte Brücke in Amsterdam. Der lokalen Legende zufolge wurde

Der symmetrisch angelegte Garten des Museums Van Loon

sie für zwei Schwestern erbaut, die es satt hatten, den langen Umweg von ihrem Haus an der Kerkstraat am westlichen Ende der heutigen Brücke zu den Ställen am gegenüberliegenden Ufer der Amstel zu gehen. Es heißt, ihr Familienname sei Mager gewesen.

Die erste Magere Brug an dieser Stelle war eine einfache hölzerne Zugbrücke. Sie wurde 1929 abgerissen und später in alter Form wieder aufgebaut. Von der Südseite kann man den Fluss hinunterblicken auf die Schleusentore, die

ein wesentlicher Teil des Amsterdamer Wassermanagements sind: Sie machen es möglich, dass das Grachtennetz regelmäßig durchgespült wird.

➕ 206 B1 🚊 4 bis Utrechtsestraat, eine Querstraße westlich

37 Tassenmuseum Hendrikje

Das Taschen- und Geldbörsenmuseum in einem wunderschönen Kanalhaus zeigt eine außergewöhnliche Sammlung westlicher Taschen vom Mittelalter bis heute. Zu sehen sind Spieltaschen aus dem 16. Jh., Chatelaines aus dem 17. Jh. (Ketten, an denen die reichen Damen ihre Schlüssel und Bibeln hängten) und eine bunte Sammlung von Designs aus dem 20. Jahrhundert: Taschen in Form von Zeitschriften, Telefonen und Uhren.

➕ 205 E3 ✉ Herengracht 573
☎ 020 524 64 52; www.tassenmuseum.nl
🕐 tgl. 10–17 Uhr 🍴 Museum Café (€)
🚊 4, 9, 16, 24 💶 12,50 €

38 Portugees Israëlietische Synagoge

1492 war für Spanien ein folgenreiches Jahr – nicht nur, weil Christoph Kolumbus, der im Auftrag der spanischen Krone unterwegs war, in der Neuen Welt landete, sondern weil das Land seine jüdische Bevölkerung auswies.

Manche ließen sich zum Schein taufen und wurden so zu »Marranen«, sogenannten Krypto-Juden, wodurch sie bleiben durften, doch viele jüdische Opfer der Inquisition zogen ins benachbarte Portugal.

Als die wachsende Verfolgung die Juden aus beiden iberischen Ländern vertrieb, fanden sie in Amsterdam Unterschlupf und nannten sich »portugiesische Juden« – Spanien lag zu dieser Zeit im Krieg mit den Niederlanden. Demzufolge wurde ihr geräumiges neues Gotteshaus »Portugiesische Synagoge« genannt.

Entworfen wurde sie von Elias Bouwman, der auch die Große Synagoge baute. Sie ist heute Bestandteil des gegenüberliegenden Jüdisch-Historischen Museums (► 152f). Im Gegensatz zum Museum wird die Portugiesische Synagoge bis heute als Gotteshaus genutzt. Es bestehen strenge Sicherheitsvorkehrungen, und männliche Besucher sollten eine *yarmulke* (Kopfbedeckung) tragen – man kann sie an der Kasse ausleihen.

Beginnen Sie mit dem Film im Eingangsbereich. Er erläutert das Wachstum der sephardischen Gemeinde in Amsterdam (auf Eng-

Auf wundersame Weise überstand die Amsterdamer Synagoge die Besetzung durch die Nazis.

Östlicher Grachtengürtel

lisch und Niederländisch). Anschließend können Sie die Schatzkammern und die Hauptsynagoge erkunden. Als die Synagoge 1675 vollendet wurde, war sie die größte in Europa. Ihr Holzdach wird von vier massiven Steinsäulen getragen; die einzige Beleuchtung sind die Kerzen in großen Messingleuchtern. Die **Bundeslade** ist aus brasilianischem Jacaranda-Holz.
🚏 206 B2 ✉ Mr Visserplein 3 ☎ 020 624 53 51; www.portugesesynagoge.nl 🕐 April–Okt. So–Do 10–17, Fr bis 16 Uhr; Nov.–März So–Do 10–16, Fr bis 14 Uhr; geschl. jüdische Feiertage 🚇 Waterlooplein 🚌 9, 14 💶 15 €, Museumspass und I Amsterdam-Card gültig

39 Museum Willet-Holthuysen

Abraham Willet (1825–1888) war Sohn aus reichem Haus und begeisterter Kunstsammler – so begeistert, dass er sogar sein Jurastudium abbrach, um sich sein Leben lang nur der Kunst zu widmen. 1861 heiratete er die Kaufmannstochter Louisa Holthuysen, und gemeinsam ließen sie ihr Wohnhaus aus dem 17. Jh. an der Herengracht nach der neuesten französischen Mode einrichten. 1895 vermachte Holthuysen das Haus der Stadt. Noch heute ist es in historischer Pracht zu bewundern. Besonders schön sind der Ballsaal und das Damen- und Herrenzimmer in der Bel-Etage, aber auch der kleine Grachtengarten.
🚏 206 A2 ✉ Herengracht 605 ☎ 020 523 18 22; www.willetholthuysen.nl 🕐 Mo–Fr 10–17, Sa–So 11–17 Uhr 💶 9 €, Museumkaart und I Amsterdam Card gültig

40 Verzetsmuseum

Die deutsche Besetzung der Niederlande dauerte annähernd fünf Jahre; es war eine verzweiflungsvolle, traumatische Zeit für das niederländische Volk. Amsterdam, das bei Weitem die größte jüdische Bevölkerungsgruppe hatte, war die Stadt, die das meiste Leid erlebte – und den stärksten Widerstand gegen die deutschen

Der auffallende metallverkleidete Bau des ARCAM beherbergt das Architekturzentrum.

Truppen. Das zentrale Thema des Widerstandsmuseums ist der Kampf gegen die Besatzer von 1940 bis 1945, aber es informiert auch über das Elend in den holländischen Ostindien-Kolonien unter der japanischen Terrorherrschaft.

Die Ausstellungsräume befinden sich im Plancius-Gebäude, das 1876 als Treffpunkt für den Oefening Baart Kunst, einen jüdischen Chor, errichtet wurde. Im Innern machen Sie ein Zeitreise durch die Straßen und Häuser zu den Kriegszeiten.

Das Museum ist eine wichtige Ergänzung zum Anne Frank Huis (►96ff), denn es beschreibt den größeren Kontext des grausamen »Versteckspiels«, das während der Besatzung ablief. Tausende Juden wurden von Mitbürgern versteckt, andere wurden aus dem Land geschmuggelt oder mit falschen Identitäten ausgestattet. Auch die aufwühlenden Ereignisse des Februar 1941, als aus Protest gegen das Vorgehen der Nazis gegen die Juden ein Generalstreik ausgerufen wurde, sind dokumentiert – ebenso wie der schreckliche »Hungerwinter« 1944/45 und die Prämien, die jene Niederländer erhielten, die mit der Besatzungsmacht zusammenarbeiteten.

➕ 207 D2 ✉ Plantage Kerklaan 61 ☎ 020 620 25 35; www.verzetsmuseum.org 🕐 Di–Fr 10–17, Sa–Mo und Feiertage 11–17 Uhr; geschl. 1. Jan., 30. April und 25. Dez. 🚋 9 und 14 halten direkt vor dem Artis Zoo, schräg über die Straße 💶 10 €, Museumspass und I Amsterdam-Card gültig

41 Entrepotdok

Neben dem Osthafen (►178) werden heute auch andere Docks als Cafés, Künstlerstudios und Luxuswohngebiete genutzt. Das Entrepotdok war Amsterdams eigener »Freihafen«, eine zollfreie Zone, wo Waren verschifft werden konnten, solange sie nicht auf niederländischem Staatsgebiet entladen wurden. Im 19. Jh. entwickelte

Viele Gebäude am Entrepotdok blieben erhalten und werden jetzt gut gepflegt.

sich das Entrepotdok zum reichsten Dock der Stadt. Mit dem in südwestlicher Richtung liegenden Ufer ist es besonders an Sommernachmittagen beliebt.

➕ 207 D3 🚌 10 hält am Hoogte Kadijk (am östlichen Ende des Entrepotdok), 9 und 14 halten an der Plantage Middenlaan, südlich vom Zooeingang 💶 frei

42 ARCAM

Das moderne Gesicht von Amsterdam können Sie in diesem Architekturzentrum mit Blick auf das Oosterdok erleben, das direkt am Wasser liegt. Das auffällige Gebäude (mit einer Fassade aus zinkplattiertem Aluminium) erhebt sich wie ein Fragment des weitaus größeren NEMO-Gebäudes (►73) neben dem Wasser – und genau so begann auch seine Geschichte. Ursprünglich wurde der Pavillon als Kassenhaus des NEMO erbaut. Nach einem aufwendigen Umbau wurde 2003 das Architekturzentrum eröffnet. Neben der Besichtigung des Gebäudes selbst erfahren Sie auch etwas über die architektonische Entwicklungen in und um

Östlicher Grachtengürtel

die Hauptstadt. Das Zentrum verkauft auch Stadtpläne und Bücher und veranstaltet jeden Freitagnachmittag eine englischsprachige Architekturführung (22,50 €).

✚ 207 D3 ✉ Prins Hendrikkade 600
☎ 020 620 48 78; www.arcam.nl
🕐 Di–Sa 13–17 Uhr 🚊 22 💶 frei

🔢 Tropenmuseum

Aufgrund seiner Lage hinter der Singelgracht in der südöstlichen Vorstadt wird dieses prächtige Bauwerk trotz seiner wunderschön verzierten Fassade häufig übersehen. Das Gebäude aus dem frühen 20. Jh. ist ein Werk von J. J. und M. A. van Nieuwkerken und zeigt ähnliche gotische Züge wie die Centraal Station und das Rijksmuseum. Es wurde 1910 als Sitz des Vereeniging Koloniaal Instituut eröffnet und beherbergt heute das Königliche Tropeninstitut. Seine Sammlung enthält sowohl moderne als auch traditionelle Kunst und Fotografien und ist in verschiedene Dauerausstellungen aufgeteilt. Eine kostenlose Audioführung (auf Englisch) erläutert die Highlights der Sammlung.

Viele der Exponate sind nach geografischer Region gruppiert und konzentrieren sich hauptsächlich auf die ehemaligen niederländischen Kolonien. Im Erdgeschoss beginnt der Rundgang mit Exponaten zum Thema Mensch und Umwelt, der Schwerpunkt liegt auf der Zerstörung des Regenwalds. Über einen beeindruckenden Treppenaufgang gelangt man in den ersten Stock, der sich hauptsächlich auf Indien und seine Nachbarländer, sowie Indonesien konzentriert. Der zweite Stock macht durch die Glaskuppel über der Halle die markante Struktur des Museums deutlich. Die Exponate in diesem Raum behandeln die Themen Lateinamerika (vor allem die Karibik und Surinam) und Afrika.

✚ 207 E1 ✉ Linnaeusstraat 2
☎ 020 568 82 00; www.tropenmuseum.nl
🕐 Di–So 10–17 Uhr
🍴 Ekeko-Restaurant (10–17 Uhr)
🚊 3, 7, 9, 10, 14
💶 15 €; Museumspass und I Amsterdam-Card gültig

Das Tropenmuseum zeigt eine Vielfalt von Kulturgütern aus aller Welt

Wohin zum …
Essen und Trinken?

Preise
für ein 3-Gänge-Menü ohne Getränke:
€ unter 20 Euro   €€ 20–40 Euro   €€€ über 40 Euro

CAFÉS UND BARS

Bagels & Beans €
Dieses beliebte Café ist ein erfolgreiches Franchiseunternehmen mit Filialen in der ganzen Stadt. Es ist der ideale Ort für Frühstück oder Mittagessen, wenn man den Albert Cuyp Markt besucht. Die ausgezeichneten Bagels gibt es mit Frischkäse oder Kombinationen wie Bananen mit Ahornsirup. Weitere Spezialitäten des Hauses sind u. a. Muffins, Kaffee und himmlische Fruchtsäfte. Bei schönem Wetter kann die Terrasse genutzt werden.
✚ 205 bei D1 ✉ Ferdinand Bolstraat 70
☎ 020 672 16 10; www.bagelsbeans.nl
🕐 tgl. 8–18 Uhr

Bloem Eten & Drinken €
Kleines Café-Restaurant in einem der Packhäuser am Entrepotdock, direkt gegenüber vom Zoo Artis. Im Sommer kann man an einem der wenigen Tischchen vor der Tür sitzen und die schöne Kulisse bewundern. Auf der Karte stehen mittags originelle Sandwiches, abends Salate und Fleischgerichte.
✚ 207 D3 ✉ Entrepotdok 36
☎ 020 330 09 29, www.bloem36.nl
🕐 tgl. 11–24 Uhr

Brouwerij 't IJ €
Die Windmühle im Osten von Amsterdam, einen kurzen Spaziergang vom Schifffahrtsmuseum entfernt, ist einen Besuch wert. Die hauseigene Brauerei hat mindestens vier Biersorten im Ausschank mit einem Alkoholgehalt zwischen fünf und neun Prozent. Die Innenausstattung ist die einer normalen Bierhalle mit einer schmucklosen Theke, ein paar Holzbänken und dem Ausblick auf einen riesigen Braukessel. Als Snacks gibt es lokale Spezialitäten wie *ossenworst* und Schafsgouda.
✚ 207 F2 ✉ Funenkade 7
☎ 020 622 83 25; www.brouwerijhetij.nl
🕐 tgl. 14–20 Uhr

Café Brecht €
Dieses einladende Wohnzimmercafé wurde von der alternativen Berliner Barszene inspiriert – komplett mit Omas Möbeln. Zum Angebot zählen verschiedene deutsche Biere vom Fass sowie Bratwurst und Brezeln, aber auch frische Kuchen und Paninis. Die organischen Zutaten stammen in der Regel aus der Region. Am letzten Sonntag im Monat ist offene Nacht für Dichter.
✚ 204 C2 ✉ Weteringschans 157
☎ 020 627 22 11; www.cafebrecht.nl
🕐 tgl. 12–1 Uhr

De Druif €
Das Café »Traube« besteht an dieser Stelle seit 1631: Die senffarbenen Wände, Reihen von alten Likörfässern und eine antike Jenever-Pumpe (Gin) auf der Theke weisen auf sein Alter hin. Das Café, das vor allem von Einheimischen stark frequentiert wird, hat Blick auf den Eingang zum Entrepotdok.
✚ 206 C3 ✉ Rapenburgerplein 83 ☎ 020 624 45 30 🕐 So–Do 12–1, Fr, Sa bis 2 Uhr

De Kroon €/€€
Eines der größten und trendigsten Grand Cafés der Stadt verleiht dem

Östlicher Grachtengürtel

heruntergekommenen Rembrandtplein einen willkommenen Hauch
von Vornehmheit. Im ersten Stock
gelegen, hat es einen Wintergarten
mit Blick auf den Platz. Die Innenausstattung kombiniert moderne
Gemälde und naturhistorische
Artefakte rund um die Bar. Das
vielseitige Menü bietet eine gute
Auswahl beliebter italienischer
Gerichte, auch wenn das Essen
eher durchschnittlich ist.

✚ 205 E3 ✉ Rembrandtplein 17
☎ 020 625 20 11; www.dekroon.nl
🕐 So–Do 11–1, Fr, Sa 11–3 Uhr

Oosterling €

Der Rang des Oosterling ist un-
bestritten: Es liegt in einem Ge-
bäude von 1735, das einmal der
Vereinigten Ost-Indischen Kompa-
nie gehörte, und die Familie
Oosterling verkauft hier seit 1879
Getränke. Alte Fässer dienen als
Tischplatten, andere stehen auf-
gereiht hinter der langen Theke mit
Granitplatte.

✚ 205 E2 ✉ Utrechtsestraat 140
☎ 020 623 41 40 🕐 Mo–Sa 12–1,
So 13–20 Uhr

Patisserie Kuyt €€

Eine Bäckerei und ein Delikates-
sengeschäft, das bekannt ist für
seinen Apfelkuchen. Hinter der
Theke werden köstliches Gebäck,
Plätzchen, Kuchen und Quiches
präsentiert. Genießen Sie ein
Mittagessen oder einen Nachmittagstee in dem modernen
kleinen Speiseraum nebenan, und
nehmen Sie sich für später ein
Dessert mit.

✚ 205 E2 ✉ Utrechtsestraat 109-111
☎ 020 623 48 33; www.patisseriekuyt.nl
🕐 Mo–Sa 8–17.30 Uhr

De Wetering €

Ein gemütliches Eckcafé (➤ 30ff)
voller leicht bohemehafter Ein-
heimischer, trotz der Tatsache,
dass die schicken Antiquitätengeschäfte im Spiegelkwartier und das
Rijksmuseum gleich um die Ecke

liegen. Im Untergeschoss gibt es
nur Stehplätze, im oberen Stockwerk bedeckt Sand die Boden-
bretter, im Winter lockt der offene
Kamin.

✚ 204 C2 ✉ Weteringstraat 37
☎ 020 622 96 76 🕐 tgl. 16–1 Uhr

Xtracold €€

Dies ist die erste Eisbar der Niederlande. Für 19,50 € können Sie eine
Jacke und Handschuhe leihen und
werden in eine Bar geführt, die aus
60 Tonnen Eis gebaut wurde. Die
Tische, der Kamin und die Fenster
bestehen vollständig aus Eis, und
sogar die Tulpen stehen in Eis-
blöcken. Im Preis enthalten ist ein
Bier oder ein Wodka-Cocktail sowie
ein 20-minütiger 3D-Film.

✚ 205 E3 ✉ Amstel 194–196
☎ 020 320 57 00; www.xtracold.com
🕐 So–Do 12.30–1, Fr, Sa 12.30–2.40 Uhr

RESTAURANTS

Amstel Intercontinental €€€

Eines der nobelsten Hotels von
Amsterdam liegt ein wenig zu weit
vom Zentrum entfernt, um eine
günstige Ausgangsbasis für die Erkundung der Stadt zu sein, aber es
ist hervorragend geeignet, um es
sich für ein paar Stunden wohl sein
zu lassen. Wählen Sie zwischen
einem reichhaltigen High Tea mit
köstlichen Sandwiches und Kuchen in der Lounge, einer Mahlzeit
in der weniger einladenden **Amstel
Bar & Brasserie** im Bibliotheksstil
oder einem Tisch im **La Rive**
(Jackett erforderlich). Dieses
Restaurant hat die Atmosphäre
eines großen Landhotels.

✚ 206 bei B1 ✉ Prof Tulpplein 1
☎ 020 622 60 60; www.amsterdam.inter
continental.com 🕐 High Tea tgl. 13–15,
16–18 Uhr; Amstel Brasserie tgl. 12–24 Uhr;
La Rive Tel.: 020 520 32 64; Mo–Sa 18.30–22,
So 17–21 Uhr

Artist Libanees Restaurant €/€€

Dieses libanesische Restaurant
wird geleitet von Simon, einem

ehemaligen Kabarettkünstler, und seinem Sohn Ralph. Angeboten werden authentische libanesische Gerichte zu einem angemessenen Preis. Wenn man zu fünft kommt, kann man die *mezes* (warme und kalte Vorspeisen) probieren, kleinere Gruppen müssen diese *à la carte* bestellen. Man hat die Wahl zwischen verschiedenen Variationen von Aubergine, Lammfleisch und sogar Okra. Unbedingt probieren sollte man das *baba ghanouj*, Auberginenpüree mit Knoblauch und warmer *pitta* als Vorspeise.

➕ 205 E1 ✉ Tweede Jan Steenstraat 1
☎ 020 671 42 64; www.libanees-artist.nl
🕓 tgl. 12–1 Uhr

Bazar €/€€

Restaurant in nahöstlichem Stil in einer großen ehemaligen Kirche, direkt am Albert Cuypmarkt gelegen. Das Essen umfasst Klassiker wie Falafel, Humus und Kebabs, aber das eigentliche Highlight ist das fröhliche bunte Design. Suchen Sie sich wenn möglich einen Platz auf der Galerie.

➕ 205 D1 ✉ Albert Cuypstraat 182
☎ 020 675 05 44; www.bazaramsterdam.nl
🕓 Mo–Do 11–24, Fr 11–1, Sa 9–1, So 9–24 Uhr

Ciel Bleu €€€

Reservieren Sie in diesem französischen Restaurant mit zwei Michelin-Sternen so früh wie möglich. Im 23. Stock des Okur-Hotels genießen die Gäste am Panoramablick über die Stadt oder reservieren den »Chef's Table« neben der Küche für ein direkt vor ihren Augen zubereitetes Acht-Gänge-Menü.

➕ 205 südl. von D1
✉ Ferdinand Bolstraat 333
☎ 020 678 74 50; www.cielbleu.nl
🕓 tgl. 18.30–22.30 Uhr

Cous Cous Club €

Im Cous Cous Club gibt es nur das namensgebende Gericht in drei Varianten: vegetarisch, nach Art des Hauses oder »royal« mit Merguez-Würstchen. Dazu ein Glas vom tunesischen Hauswein: Fertig ist der gesellige, kostengünstige Abend.

➕ 205 südl. von D1 ✉ Ceintuurbaan 346
☎ 020 673 35 39, www.couscousclub.nl
🕓 Di–So 17–23 Uhr

Dynasty €€/€€€

Dieses verführerische, hochpreisige Restaurant mit chinesischer Küche liegt im Erdgeschoss eines alten Giebelhauses an einer Straße, die für ihre Schwulenbars bekannt ist. Man isst bei Kerzenlicht, und die Decke ist ganz mit aufgespannten Schirmen bedeckt. Wenn das Wetter es erlaubt, sitzt man in dem schönen Garten hinterm Haus.

➕ 205 D3 ✉ Reguliersdwarsstraat 30
☎ 020 626 84 00 🕓 Mi–Mo 17.30–23 Uhr

Fifteen Amsterdam €€

In dieser holländischen Version des britischen Fifteen-Restaurants von Starkoch Jamie Oliver werden die meisten Gerichte von den Kochlehrlingen zubereitet. Genießen Sie italienische Küche mit frischen, saisonalen Zutaten in einem Lagerhaus mit Metallwänden und Graffiti-Kunst. Oder Sie kommen nur auf einen Drink vorbei.

➕ 207 E5 ✉ Jollemanhof 9, Eastern Docklands ☎ 020 509 50 15; www.fifteen.nl
🕓 Mo–Sa 12–15, 17.30–22 Uhr

Tempo Doeloe €€

Viele Amsterdamer würden dieses schicke, informelle Lokal empfehlen, wenn sie um einen Tipp für ein indonesisches Restaurant gebeten werden. Einziger Nachteil ist seine Beliebtheit; es ist immer voll, und der Service kann sich hinziehen. Klingeln Sie, um eingelassen zu werden. Die Küche ist authentisch, die *rijsttafels* (►46) sind großzügig und variantenreich.

➕ 205 E2 ✉ Utrechtsestraat 75
☎ 020 625 67 18; www.tempodoeloe restaurant.nl
🕓 tgl. 18–23.30 Uhr

Warung Marlon €

De Pijp ist die Gegend für boden-
ständige ethnische Kost, und an
der 1e Van der Helststraat geht es
nirgends weniger protzig zu als in
diesem spartanischen, aber lebhaften kleinen surinamesischen
Lokal. Obwohl Surinam in Südamerika liegt, stehen zahlreiche
asiatische Speisen auf der Karte,
da viele Surinamer asiatische Wurzeln haben. Mittags reicht oft
schon eine der großen Suppen als
vollständige Mahlzeit.

✚ 205 D1
✉ 1e Van der Helststraat 55
☎ 020 671 15 26
🕐 Mi–Mo 11–20 Uhr

Yamazato €€€

Dieses Restaurant im Okura Hotel
ist das einzige traditionelle japanische Restaurant in Europa mit
einem Michelin-Stern. Das Yamazato bietet eine einzigartige authentische Atmosphäre mit Blick auf
den friedlichen japanischen Garten
und den Karpfenteich sowie Sake-
Bar und lächelnde Kellnerinnen in
Kimono. Die Lunchbox ist empfehlenswert, wenn man verschiedene
Gerichte probieren möchte. Zum
Abschluss gibt es Grüner-Tee-Eis-
creme. Auch eine Sushi-Karte wird
angeboten. Unbedingt rechtzeitig
reservieren!

✚ 205 südl. von D1
✉ Ferdinand Bolstraat 333
☎ 020 678 83 51; www.yamazato.nl
🕐 12–14, 18–21.30 Uhr

Lion Noir €€

Angesagtes Bistro, das neben Klas-
sikern wie Black-Angus-Steak, See-
barsch oder Hummer auch sehr
gute Cocktails serviert. Man sitzt
auf Ledersofas, umgeben von aus-
gestopften Vögeln und mysteriösen
Kunstwerken. Hinter dem Restaurant versteckt sich einer der
schönsten Grachtengärten der
Stadt, den man vor allem beim Mittagessen ausgiebig bewundern
kann.

✚ 205 D3
✉ Reguliersdwarsstraat 28
☎ 020 627 66 03; www.lionnoir.nl
🕐 Lunch: Mo–Fr 12–14.30, Dinner: tgl. 18–22
Bar: Mo–Do und So bis 1, Fr, Sa bis 3 Uhr

Wohin zum ...
Einkaufen?

Die wichtigsten Einkaufs-Highlights
in diesem Teil der Stadt sind die
Kunst- und Antiquitätengeschäfte
im Spiegelkwartier, der touristische,
aber farbenfrohe Blumenmarkt und
der Albert Cuyp Markt, der etwas
vom Duft eines Straßenmarkts im
Londoner East End hat.

SPIEGELKWARTIER

Die 80 Läden in Amsterdams erst-
rangigem Kunst- und Antiquitäten-
bezirk handeln mit allem: von Alten
Meistern bis zu Antiquitäten und
von russischen Ikonen bis zu
chinesischen Drucken. Im Herzen
des Bezirks liegt die Nieuwe
Spiegelstraat, mit ihren alten
Giebelhäusern und den üppigen
Schaufensterauslagen vielleicht die
hübscheste Querstraße im Grachtenring und hervorragend geeignet,
um sich unverbindlich umzusehen.
Beginnen Sie an der Ecke Herengracht. Bevor Sie in die Welt der
Antiquitäten abtauchen, erwartet
Sie bei Nr. 2 der Designladen **Spiegel** (Tel. 020 363 97 95; www.
spiegelamsterdam.nl). Er bietet
nette und zum Teil auch recht kuriose Mitbringsel, die allesamt in den
Niederlanden entworfen wurden,
darunter Textilien, Glas, Keramik,
ausgefallenen Schmuck und witzige Kerzen.
Bei **Umbria** (Nr. 20; Tel. 020
420 41 08; www.umbriaantiques.
com) handelt mit antiken Keramik-
urnen, modernen Skulpturen und

alten Fotografien, während der Juwelier **Schilling** (Nr. 23) alles von Ohrringen bis hin zu Spiegeln hat. Sie finden klassisches Delfter Porzellan aus dem 17. und 18. Jh. bei **Aronson Antiquairs** (Nr. 39; Tel. 020 623 31 03; www.aronson.nl) und **Eduard Kramer** (Nr. 64; Tel. 020 623 08 32; www.antiquetile shop.nl) hat eine breite Auswahl an alten Delfter Kacheln – die meisten aus Grachtenhäusern – sowie an Schmuck und Juwelen.

Wenn es etwas Besonderes sein soll: **Meulendijks & Schuil** (an der Ecke zur Kerkstraat; www.staets huysantiques.com) bietet Modellflugzeuge, Teleskope und Globen an.

Die Nieuwe Spiegelstraat geht über in die Spiegelgracht, wo es viele Galerien für moderne Kunst und ein ausgezeichnetes Spielwarengeschäft, ★ **Tinker Bell** (www.tinkerbelltoys.nl) in Nr. 10, gibt.

Faszinierende Läden findet man auch etwas abseits von Spiegelgracht und Nieuwe Spiegelstraat an den Straßen, die auf die Grachten zu oder parallel dazu verlaufen. **Ria Jong** (Prinsengracht 574; Tel. 020 625 23 55) hat eine interessante Auswahl an Antiquitäten, **Anton Heyboer** (Prinsengracht 578; www. antonheyboerwinkel.nl) handelt mit antikem Spielzeug, z. B. Rollern, Puppen und Schaukelpferden, während sich **Thom & Lenny Nelis** (Keizersgracht 541; www.nelis antiques.com) alten Apotheken-utensilien verschrieben hat.

Bei einem Umweg über die Kerkstraat stößt man auf **Conscious Dreams Dreamlounge** (Nr. 113; www.consciousdreams.nl), den ersten etlicher »smart shops« (► 49).

Die Läden an dem Teil des Singel, der an den Blumenmarkt grenzt, verkaufen witzige Souvenirs, wie singende Weihnachtsmänner oder Krawatten mit Kühen und Wind-

mühlen. **Marañon** (Singel 488–490; www.maranon.nl) hat eine farbenfrohe Kollektion von Hängematten.

Utrechtsestraat mit ihren altmodischen Feinkostläden, den Blumen- und Heringständen an den Brücken ist eine der schickeren Amsterdamer Einkaufsstraßen. Einen Blick wert ist **Concerto** (Nr. 52–60; www.concerto.nl), ein Musikgeschäft mit Secondhand-Abteilung.

An der Vijzelgracht halten Sie Ausschau nach **Holtkamp** (Nr. 15; www.patisserieholtkamp.nl), wo es handgemachte Schokoladen und wie Schwäne geformte Baisers gibt. **Peter Doeswijk** (www.peterdoeswijk. nl), zwei Häuser weiter in Nr. 11, verkauft Telefone und Toilettensitze mit einmaligen Designs.

MÄRKTE

Bloemenmarkt (Mo–Sa 9.30–17, So 12–17 Uhr): Der Blumenmarkt erstreckt sich über den Singel, doch sollte man das oft zitierte »schwimmend« nicht zu wörtlich nehmen. Früher einmal verkauften die Züchter Blumen von den Booten aus, aber heutzutage sind die Stände und Läden feststehend. Ob für Garten, Zimmer oder Balkon – hier gibt es für jeden das passende Grün. Man kann auch Blumenzwiebeln kaufen oder Holztulpen. In der Regel sind die Preise jedoch hoch.

Albert Cuyp Markt (Albert Cuypstraat, Mo–Sa 9–18 Uhr): Die Lebensader des De-Pijp-Viertels ist der größte und beste Markt der Stadt. Zwischen Ferdinand Bolstraat und Van Woustraat bietet er 350 Stände. Obst und Gemüse, Hering und Aal, Käse und Oliven, Schlüpfer und Jeans und jede Art von Nippes, werden hier angeboten. Ebenso interessant sind die multikulturellen Läden und Cafés entlang der Straße: Für vertrautere Speisen und Getränke sollte man in die **1e Van der Helststraat** gehen.

Wohin zum ...
Ausgehen?

Das Nachtleben im östlichen Grachtengürtel spielt sich am Rembrandtplein und in den umliegenden Straßen ab. Der heruntergekommene, bisweilen von Rowdys heimgesuchte Platz ist des Nachts von Neonröhren erleuchtet. Die Cafés und Restaurants sind eher zweitklassig (Empfehlungen, ▶ 161ff). Aber wenn man auf den großen Terrassen sitzt, sorgen Straßenmusikanten und vorbeifahrende Straßenbahnen für Unterhaltung. Stilvoller geht es im Grand Café L'Opéra mit seinen Kristalllüstern und Art-déco-Möbeln zu.

Richtung Westen ist die Reguliersdwarsstraat (hinter der Vijzelstraat) einer der wichtigsten Drehpunkte für Amsterdams lebhafte Schwulenszene mit entsprechenden Sex-Shops, Gay-Clubs sowie Restaurants und Cafés ähnlicher Klientel. Eines der kultiviertesten Cafés ist das **Ludwig II** (Nr. 37), obwohl es nachts immer noch ein Arbeiterclub ist.

NACHTCLUBS

Angesagtester Club am Platze ist das **AIR** in der Amstelstraat (Nr. 16, Tel. 020 362 41 50, www.air.nl). Von Donnerstag bis Sonntag legen dort internationale DJs auf. Das **Escape** (Rembrandtplein 11, Tel. 020 622 11 11, www.escape.nl) ist der größte Club der Stadt. An Samstagabenden findet hier die große Framebusters-Nacht statt: Achten Sie auf smarte Kleidung und stellen Sie sich auf Wartezeiten ein. Das etablierte **Vivelavie** (Amstelstraat 7, www.vivelavie.net) ist eine männerfreundliche Lesbenbar. Der **Club des Hotel Arena** ('s Gravensandestraat 51, Tel. 020 850 24 00,

www.hotelarena.nl/en/club, Fr–So) ist in der Kapelle eines ehemaligen Waisenhauses untergebracht, das zum Designhotel umgebaut wurde. Aufgelegt werden Hits der 80er- und 90er-Jahre; in einem separaten Raum läuft Hip-Hop.

KINO

Wenn Sie während Ihres Amsterdam-Aufenthaltes ins Kino gehen möchten, besuchen Sie das **Tuschinski Theater** (Reguliersbreestraat 26–28, www.pathe.nl). 1921 in völlig überspitztem Art-déco-Stil erbaut, würde Amsterdams Vorzeigekino gut an den Hollywood Boulevard in Los Angeles passen. Die farbenprächtige Einrichtung des Kinos ist originalgetreu restauriert worden. Werfen Sie einen Blick in die Eingangshalle, oder, besser noch, kaufen Sie sich eine Karte für die Vorstellung im Saal 1, dem riesigen Hauptauditorium. Die teuersten Tickets sind für die Doppelsitze und schließen ein Glas Champagner ein. Gelegentlich gibt es Führungen – fragen Sie im Kino nach den genauen Zeiten. Am Wochenende muss man anstehen, wenn man nicht vorbestellt hat.

THEATER UND KAMMERMUSIK

Die Amstel hinunter finden Sie das **Koninklijk Theater Carré** (Amstel 115–125; www.theatercarre.nl), das im 19. Jh als Zirkus gebaut wurde. Heutzutage werden hier Musicals im großen Maßstab sowie Opern und Balletts aufgeführt. Die Konzerthalle **Muziekgebouw aan 't IJ** (▶ 178) in der Nähe des Passagierterminals im Osthafen, ist einer der führenden Veranstaltungsorte für Livemusikevents der Stadt. Im selben Gebäude befindet sich das **Bimhuis** (Piet Heinkade 3; Tel. 020 788 21 88; www.bimhuis.nl), Amsterdams Hauptveranstaltungsort für Jazzmusik mit über 300 Konzerten jährlich.

Ausflüge

Ausflüge

Von Amsterdam aus kann man fast jeden Teil der Niederlande leicht und schnell erreichen. In nur wenigen Minuten bringt Sie die Fähre über das IJ an den Rand der Region Waterland – ein ruhiges Gebiet, das tief in Traditionen verwurzelt ist.

Gleich östlich des mittelalterlichen Stadtzentrums liegt eine andere Welt – das **Oostelijk Havengebied** (der Osthafen), der eine vollständige Umstrukturierung erfahren hat. Wenn man sich stattdessen nach Westen wendet, vertauscht man binnen 15 Minuten die Geschäftigkeit der größten Stadt der Niederlande mit dem sehr viel ruhigeren und überschaubareren **Haarlem** – und an einem heißen Sommertag kann man sich am Strand von **Zandvoort** zu den Amsterdamern gesellen.

Nach Süden hin sind es nur 30 Minuten bis zu der alten Stadt **Utrecht**. Obwohl sie ihre politische Macht schon vor langer Zeit abtreten musste, hat sie eine gewisse Majestät bewahrt. Das Stadtzentrum, das von zwei »versunkenen Grachten« durchschnitten wird, ist eines der schönsten in Europa. Auf dem Weg nach **Leiden** – von Amsterdam aus Richtung Südwesten – fährt man zur richtigen Jahreszeit durch ein Meer von Farben. Denn hier erstrecken sich die berühmten Tulpenfelder des Landes. Die Universitätsstadt Leiden ist ebenso hübsch wie historisch bedeutsam.

Noord-Holland

Noord-Holland ist der Name der Halbinsel, die sich von Amsterdam nach Norden erstreckt, im Westen wird sie begrenzt von der Nordsee, im Osten vom IJsselmeer (das durch die Eindeichung der Zuiderzee entstand).

Diese halbländliche Region ist übersät mit hübschen Dörfern und historischen Sehenswürdigkeiten. Die Landschaft sieht ganz anders aus als weiter südlich. Bei stürmischem, grauem Wetter wirken die vom Wind gepeitschten Felder wie ein Abbild der Trostlosigkeit, die Van Gogh in einigen Bildern spürbar werden lässt – an sonnigen Tagen gleichen sie seinen heitersten Landschaften. An Küste und Wasserwegen finden sich noch immer vielfältige Zeugnisse der Hochseetradition, die endete, als der Afsluitdijk die Zuiderzee von der Nordsee abtrennte. Am Wochenende ist das Gebiet ein Tummelplatz der Amsterdamer und außerdem ein Vogelparadies. Etliche der interessanten Ziele erreicht man mit dem Zug, die Lücken dazwischen werden vielfach von Bussen bedient: Linie 311 fährt von Amsterdams Centraal Station bis zur **Insel Marken**, Linie 310, 312 und 316 nach **Volendam** und Linie 314 und 316 nach **Edam**.

Allerdings kann in diesem Teil des Landes ein individuelles Transportmittel, sei es auf zwei oder auf vier Rädern, sehr nützlich sein und die Freiheit geben, eine eigene Rundfahrt zu unternehmen. Ein guter Start zu Fuß oder mit dem Fahrrad ist das Übersetzen mit der Fähre über das IJ auf der Rückseite von Amsterdams Centraal Station; von der Centraal Station fahren drei Fähren zu verschiedenen Zielen am anderen Ufer des IJ. Sie legen rund um die Uhr alle paar Minuten ab. Am nördlichen Ufer gibt es Busse und Radwege, die durch die Vorstädte von Amsterdam-Noord nach **Broek in Waterland** führen. Wer motorisiert ist, folgt den Hinweisschildern, sobald er den Tunnel unter dem IJ durchfahren hat.

Holzhäuser in Marken

Broek in Waterland, eine Ansammlung hübscher Häuschen inmitten eines Netzwerks ruhiger Wasserstraßen, bestimmt den Stil der ganzen Region. Mitten im Dorf steht eine Kirche mit sprödem Charme aus dem 17. Jahrhundert.

Marken
Richtung Nordosten gelangt man über eine Nebenstraße auf den Damm, der nach Marken führt, eine Insel im IJsselmeer. Autos und Busse

Ausflüge

müssen am Südende der Siedlung parken. Die Ruhe und die relative Isolation machen Marken mit seiner drolligen Zusammenstellung von Holzhäusern, die durch altehrwürdige Brücken miteinander verbunden sind, zum schönsten Dorf in Noord-Holland.

Eine Zeit lang befand sich hier dank der Fischer- und Walfangflotte der am meisten frequentierte Hafen der Region; heute ist der wichtigste Erwerbszweig der Tourismus, und im Hafen gibt es jede Menge Cafés und Restaurants. Von hier legen regelmäßig Fähren zum lebhaften Touristendorf Volendam ab.

Radfahrer werden sich nach einem Besuch in Marken vielleicht entschließen umzukehren und nach Hause zu fahren, während motorisierte Verkehrsteilnehmer erst einmal denselben Weg zurück müssen, um auf die Küstenstraße nach Norden zu gelangen, die von einem eindrucksvollen Deich geschützt wird.

Volendam und Edam

Die Küstenstraße führt durch Monnickendam und schlängelt sich dann am Ufer des IJsselmeers entlang nach Volendam, in dessen Hafen es von Cafés, Souvenirläden und farbig gestrichenen Booten nur so wimmelt. Die »wirkliche« Stadt liegt direkt dahinter und hat beträchtlichen Charme.

Volendam geht unmerklich in Edam über, eine Ortschaft, die wegen der nach ihr benannten Käsesorte weltweit bekannt ist. Wenn die Touristenbusse abgefahren sind, gewöhnlich gegen 16 Uhr, macht es Spaß, die ruhigen Straßen zu durchstreifen, die voller Geschichte (und Käseläden) stecken. Von hier führen der Bus 314 oder 316, eine schnelle Hauptstraße oder ein gemütlicher Fahrradweg auf direktem Weg zurück nach Amsterdam. Doch lässt sich die ländliche Rundtour auch Richtung Westen mit weiteren Sehenswürdigkeiten fortsetzen.

Boote im Hafen von Volendam

Zaanse Schans

Die Zaan ist, wie andere Flüsse in diesem Gebiet, aufgestaut worden. Im 17. und 18. Jh. war die Stadt Zaandam ein wichtiges Zentrum des Schiffbaus. Heutzutage kommen die meisten Besucher nach **Zaandam**, um Zaanse Schans zu besichtigen, eine Ansammlung von historischen Handelshäusern und Windmühlen nördlich der Stadt.

Die Mühlen, die am Ostufer der Zaan stehen, sind die letzten von etwa 600, die einst den Horizont säumten. Sechs davon stehen noch in Zaanse Schans. Am interessantesten ist die **Verfmolen De Kat** (www.verfmolendekat.com),

Das Museumsdorf Zaanse Schans

eine Farbmühle. Hier wurden Holz, Pflanzen und Wurzeln für die Tuchmacher vermahlen und Kreide für die Maler zerdrückt. Die Mühle ist weiter in Betrieb und trägt sich finanziell selbst. Heute werden hier natürliche Farben für Künstler hergestellt.

Besuch beim Zaren

Es ist ein sehr großer Schritt von der holländischen Landschaft zum Winterpalais in St. Petersburg, doch lässt sich einiges vom Ursprung der schönsten Stadt Russlands in **Zaandam** aufspüren. Zu Beginn seiner Herrschaft bereiste Peter der Große Westeuropa, um die Techniken zu erlernen, die ihn in die Lage versetzen sollten, das rückständige russische Reich zu modernisieren. Ende des 17. Jhs. kam er nach Holland, um die neuesten Marinetechnologien zu studieren, und traf mit den fähigsten Schiffbauern und Kartografen zusammen. Sein Haus in der Stadt, das **Czaar Peterhuisje**, ist heute ein Museum. Das Museum dokumentiert den Schiffbau an der Zaan und das Leben des Zaren. Für russische Besucher ist es eine Art Wallfahrtsort geworden. Während er hier wohnte, lernte der Zar auch viel über Landgewinnung, was sich beim Bau seiner neuen Hauptstadt St. Petersburg auf dem Marschland am Rand der Ostsee als unschätzbar wertvoll erwies.

Zaanse Schans

✉ Zaandam ☎ 075 616 00 00; www.zaanseschans.nl 🕓 Öffnungszeiten variieren ja nach Ort 🍴 Restaurant De Hoop Op d'Swarte Walvis (Kalverringdijk 15, Tel. 075 616 56 29; www.dewalvis.eu), Di–So 12–22 Uhr, am Wochenende sind Reservierungen erforderlich (€€€) 🚉 Koog-Zaandijk, stündl. vier Züge 🎫 Gelände frei; Zaanse Schans Card: 15 €

Czaar Peterhuisje

✉ Krimp 23, Zaandam ☎ 075 681 00 00; www.zaansmuseum.nl 🕓 Di–So 10–17 Uhr 🚉 Zaandam (vier Züge pro Stunde von Centraal Station) 🎫 3 €

Ausflüge

Haarlem und Zandvoort

An einem sonnigen Tag sind diese attraktive Stadt mit ihren hervorragenden Restaurants und der Strand von Zandvoort schöne Ausflugsziele. Beide sind von Amsterdam aus leicht zu erreichen.

Haarlem

Haarlem, nur 15 Minuten von Amsterdam entfernt, ist ein perfektes Heilmittel für all diejenigen, die sich von der Hauptstadt überrollt fühlen. Überschaubar und freundlich, findet sich hier die Atmosphäre einer »echten« holländischen Stadt, kombiniert mit viel Kultur und Geschichte.

Starten Sie Ihren Rundgang beim **Jugendstil-Bahnhof** von 1908. In der Haupthalle gibt es zwei große Wandgemälde, eines zeigt einen Bauern, das andere zwei Schmiede.

Vor dem Bahnhof geht es nach Süden in den Kruisweg, der in die Kruisstraat übergeht. Sie kommen an **Steedehuys Antiek** (Kruisstraat 11) vorbei, einem der zahlreichen Antiquitätengeschäfte in Haarlem. Das **Hofje van Oorschot** schräg gegenüber ist eine Rarität. Das Ungewöhnliche an diesem Armenstift ist seine Lage direkt an der Straße.

Weiter geht es Richtung Süden die Barteljorisstraat entlang, vorbei am **Corrie ten Boomhuis**. Die ten Booms spielten während des Zweiten Weltkriegs eine wichtige Rolle in der Widerstandsbewegung und boten Juden Unterschlupf.

Ein paar Meter weiter öffnet sich der von schönen, alten Gebäuden umstandene **Grote Markt**. Der Marktplatz wird von der **Sint Bavokerk**, auch **Grote Kerk** genannt, beherrscht. Das spätgotische Bauwerk aus dem 15. Jh.

Die Grote Kerk dominiert den einladenden Markplatz von Haarlem.

schlägt allein in den Ausmaßen jede Kirche in Amsterdam. Sehenswert ist die 1738 gebaute Barockorgel, auf der der zehnjährige Mozart spielte. Gehen Sie auf der Warmoesstraat weiter Richtung Süden. Sie mündet in die Schagchelstraat und die **Groot Heiligland**, wo einige hübsche Häuser stehen. Fast am Ende befindet sich das **Frans Hals Museum**, das Werke des Künstlers aus Haarlem und seiner Zeitgenossen aus dem 17. Jhs. zeigt.

Zandvoort

Zandvoort (www.zandvoort.nl), der Strand von Amsterdam, zieht insbesondere junge Familien an. Ursprünglich war Zandvoort ein Fischerdorf in den Dünen, die westlich von Haarlem den Nordseestrand säumen. Heute reihen sich dort Hotels und Apartmenthäuser aneinander, aber es gibt auch noch Spuren des alten Hafens.

Einige Kilometer nördlich liegt **Bloemendaal**, ein teurerer Vetter von Zandvoort, angeblich der reichste Ort in Holland.

Von Amsterdam fahren im Sommer viele Züge über Haarlem direkt in den Badeort.

Corrie ten Boomhuis
✉ Barteljorisstraat 19 ☎ 023 531 08 23; www.corrietenboom.com
🕐 April–Okt. Di–Sa 10–16 Uhr (letzte Führung um 15.30 Uhr); Nov.–März Di–Sa 11–15 Uhr (letzte Führung um 14.30 Uhr); nur geführte Besichtigung 💳 frei; um Spenden wird gebeten

Sint Bavokerk
✉ Grote Markt ☎ 023 553 20 40; www.bavo.nl 🕐 Mo–Sa 11–17 Uhr, Juli, August auch So 12–16 Uhr 💳 2,50 €, an Sonntagen im Juli/August gratis

Frans Hals zählt zu den wichtigsten Porträtmalern in den Niederlanden.

Frans Halsmuseum
✉ Groot Heiligland 62, Haarlem ☎ 023 511 57 75; www.franshalsmuseum.nl 🕐 Di–Sa 11–17, So und Feiertage 12–17 Uhr 💳 12,50 €; Museumpass und I Amsterdam Card gültig

Utrecht

Mit ihrer einzigartigen Kathedrale, der interessanten Geschichte und dem Dick Bruna Museum (Autor der beliebten Miffy-Bücher) ist diese attraktive Stadt ideal für einen Tagesausflug. Von Amsterdam aus ist sie leicht mit dem Zug zu erreichen.

Einst floss der Rhein durch diesen Teil der Niederlande, und die Römer errichteten hier einen wichtigen Flussübergang. Als der launische Fluss sein Bett in das Gebiet südlich der Stadt verlegte, war Utrecht bereits ein wichtiges politisches Zentrum und sein Bischof eine der wichtigsten Personen in den Niederlanden. Seine Zustimmung zur Gründungsurkunde für die junge Siedlung Amsterdam im Jahr 1300 wird oft als Datum der Stadtgründung genannt. Obwohl seine Macht schwand, hat die Universität in Utrecht immer wieder für frischen Wind gesorgt, und die zentrale Lage der Stadt hat viele Firmen angezogen.

Pro Stunde treffen fünf Züge aus Amsterdam ein, nach 30 Minuten Fahrt. Wenn man dem Schild »Centrum« folgt, kommt man durch das labyrinthische Einkaufszentrum zur Lange Elisabethstraat; alle Seitenstraßen, die auf der gegenüberliegenden Seite dieser Durchgangsstraße abgehen, führen zum Hauptkanal, der **Oudegracht**. Neben dem Dom finden Sie das Touristenbüro (www.utrecht.nl).

Von der Oudegracht zur Nieuwegracht
Für die **Oudegracht** und die parallel verlaufende **Nieuwegracht** wurde ein breiter Graben ausgehoben. Beide sind mit Gehwegen unter der Straßenebene flankiert, und in den Kellern entlang der Kanäle sind zahlreiche Cafés, Restaurants, Studios und Galerien entstanden. Um das **Stadhuis**, ein imposantes Gebäude mit beeindruckenden modernen Erweiterungen, wird die Oudegracht schmaler und läuft dann weiter Richtung Süden. Ein 20-minütiger Spaziergang entlang dem Ostufer Richtung Süden ist ein guter Weg, die Stadt kennenzulernen. Wenn Sie auf der Straßenebene bleiben, sehen Sie mehr.

Die Oudegracht in der Altstadt

Kurz nachdem die Straße in die Twijnstraat mündet und vom Kanal abzweigt, befinden Sie sich an der Ecke zur Nicolaasstraat.

Dort liegt links das **Centraal Museum** mit seiner kostbaren Sammlung zum Ursprung der Stadt, dem goldenen Zeitalter und moderner Kunst. Ganz in der Nähe auf der Agnietenstraat liegt das **Dick Bruna Huis**, das Wohnhaus von Dick Bruna (geb. 1927), der 1955 Miffy (Nijntje ist der niederländische Name), das heute weltbekannte Kaninchen, erfand. Ausgestellt werden 1200 seiner Arbeiten, darunter Bilderbücher und Originalskizzen. Biegen Sie dann ab auf die Lange Nieuwstraat zum

Der Turm des Doms wurde zwischen 1321 und 1482 erbaut und ist der höchste Kirchturm der Niederlande.

Catharijne Convent. Dies ist eines der am fantasievollsten gestalteten Museen des Landes, die Sammlung religiöser Kunst – u.a. Werke von Frans Hals und Rembrandt – erstreckt sich durch das alte Kloster bis in die St Catharijnekerk dahinter.

Der Dom von Utrecht

Im Norden schließt sich ein schönes ruhiges Viertel an, durch das Sie zum **Dom** gelangen – eine der seltsamsten Sehenswürdigkeiten des Landes. Der 1254 begonnene und 1517 abgeschlossene Bau wurde 1674 durch einen Sturm zerstört. Seitdem besteht er nur noch aus Chor, Querschiff und natürlich dem schönen 112 m hohen Turm (Führungen stündlich 11–16 Uhr) mit einem angenehmen Glockenspiel (zur vollen und halben Stunde). Südlich befindet sich ein antiker Felsblock mit Runen, der unter großen Schwierigkeiten im 10. Jh. von Jütland (Dänemark) hierher gebracht wurde.

Centraal Museum
✉ Nicolaaskerkhof 10 ☎ 030 236 23 62; www.centraalmuseum.nl
🕐 Di–So 11–17 Uhr 🎫 12,50 €; Museumspass gültig

Dick Bruna Huis
✉ Agnietenstraat 2 ☎ 030 236 23 53; www.nijntjemuseum.nl
🕐 Di–So 10–17 Uhr 🎫 2–12 Jahre: 7,50 €, ab 13 Jahre 2,50 €

Catharijne Convent
✉ Lange Nieuwstraat 38 ☎ 030 231 38 35; www.catharijneconvent.nl
🕐 Di–Fr 10–17, Sa, So und Feiertage 11–17 Uhr; geschl. 1. Jan., 30. April
🍴 Café (€€) 🎫 12,50 €; Museumspass gültig

Leiden und die Tulpenfelder

Die Universitätsstadt Leiden verfügt über schöne Spazierwege entlang den Grachten, attraktive Häuschen und ein erstklassiges Museum sowie die größte Pflanzenzwiebelausstellung der Welt. Zudem mangelt es nicht an Plätzen zum Essen, Trinken und Entspannen.

Wenn man am Bahnhof den Ausgang zum Stationsweg wählt, kann man sogleich mit der Stadtbesichtigung beginnen. Das **Museum Volkenkunde** in der Steenstraat 1 (Nationales Ethnologiemuseum, Di–So 10–17 Uhr; 14 €; Tel. 071 516 88 00; www.volkenkunde.nl), untergebracht in einem ehemaligen Krankenhaus aus dem 19. Jh., ist mit den Fundstücken holländischer Forschungsreisender gefüllt. Die besten Exponate stammen aus Asien, insbesondere aus Java und Japan, aber es gibt auch eine Sammlung mit peruanischer Keramik.

Folgt man dem Kanal hinter dem Museum, kommt man zum reich verzierten **Morspoort**, einem der ursprünglichen Stadttore. Es öffnet sich hin zu einer von Restaurants gesäumten Straße, die ihrerseits zu einer der meistfotografierten Stellen der Stadt führt, der klobigen Brücke, die den Kanal **Oude Vest** überspannt. Gleich rechts führt eine weitere Brücke über den Rhein – oder zumindest über das Bett, das der Fluss sich vor langer Zeit gegraben hat, als er noch durch Utrecht und Leiden floss. Dieser Arm heißt heute der **Oude Rijn**, der Alte Rhein.

In der Region um Leiden stehen zahlreiche charmante Windmühlen.

Leiden in seiner ganzen Schönheit

Der Weg nach Süden entlang Rapenburg führt zum reizvollsten Teil der Stadt. Links (östlich) liegt das **Rijksmuseum vaan Oudheden** (Nationalmuseum für Archäologie, Rapenburg 28, Tel. 071 516 31 63; www.rmo.nl; Di–So 10–17 Uhr, 9,50 €).

Nahe dem **Botanischen Garten** (Rapenburg 73; Tel. 071 527 72 49, www.hortusleiden.nl; April–Okt. tgl. 10–18, Nov.–März Di–So 10–16 Uhr; 7,50 €) beherrscht die wuchtige **Pieterskerk** das Viertel. In ihrem Innern ist, in der Nähe des Nordeingangs, eine mumifizierte Leiche von ca. 1700 zu besichtigen, die unter der Kanzel entdeckt wurde. Ein Alkoven in der Südostecke ist der Geschichte der englischen Pilgerväter gewidmet, die elf Jahre lang in Leiden lebten, bevor sie nach Amerika aufbrachen.

Gleich westlich der Kirche liegt der **Pieterskerk Choorsteeg** mit vielen Gelegenheiten zur Einkehr. An der Ecke **William Browster Steeg** erinnert eine Gedenktafel an die Pilgerväter.

Läuft man noch etwas weiter stößt man auf das **Stadhuis** (Rathaus) mit einem reich geschmückten Treppenaufgang. Dahinter hat man von einem künstlichen Erdwall aus einen guten Blick über die Stadt. Wenn man nach Südwesten sieht, entdeckt man das Windmühlenmuseum **Molenmuseum De Valk** (2e Binnenvestgracht 1; Tel. 071 516 53 53; www.molenmuseumdevalk.nl, Di–Sa 10–17, So 13–17 Uhr; 4 €).

Tulpen auf dem Keukenhof

In jedem Frühjahr stehen die Felder zwischen Leiden und der kleinen Stadt Heemstede für einige Monate in voller Farbenpracht. Hier liegt das Zentrum des Tulpenanbaus in Holland, und in seinem Herzen liegt, in der Nähe des Dorfes Lisse, der **Keukenhof**, zu Deutsch »Küchengarten«. Der Platz diente als Handelsgärtnerei. Heute ist es die größte Blumenausstellung der Welt.

Keukenhof

Im Keukenhof blühen auf 32 Hektar Tulpen, Narzissen und Hyazinthen

✉ Stationsweg 166a, Lisse ☎ 025 246 55 55; www.keukenhof.nl ⏰ Frühlingsgarten: Mitte März–Mitte Mai tgl. 8–19.30 Uhr (letzter Einlass 18 Uhr) 🍴 Erfrischungen (€€) 🚌 Leiden; Schilder am Hauptausgang weisen den Weg zur angrenzenden Bushaltestelle, von hier fährt der »Keukenhof Express« direkt 🎫 15 €

Oostelijk Havengebied

Die im 19. und frühen 20. Jh. von Menschenhand geschaffenen Halbinseln und Inseln des Oostelijk Havengebied (Osthafen) wurden ab den 1950er-Jahren nicht mehr genutzt. In den 1980er-Jahren waren sie in einem desolaten Zustand, jetzt präsentieren sie sich mit Wohnungen und Geschäften in modernem Design.

Fahren Sie von der Centraal Station die Piet Heinkade entlang Richtung Osten. Sie kommen an der beeindruckenden neuen Konzerthalle der Stadt, **Muziekgebouw aan 't IJ** (► 166), vorbei, die direkt am Wasser liegt. Unter dem De Zwijger Lagerhaus hindurch geht es weiter über eine Brücke zum Java-Eiland. Hier passieren Sie die moderne Variante der historischen Kanalhäuser. Das Java-Eiland geht in das KNSM-Eiland über, wo vor allem große Apartmenthäuser stehen, die von den Niederländern auch »Superblöcke« genannt werden. Der Barcelona-Komplex an der Levantkade hat einen halbkreisförmigen Hof, der dem Inneren eines Opernhauses nachempfunden ist – mit den Balkonen der Wohnungen als Logen.

Von der Levantkade haben Sie einen perfekten Blick auf den merkwürdigen Superblock The Whale, der mit grauem Zink verkleidet asymmetrisch in die Luft ragt. Überqueren Sie die Python-Brücke am Ostende von Sporenburg. Die Bauherren auf der einen Seite der Scheepstimmermanstraat durften ihre eigenen Designs umsetzen: Zum Beispiel wurde Nr. 120 um einen Baum errichtet.

Fahren Sie weiter über die Oostelijke Handelskade zum **Lloyd Hotel** (► 45). Das Gebäude wurde 1921 als Unterkunft für osteuropäische Emigranten auf dem Weg nach Amerika erbaut.

✚ 207 E5

Muziekgebouw aan 't IJ
✚ 207 D5 ✉ Piet Heinkade 1 ☎ 020 788 20 10; www.muziekgebouw.nl

Die neue
Konzerthalle
im Osthafen

Spaziergänge

1 VON DER BROUWERSGRACHT ZUM NEMO

Spaziergang

LÄNGE: 4 km **DAUER:** 2–3 Stunden
START: Café Papeneiland (Ecke Brouwersgracht und Prinsengracht)
✚ 203 D3 **ZIEL:** Wissenschaftszentrum NEMO ✚ 207 D4

Es gibt viele Anwärter auf das Prädikat »schönste Gracht in Amsterdam«. Doch um die Faszination der Stadt zu erleben, ist der Spaziergang rund um die Herengracht kaum zu schlagen. Erkundet man zuvor noch die Brouwersgracht und hängt am Ende die Nieuwe Herengracht an, ist dies ein großartiger, ausgewogener Spaziergang. Die Route lässt sich außerdem leicht mit Spaziergang 2 (➤ 184ff) kombinieren, um das Stadtzentrum zu umrunden.

❶–❷

Starten Sie an der Südseite der **Brouwersgracht** (»Brauereikanal«, benannt nach den Brauereien, die hier im 17. und 18. Jh. angesiedelt waren) an der Kreuzung zur Prinsengracht. Gönnen Sie sich zunächst einen Kaffee im charmanten **Café Papeneiland** (➤ 107f), wenn möglich sollten Sie einen Platz im Obergeschoss nehmen. Das Café ist in einem faszinierenden Giebelhaus aus dem 17. Jh. untergebracht. Es verfügt über eine beeindruckende Bar aus Delfter Fliesen und ist eines der ältesten Braunen Cafés in Amsterdam. Genießen Sie die Aussicht auf die Prinsengracht (»Prinzenkanal«), eine der lebendigsten Wasserstraßen der Stadt. Unter ihr führt ein Tunnel entlang, durch den die Katholiken zur Messe in der Kirche gegenüber gelangten, was im 17. Jh. verboten war. Daher rührt auch der Name des Cafés »Priesterinsel«. Weiter geht es über die **Keizersgracht** bis zum Beginn der Herengracht. Überqueren Sie die Brouwersgracht, und gehen Sie Richtung

Das Bartolotti Huis

Osten zur nächsten Brücke in der Nähe von einem halben Dutzend Giebelhäusern. Dies ist die zierliche **Melkmeisjesbrug**, die nur für Fußgänger zugelassen ist (vereinzelt aber auch von Radfahrern genutzt wird). Sie bringt Sie zur **Herengracht** Nr. 1. Herengracht könnte man übersetzen mit »Ratsherrenkanal«. Hier lebten einst die wohlhabendsten Amsterdamer, in den meisten Villen sind

> **KLEINE PAUSE**
>
> Am Rembrandtplein können Sie einen kurzen Abstecher in die Utrechtsestraat machen und dort in der beliebten **Patisserie Kuyt** (▶ 162) ein paar leckere Obsttörtchen oder eine herzhafte Quiche verputzen.

Akzente. Egal, wo Sie auf der Herengracht hinblicken, es gibt fast überall etwas zu entdecken. Auch die Gebäude aus dem 20. Jh., zum Beispiel Nr. 105 bis 107, wirken wie dekorative Tafeln auf ansonsten schlichten Wänden sympathisch.

aber heute Banken oder Finanzhäuser untergebracht. Hübsche Rundbrücken und farbenfrohe Hausboote setzen interessante

2–3

Dort, wo rechts (nach Westen) die **Leliegracht** abzweigt, ergibt sich die seltene Gelegenheit, von einem trockenen Plätzchen aus und doch fast auf der Höhe des Wasserspiegels eine Gracht in ihrer ganzen Länge zu sehen. Bleiben Sie auf der Ostseite der Herengracht, und bewundern Sie das **Bartolotti Huis**, ein beson-

Spaziergänge

ders elegantes Grachtenhaus, aus der Ferne. An der Kreuzung zur Raadhuisstraat (»Rathausstraße«), die zum Königspalast – dem ehemaligen Rathaus – führt, gelangen Sie wieder ins 20. Jahrhundert. In der anderen Richtung lenkt eine elegante Häuserreihe aus dem frühen 20. Jh. den Blick auf den Turm der **Westerkerk** (► 101f).

Blick von der Nieuwe Spiegelstraat auf die Keizersgracht

🄳–🄴

An der Oude Spiegelstraat beginnt ein Viertel, das **9 Straatjes** (► 111f) genannt wird. Am Wijde Heisteeg endet dieses Gebiet; hier sollten Sie auch die Herengracht überqueren und den Weg Richtung Süden auf dem gegenüberliegenden Ufer fortsetzen.

🄴–🄵

Gleich hinter dem **Bijbels Museum,** wo sich Bibel, Kunst und Kultur treffen, (Herengracht 366–368; Tel. 020 624 24 36; www.bijbelsmuseum. nl; Di–So 11–17 Uhr; 8,50 €), liegt das **Niederländische Institut für Kriegsdokumentation**.

🄵–🄶

Dort, wo die Herengracht einen Bogen nach links macht, geht rechts die **Leidsegracht** ab. Dieser Teil des Kanals ist voller Fahrzeuge, was aber nachlässt, wenn man die Leidsestraat überquert hat und in den **Goldenen Bogen** (Gouden Bocht) kommt, den schicksten Bereich der Gracht (daher die Bezeichnung »golden«), heute haben sich dort Firmen und ausländische Konsulate angesiedelt.

🄶–🄷

Die **Vijzelstraat** markiert das Ende des Goldenen Bogens. Hier können Sie im kunstvoll gestalteten Keller des **De Bazel-Gebäudes** an der Ecke zur Herengracht eine faszinierende Ausstellung mit Dokumenten und Fotos aus dem Stadtarchiv besichtigen – folgen Sie den Hinweisschildern zur Schatzkamer. Etwas weiter liegt der **Thorbeckeplein**, gegenüber der Einmündung der Reguliersgracht. Rundfahrtboote halten hier, um ihren Passagieren Gelegenheit zu einem Blick auf die sieben Brücken zu geben (nur vom Wasser aus richtig zu sehen). An dieser Stelle kreuzt sich die Route mit der des Spaziergangs 3 (► 187ff). Auf den letzten 300 Metern der Herengracht kehrt wieder Ruhe ein. Kurz bevor Sie die Utrechtsestraat überqueren, erscheint ein farbenprächtiger Heiliger Georg auf dem gegenüberliegenden (nördlichen) Ufer auf dem Gebäude des italienischen Konsulats. Geradeaus kommt man zur Amstel, rechts liegt die **Magere Brug** (► 156f). Der Spaziergang geht weiter nach links (Norden) zur **Blauwbrug**, der 1874 errichteten Eisenkonstruktion. Manche sagen, sie sei eine Kopie des Pont Alexandre III in Paris, doch der wurde erst später erbaut. Seit Jahrhunderten hat es hier einen Übergang gegeben; von hier aus kann man das städtische Leben be-

Von der Brouwersgracht zum NEMO

trachten, wie Rembrandt es tat –
er wohnte 200 m entfernt.

7–8

Die Blaue Brücke markiert das
Ende der eigentlichen Herengracht.
Man kann den Spaziergang hier
beenden – die Trambahnen 9 und
14 fahren über die Brücke, und die
U-Bahn-Station Waterlooplein liegt
200 m nordöstlich. Ansonsten
biegen Sie gleich hinter der Blauen
Brücke rechts ab zum Ostufer der
Amstel. Überqueren Sie die erste
Brücke, und biegen Sie links ab
zur Nieuwe Herengracht. Die
Brücke, ein Nachbau der Magere
Brug, heißt **Walter Susskindbrug**,
nach einem Deutschen, der
während des Zweiten Weltkriegs
Hunderten von niederländischen
Kindern zur Flucht vor den Nazis
verhalf. Weiter geradeaus stehen
die ordentlichen Häuserreihen des
Amstelhofs, des ersten Altersheims
der Stadt und heute Sitz der
Hermitage Amsterdam (▶ 150f).
Setzen Sie den Weg am Südufer
der Nieuwe Herengracht fort, die
einen Teil des alten jüdischen Viertels durchschneidet und am Klima-
zonen-Gewächshaus des **Hortus
Botanicus** (▶ 154f) vorbeiführt.

8–9

Über die geschäftige Plantage
Middenlaan betritt man den **Wert-
heim Park**, an dessen gegenüber-
liegender Seite ein Gedenkstein an
Tausende von Niederländern jüdi-
scher Herkunft erinnert, die im
Konzentrationslager Auschwitz-
Birkenau starben. Der Boden ist
mit den Scherben von sechs zer-
brochenen Spiegeln bedeckt. Am
Ende des Parks überqueren Sie die
Gracht auf der Anne Frankstraat,
und biegen Sie auf der anderen
Seite gleich rechts in den Uferweg
ein. Von hier hat man einen guten
Blick auf das gegenüberliegende
Entrepotdok (▶ 159), einen der
alten Freihäfen. Der allerletzte Abschnitt des Kanals – nicht länger
als 200 m – heißt **Schippersgracht**.
Auf der anderen Seite der Prins
Hendrikkade ist ein Standbild des
Neptun zu bewundern. Von hier
aus überqueren Sie die Einfahrt
zum IJ-Tunnel und kommen zum
NEMO (▶ 73). Dort gehen Sie einfach immer weiter – das Gebäude
hinauf. Normalerweise ist die
Treppe zur Spitze des Gebäudes
zugänglich. Oben angekommen,
hat man einen herrlichen Blick
über die Altstadt.

Das Auschwitz-Denkmal erinnert an die niederländischen Juden, die in Auschwitz ermordet wurden.

Spaziergänge

2 AM HAFEN ENTLANG
Spaziergang

LÄNGE: 2 km **DAUER:** 1 Stunde
START: Scheepvaartmuseum ✚ 207 D3
ZIEL: Haarlemmerplein ✚ 203 D4

Amsterdams altes
Hafengebiet steckt voll
maritimer Geschichte, vom
Schifffahrtsmuseum, das die
Geschichte der Vereinigten Ost-
indischen Kompanie dokumentiert, bis hin zur ehemaligen
Zentrale ihres Gegenstücks, der
Westindischen Kompanie. Der
Spaziergang beginnt in der Nähe
von dem Punkt, wo Spaziergang 1
(▶ 180ff) endet und kann somit zu
einer Art Rundgang kombiniert werden. Alternativ kommen Sie so auch
in die Nähe des Ausgangspunkts
von Spaziergang 4 (▶ 190ff).

❶–❷
Im **Scheepvaartmuseum** (▶ 146f)
erhält man einen Eindruck davon,
wie das Oosterdok einmal ausgese-
hen haben muss. Halten Sie sich

KLEINE PAUSE
Ein Highlight unterwegs ist u. a. das
Café VOC in den alten Gemäuern des
Schreierstoren (www.schreierstoren.nl;
Mo–Do 10–22, Fr–So 10–1 Uhr).

---

auf der Nordseite über Nieuwe-
vaart und Schippersgracht, vorbei
am Standbild des Neptun. Wenn
es geöffnet ist, lohnt sich ein Besuch im **ARCAM** (▶ 159f). Bei
der nächsten Brücke

können Sie
den Blick auf
das **Wissenschafts-
zentrum NEMO** (▶ 73)
genießen. Überqueren
Sie die Straße, und schauen
Sie die **Oudeschans** hinunter –
»schans« bedeutet Festung: Hier
war eine der Verteidigungsanlagen
der Stadt. Der Turm zur Rechten,
Montelbaanstoren, diente ebenfalls
als Teil der Befestigungen.

❷–❸
Bleiben Sie auf der dem Land zugewandten Seite der Prins Hendrikkade. **Haus Nr. 131** wird mittels
einer Tafel an der Wand als Haus
von Admiral de Ruyter identifiziert,

Das Café VOC mit der St Nicolaaskerk im Hintergrund

jenes holländischen Seehelden, der mit bemerkenswertem Erfolg gegen die Engländer kämpfte. Weiter geht es zum reich geschmückten **Scheepvaarthuis** (► 72), von dem aus einst eine weltumfassende Flotte dirigiert wurde und in dem heute das luxuriöse Grand Hotel Amrâth (► 44) residiert.

8–4
Der nächste Wasserabschnitt zur Linken ist die Waalseilandsgracht; an ihrem Westufer verläuft die Straße Kromme

Waal. Hier, am Haus Nr. 9, findet man ein schönes Beispiel eines Treppengiebels. Nach links um die nächste Biegung tut sich plötzlich ein großartiges Panorama auf, vom östlichsten Türmchen der Centraal Station bis zur **St. Nicolaaskerk** mit dem **Schreierstoren** in der Mitte, wo die Frauen tränenreich Abschied von den zur See fahrenden Männern genommen haben sollen. Heute befindet sich in dem Turm das Café VOC. Eine Gedenktafel erinnert an Henry Hudson (um 1550–1611), der das Gebiet des heutigen New Yorker Hafens entdeckte.

4–5
Bleiben Sie auf der Landseite der Prins Hendrikkade (und achten Sie auf den Verkehr, besonders

Spaziergänge

auf Fahrräder). St. Nikolaus ist der Schutzpatron der Seefahrer, und die ihm gewidmete Kirche links war oft das Letzte, was die Seeleute von der Stadt sahen, wenn sie hinausfuhren. Heute versperrt die **Centraal Station** (➤ 72) die Sicht auf den Hafen, und die Kirche sagt den Zugreisenden Lebewohl. Hinter den Rundfahrtbooten, die am Damrak festgemacht sind, erhebt sich das **Park Plaza Victoria Hotel**. An seiner Nordseite, direkt gegenüber dem Bahnhof, scheinen zwei Häuser aus dem 17. Jh. in die Fassade eingepasst worden zu sein.

5–6

Wenn Sie in Richtung Bahnhof schauen, erblicken Sie nun das **Fietsenflat**, ein im Hafenbecken stehendes Fahrradparkhaus mit Platz für 2500 Fahrräder. Ein kleines Stück weiter an der Brücke über den Singel hat man einen großartigen Blick: zur Rechten die schwungvolle **Hogeschool van Amsterdam** im Stil der französischen Renaissance, in der Mitte das schiefe **Café Kobalt** und links ein Lagerhaus, gekrönt von einem

blauen **Engel Gabriel**, der auf einer Erdkugel steht. Ebenerdig ist eine Schiffsschraube, Geschenk einer Schifffahrtsgesellschaft, an einem gemauerten Sockel festgemacht.

6–7

Gehen Sie auf das Lagerhaus mit dem Gabriel auf dem Dach und einem Käsegeschäft darunter zu, und biegen Sie dann rechts in die Haarlemmerstraat ein. Vom **West Indisch Huis**, einem gut proportionierten Gebäude auf der linken Seite, wurden einst die holländischen See-Aktivitäten in der Karibik und in Südamerika kontrolliert.

7–8

Wenn die Straße einen leichten Knick macht, erscheinen in der Ferne zwei Schornsteine, im Vordergrund kann man eine eindrucksvolle Phalanx von Giebeln bewundern. Südlich der Brücke über die **Korte Prinsengracht**, dort, wo Haarlemmerstraat in Haarlemmerdijk übergeht, hat man einen schönen Blick auf die Grachten. Drei Querstraßen weiter, an der Kreuzung zur Binnen Dommersstraat, sind zwei Nebelhörner zu besichtigen, schräg gegenüber hängt ein modernes Ladenschild mit einem Malerpinsel. Der Spaziergang endet dort, wo der Haarlemmerdijk sich ausweitet. Auf der entgegengesetzten Seite des Platzes steht die Amsterdamer Ausgabe eines Triumphbogens, der **Haarlemmer Poort**. Er gibt den Blick frei auf eine Skulptur in Primärfarben. Vom Haarlemmerplein kommt man mit der Tram 3 zurück ins Zentrum. Man kann aber auch Spaziergang 1 (➤ 180ff) anhängen oder ein kleines Stück nach Osten gehen, um den Spaziergang 4 (➤ 190ff) zu beginnen, das Jordaan-Viertel (➤ 92ff) oder den Westerpark (➤ 106) zu besuchen.

Vom Westindienhaus wurde das halbe Weltreich regiert.

3 VON DER CENTRAAL STATION ZUM RIJKSMUSEUM

Spaziergang

LÄNGE: 3 km **DAUER:** 1½ Stunden langsam schlendernd
START: NH Barbizon Palace Hotel, südöstlich der Centraal Station
✚ 203 F3 **ZIEL:** Rijksmuseum ✚ 204 C2

Es macht immer Spaß, an den Kanälen im Amsterdamer Grachtengürtel spazieren zu gehen. Das gilt dagegen nicht für Wege, die quer zu den Wasserstraßen verlaufen. So ist es z. B. sehr schwierig, eine akzeptable Route von der Centraal Station zum Rijksmuseum zu finden. Unsere Strecke ist der schönste Weg zwischen zwei Knotenpunkten der Stadt mit hübschen historischen Sehenswürdigkeiten und schönen Plätzen.

KLEINE PAUSE

Empfehlenswert sind **Bird** (Zeedijk 77, ► 77), **In de Waag** (► 75) am Nieuwmarkt oder, wenn es etwas Hochprozentiges sein darf, **Wynand Fockink** (► 76), Pijlsteeg 31.

❶–❷

Start ist südöstlich der Centraal Station, dort, wo der Zeedijk von der Prins Hendrikkade abzweigt. Der Name **Zeedijk** entsprach ursprünglich den Tatsachen· Der Seedeich stellte einen wichtigen Schutz dar, als die Zuiderzee noch offenes Meer war und Amsterdam direkt mit der Nordsee verband. Die **St. Olofkapel** (1440–1450) ist die älteste Kapelle der Stadt. Einen schönen Blick hat man dort, wo der Zeedijk den Kanal überquert: Links sieht man auf den schmalen Finger des **Oudezijds Kolk**, rechts liegt der breitere **Oudezijds Voorburgwal**.

❷–❸

Der Zeedijk galt einst als schäbig, bisweilen sogar als gefährlich, wird aber jetzt von Überwachungskameras kontrolliert und beginnt, sein altes Ansehen zurückzugewinnen: Zwischen den grell beleuchteten Snackbars gibt es ausgezeichnete Restaurants. Dennoch ist kaum zu übersehen, dass hier

die Ostgrenze des **Rotlichtbezirks** (► 56ff) verläuft. Der nördliche Teil gehört außerdem zu Amsterdams bescheidene **Chinatown**, in der die Beschilderung oft auch auf chinesisch ist. Beides lässt man hinter sich, wenn der Zeedijk sich zum Nieuwmarkt erweitert, der von der großen **Waag** (► 75) dominiert wird. Auf der Südseite des Marktplatzes steht die Skulptur eines Mannes, der einer Frau einen unerwünschten Kuss aufdrückt.

❸–❹

Weiter geht es auf der rechten (westlichen) Seite des **Kloveniersburgwal**. Auf der gegenüberliegenden Seite kann man das **Trippenhuis** sehen; dort war ursprünglich jene Sammlung untergebracht, die jetzt im Rijksmuseum hängt. Das **Oost-Indisch Huis** um die Ecke an der Oude Hoogstraat, einst Sitz der Ostindien-Kompanie, ist heute Teil der Universität von Amsterdam; an Wochentagen kann man den schönen Innenhof bewundern.

❹–❺

Weiter Richtung Süden kommt man in eine Gegend mit vielen Übernachtungsmöglichkeiten: Auf

Spaziergänge

der anderen, der östlichen Seite der Gracht liegt eine der **Jugendherbergen** von Amsterdam. Kurz bevor der Kloveniersburgwal endet, kommt man am Balmoral »Scottish Pub« vorbei. Wenn es Sie nicht allzu sehr nach einem Malt Whisky aus dem vielfältigen Angebot dort verlangt, setzen Sie den Weg nach links über die Brücke fort. Es handelt sich dabei um die erste Hebebrücke, die in der Stadt gebaut wurde.

5–6

Wenn man dem Kloveniersburgwal nach Süden folgt, erweitert sich der Kanal zur Binnenamstel. Über die Halvemaansbrug kommen Sie auf die andere Seite in den Halvemaansteeg, eine kleine Fußgängerzone. Entlang der viel befahrenen Straßenbahnschienen geht es zum **Rembrandtplein**. Dieser Platz dient heutzutage vor allem dazu, Touristen mit Essen und Bier zu versorgen. Rembrandt blickt, umrahmt von Bronzestatuen der Nachtwache-Akteure, von einer Säule in der Mitte herab.

Rembrandt thront über dem nach ihm benannten Platz.

6–7

Etwas weiter südlich treffen Sie auf einen weiteren Platz, den **Thorbeckeplein**, benannt nach dem Staatsmann Johan Rudolph Thorbecke, dessen Standbild mit Blick auf die Herengracht auf der Südseite steht. In der Mitte des Platzes befindet sich ein Konzertpavillon.

Schaut man genau nach Süden die Reguliersgracht hinunter, die hier beginnt, entdeckt man die erste der **sieben Brücken**, die man an dieser Stelle vom Wasser aus sehen kann. Bleiben Sie auf dem linken (Ost-)Ufer und halten Sie Ausschau nach den schönen Holzschnitzereien am Erkerfenster von Reguliersgracht 57. Bald sind Sie an der Kerkstraat, die nach der wunderschönen **Amstelkerk** aus dem 17. Jh. benannt ist. Heute beherbergt sie das Restaurant Nel (Tel. 020 626 11 99, www.nelamstelveld.nl).

7–8

Überqueren Sie Brücke fünf, und setzen Sie den Weg auf der Südseite der **Prinsengracht**, dem äußersten der drei konzentrischen Bogen, nach Westen fort. Halten Sie gleich zu Beginn Ausschau nach dem Storch, der über der Tür des hübschen Eckhauses wie aufgepflanzt steht.

Von der Centraal Station zum Rijksmuseum

hinunter durch die Kunst- und Antiquitätengeschäfte. Um den Spaziergang fortzusetzen, gehen Sie aber nach links (Süden) über die Prinsengracht zu einer der schönsten Kreuzungen der Stadt.

8–9
Blickt man die **Spiegelgracht** hinunter, erheben sich am Ende die Zwillingstürme des Rijksmuseums. Verweilen Sie auf der Brücke über die Lijnbaansgracht, und genießen Sie den Blick. Nachdem Sie Weteringschans und Singelgracht hinter sich gebracht haben, nähern Sie sich dem **Rijksmuseum** (► 120ff) so wie der Architekt es beabsichtigte, mit Blick auf die attraktive Fassade. Wenn Sie zum **Van Gogh Museum** (► 124ff) oder zum **Stedelijk Museum** (► 128f) wollen, gehen Sie geradeaus unter einem der vier Bögen hindurch. Auf dem gleichen Weg gelangen Sie auch zum Eingang des Rijksmuseum, der sich im Tunnel befindet.

Hier sind auch einige Hausboote festgemacht, aber die Hauptattraktion sind die Häuser und ihre kunstvollen Giebel. Überqueren Sie die belebte **Vijzelstraat**. Wenn Sie ein oder zwei Stunden Zeit haben, stöbern Sie rechts die Straße

Der Eingang des Stedelijk Museums

4 DIE WESTLICHEN INSELN
Spaziergang

LÄNGE: 2 km
DAUER: 1 Stunde
START/ZIEL: Südende der Grote Bickersstraat ✚ 203 E4

Auf diesem kurzen Spaziergang ist man nie weiter als 1,5 km von der Centraal Station entfernt, doch er führt durch einen Teil von Amsterdam, der sich sehr stark vom Rest der Stadt unterscheidet, nämlich über eine Reihe kleiner Inseln, die etwas von der Atmosphäre der holländischen Provinz an sich haben.

❶–❷

Von der Centraal Station Richtung Westen markieren die Eisenbahngleise jene Linie, an der früher das Nordufer des IJ verlief – bis im 17. Jh. tüchtige Kaufleute mehrere Inseln in dem seichten Fluss anlegten. Der Spaziergang beginnt auf der Nordseite der Schienen, dort, wo am **Hendrik Jonkerplein** die Grote Bickersstraat auf die belebten Haarlemmer Houttuinen

trifft. Eine gute Orientierungshilfe ist das **Blaauw Hooft Café** (Nr.1; www.blaauwhooft.nl). Von hier aus geht es nach rechts (Osten) ein kurzes Stück die **Blokmakerstraat** entlang. Sie ist nach den Handwerkern benannt, die die Rollen herstellten, die u. a. die Handelsflotte in Bewegung hielten. Heute sind die Westelijke Eilanden eine Wohngegend mit modernen Apartmentblöcken und charmanten alten Lagerhäusern.

❷–❸

Biegen Sie links (nach Norden) in den Hollandse Tuin ein, der von Häusern aus den 70er-Jahren gesäumt wird, und bewundern Sie die Segelkähne und Hausboote, die an der gegenüberliegenden Seite des **Westerdoks** liegen; zur Linken passieren Sie die Zeilmakerstraat. Halten Sie sich weiterhin links, und gehen Sie die Touwslagerstraat hinunter; biegen Sie in die erste Straße rechts, die Grote Bickersstraat, ein. Bald erreichen Sie eine **Hebebrücke**.

❸–❹

Über die Brücke kommt man in die malerische Wohnstraße **Zandhoek**. Viele Häuser sind hier mit reich verzierten Giebelsteinen geschmückt: Nr. 3, De Eendracht, wird vom Bildnis eines wütenden Löwen bewacht, Nr. 4 zeigt Noahs

Die Inseln im Westen von Amsterdam sind ein interessanter Mix aus Tradition und Moderne.

Die westlichen Inseln

Arche, Nr. 6 ein weißes Pferd. Gleich dahinter befindet sich **De Gouden Reael** (Nr. 14; Tel. 020 623 38 83; www.goudenreael.nl; tgl. 16–24 Uhr, Abendessen ab 18 Uhr), ein Café-Restaurant mit großen Panoramafenstern, das auf französische Regionalküche spezialisiert und nach einer spanischen Münze, dem »goldenen Real«, benannt ist. Über die Brücke, die über der Zoutkeetsgracht liegt, gelangt man auf eine Insel, die **Willem Barentsz** gewidmet ist. Der holländische Seefahrer suchte im 16. Jh. die Nordostpassage zwischen Europa und Asien.

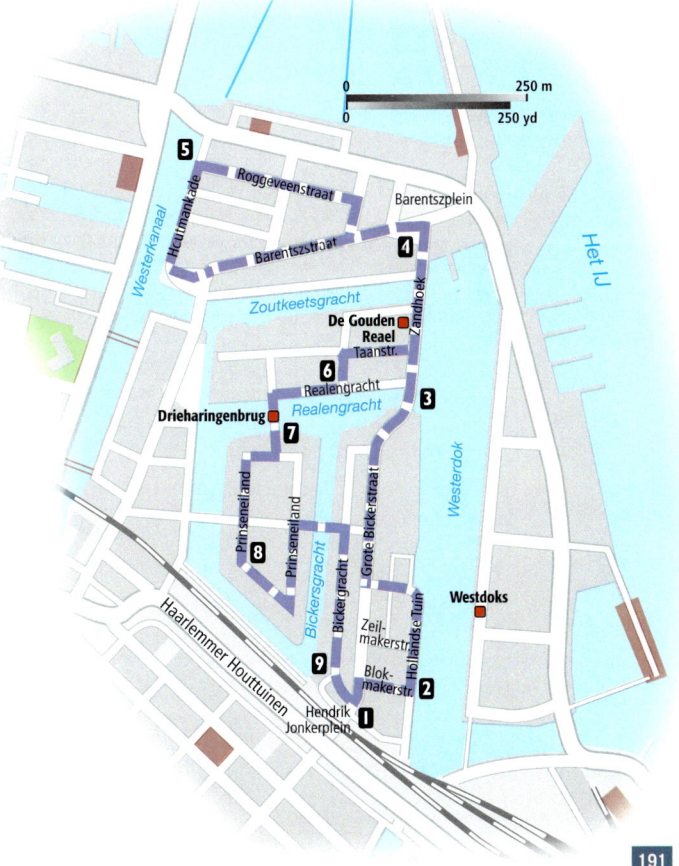

Spaziergänge

4–5

Am Barentszplein geht es links in die **Barentszstraat**, vorbei an einem Coffee Shop, der nach dem Entdecker benannt ist. Die Barentszstraat endet am **Westerkanaal**, einer wichtigen Verbindung zum Meer. Biegen Sie rechts in die Houtmankade ab, und setzen Sie den Weg fort bis zur vorletzten Querstraße auf der rechten Seite. Gehen Sie weiter und biegen Sie rechts in die Roggeveenstraat ab.

5–6

Die **Roggeveenstraat** ist eine Fußgängerstraße mit einem imponierenden Schulgebäude auf der linken und hübschen Häusern aus dem 19. Jh. auf der rechten Seite. Am Ende sind Sie wieder am Barentszplein, wenden sich nach Süden und kehren über die Brücke zurück zum Realeneiland. Biegen Sie rechts in die Taandwarsstraat ein und gehen Sie links vorbei an modernen Wohnhäusern – am anderen Ende stehen zwei große umgebaute Lagerhäuser.

6–7

Rechts ab führt die **Realengracht** (der Name des Kanals und der Uferstraße) bis zur **Drieharingenbrug**, einer von Amsterdams schönsten – und jüngsten – Brücken. Der anmutige Bau entstand 1983 als Ersatz für eine

Realengracht ist ein ruhiger, wohlhabender und freundlicher Bezirk, in dem Hausboote den Kanal flankieren.

Brücke aus dem 18. Jh., und er ist gerade so breit, dass zwei Fahrräder aneinander vorbeikommen. Die »drei Heringe«, auf die der Name anspielt, sind über einer Tür auf der Nordseite der Brücke eingemeißelt.

7–8

Auf der Südseite der Brücke sind Sie auf dem **Prinseneiland** – der kleinsten der westlichen Inseln. Halten Sie sich rechts vorbei an einem besonders schönen Haus aus dem Jahr 1629, und folgen Sie entgegen dem Uhrzeigersinn der Straße, die die Insel einmal umrundet. An der Häuserreihe auf der Westseite sind die Fensterläden mit Namen wie D'Korenbeurs en D'Schelvis bemalt. An der Straßenbiegung halten Sie Ausschau nach den Nr. 24A und 24B, zwei der früheren Ateliers des Künstlers George Breitner (1857–1923).

8–9

Die Straße Prinseneiland führt vorbei an einer interessanten Mischung von neuen und alten Wohngebäuden bis zur Brücke über die Bickersgracht. Diese überqueren Sie und biegen dann rechts in die Straße gleichen Namens. An der Gracht kann man die Rampen erkennen, auf denen früher die Schiffe zu Wasser gelassen wurden. Von hier ist es nur noch ein kurzes Stück nach Süden bis zur Bahnstrecke, an der die Idylle abrupt endet, und bis zum **Hendrik Jonkerplein**, dem Start- und Zielpunkt dieses Spaziergangs.

Praktisches

Praktisches

WICHTIGE PAPIERE

● Erforderlich
○ Empfohlen
▲ Nicht erforderlich

	Deutschland	Österreich	Schweiz
Pass/Personalausweis	●	●	●
Visum	▲	▲	▲
Weiter- und Rückflugticket	▲	▲	▲
Impfungen	▲	▲	▲
Krankenversicherung (► 198, Gesundheit)	●	●	●
Reiseversicherung	○	○	○
Führerschein (national/international)	●	●	●
Kfz-Haftpflichtversicherung	●	●	●
Fahrzeugschein	●	●	●

REISEZEIT

Hauptsaison   Nebensaison

JAN	FEB	MÄRZ	APRIL	MAI	JUNI	JULI	AUG	SEPT	OKT	NOV	DEZ
5°C	6°C	10°C	14°C	18°C	21°C	23°C	23°C	20°C	16°C	10°C	6°C

☀ sonnig   ⛅ wechselhaft   ☁ bedeckt   🌧 regnerisch

Die Angaben beziehen sich auf die **durchschnittliche Tageshöchsttemperatur** jedes
Monats. Als »feucht und mild« lässt sich das Klima in Amsterdam beschreiben.
Der ideale Monat für einen Besuch ist der **Mai**, wenn sowohl Regen als auch Menschen-
massen geringer ausfallen als im **Juni**, **Juli** und **August**. Der **September** ist ebenfalls eine
gute Reisezeit, auch wenn es mehr regnet. Von Oktober bis März ist das Wetter oft
scheußlich – kalt bei Nieselregen –, die Grachten frieren aber nur selten zu.
Starke Winde verstärken im **Winter** das Kälteempfinden, und Nebel kann tagelang die
Sonne verhüllen. Im Dezember wimmelt es in Amsterdam von auswärtigen Gästen;
viele Besucher reisen wegen der Weihnachtseinkäufe an.

INFORMATION VORAB

Internet

■ www.iamsterdam.com
Deutschsprachige Website
mit umfassenden Infos

■ www.visitamsterdam.nl
Die Webseite ist ein
guter Ausgangspunkt für

weitere Erkundungen
(deutschsprachig).

ANREISE

Mit dem Flugzeug: Der **Flughafen Schiphol** hat ausgezeichnete Flugverbindungen in alle Welt; der viertgrößte Airport Europas fungiert als Drehscheibe, sodass es zahlreiche Direktflüge dorthin gibt. Die wichtigste Fluglinie ist die heimische Airline **KLM** (Tel. 020 474 77 47; www.klm.com). Sonstige wichtige Fluglinien, die Direktflüge nach Amsterdam anbieten, sind **Lufthansa** und **Swiss** (beide Tel. 0900 202 02 32). Günstige Flüge gibt es auch bei **transavia.com** (Tel. 0900 07 37; www.transavia.com) oder bei **easyjet** (0905 821 09 05; www.easyjet.com). Angegeben sind die Amsterdamer Telefonnummern. Wer von hier aus weiter über den »großen Teich« will, kann täglich mit günstigen **Nonstop-Flügen** aufbrechen.

Ausgewählte Flugzeiten bis Amsterdam (Direktflüge): Frankfurt (1 Stunde), München (1 ½ Stunden), Hamburg (1 Stunde), Berlin (1 ¼ Stunden), Zürich (1 ½ Stunden) und Wien (2 Stunden).

Mit dem Zug: Von der **Centraal Station** gibt es Verbindungen mit allen größeren Städten West- und Mitteleuropas, darunter **ICE-Verbindungen** von Köln, Frankfurt und München.

Mit dem Auto: Amsterdam ist im Wesentlichen über drei Strecken erreichbar: für **Berliner** aus Richtung Osnabrück über die **A 1 (E 30)**; aus dem **Ruhrgebiet** über die **A 12 (E 35)** – eine Strecke, die auch für Reisende aus **Zürich**, **München** und **Wien** die günstigste ist. Aus Norddeutschland (**Hamburg**) am besten über Oldenburg, Leer (Ostfriesland) und dann auf der **A 7 (E 22)** bis Groningen; von dort gibt es mehrere Verbindungen. Es gibt drei Geschwindigkeitsbegrenzungen: **120/130 km/h** gelten auf Autobahnen, **80 km/h** auf Landstraßen und **50 km/h** innerorts. Für Mitglieder ausländischer Klubs wie des **ADAC**, **ÖAMTC** sowie des **SAC** unterhält der niederländische Automobilclub **ANWB** einen kostenlosen Pannenhilfsdienst.

ZEIT

 In den Niederlanden gilt die Mitteleuropäische Zeit. Die Uhren werden Ende März auf Sommerzeit und Ende Oktober auf Winterzeit umgestellt.

GELD

Währung: Die Niederlande gehören zur Euro-Zone.
Für die Schweiz gilt: 1 € = ca. 1,09 CHF bzw. 1 CHF = ca. 0,92 €.
Geldautomaten finden Sie überall in der Stadt.
Kreditkarten werden in den meisten Hotels, Restaurants und Geschäften akzeptiert.
Sperrnummern: Unter Tel. 11 61 16 (aus dem Ausland mit der Vorwahl 0049) kann man für **Deutschland** elektronische Berechtigungen wie Bank- und Kreditkarten, Handykarten und die Identitätsfunktion des neuen Personalausweises bei Verlust sperren lassen. Für **Österreich** gilt die Telefonnummer: 0043 1 204 88 00.
Die wichtigsten Notfallnummern in der **Schweiz** sind: 0041 44 6 59 69 00 (Swisscard), 0041 8 48 88 86 01 (UBS Card Center), 0041 58 9 58 83 83 (VISECA), 0041 44 8 28 32 81 (Postfinance)

Tourismuszentrale
■ Niederländisches Büro
für Tourismus und
Convention (NBTC)

Hohenstaufenring 30–32
50674 Köln
www.holland.com

Das Büro ist zuständig für
Deutschland, Schweiz und
Österreich.

Praktisches

FEIERTAGE

1. Jan.	Neujahr
März/April	Karfreitag, Ostermontag
27. April	Königstag
5. Mai	Befreiungstag
40 Tage nach Ostern	Himmelfahrt
50 Tage nach Ostern	Pfingstmontag
25./26. Dez.	Weihnachten

An den Feiertagen bleiben die meisten Geschäfte den ganzen Tag geschlossen, touristische Einrichtungen sind aber in der Regel geöffnet. Am Nikolaustag (5.12.) schließen die Geschäfte früher.

ELEKTRIZITÄT

 Die Stecker entsprechen den in Deutschland, Österreich sowie der Schweiz üblichen. Die Spannung beträgt wie dort 220 Volt.

ÖFFNUNGSZEITEN

○ Geschäfte ● Postämter
● Büros ● Museen/Denkmäler
● Banken ● Apotheken

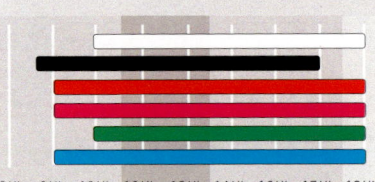

8 Uhr 9 Uhr 10 Uhr 12 Uhr 13 Uhr 14 Uhr 16 Uhr 17 Uhr 18 Uhr

□ tagsüber ▢ mittags □ abends

Geschäfte An den Haupteinkaufsstraßen im Zentrum normalerweise: Mo 11–18, Di, Mi, Fr 10–18, Do 10 bis 21, Sa 9–17, So 12–17 Uhr. **Museen** Während die größeren normalerweise von 9/10–18 Uhr geöffnet sind, haben die kleineren oft kürzere Öffnungszeiten, z. B. 11–17 Uhr, und bleiben oft am So Morgen geschlossen (geöffnet meist 13–17 Uhr).

TRINKGELD

In Restaurants und Cafés ist es üblich, ein paar Münzen liegen zu lassen oder die Rechnung aufzurunden.

Stadtführer	3–5 €
Toilettenpersonal	0,50 €
Taxi	Fahrpreis aufrunden
Zimmermädchen	4 €
Gepäckträger	3–5 €

RAUCHEN/DROGENGESETZE

Das Rauchen in öffentlichen Gebäuden ist verboten, gilt aber nicht für Marihuana. Sie können für einen Joint verhaftet werden, wegen des Tabak-, nicht des Marihuana-Anteils. Auf den Besitz »harter« Drogen (Kokain, Heroin) stehen drastische Strafen.

MEZ
12 Uhr

Amsterdam
12 Uhr

Berlin
12 Uhr

London
11 Uhr

New York
6 Uhr

Los Angeles
3 Uhr

IN KONTAKT BLEIBEN

Die Hauptpost ist am Singel 250, Ecke Raadhuisstraat (Mo–Fr, 8–18.30, Sa 8–17 Uhr). Briefmarken kön‐ nen bei Zeitungsver‐ käufern und Souvenir‐

shops sowie bei der Post erworben werden. Die Briefkästen sind rot. Sendungen, die an Bestim‐ mungsorte außerhalb Amsterdams gehen, müssen Sie in den Schlitz mit der Aufschrift »Overige Post‐ codes« einwerfen.

Öffentliche Telefone In Amsterdam gibt es beinahe keine öffentlichen Telefonzellen mehr. Die wenigen noch verbleibenden öffentlichen Telefone gehören einer privaten Firma und funktionieren mit Münz‐ geld oder Telefonkarten (erhältlich bei Tabakver‐ käufern, in Supermärkten und in Wechselstuben); Gespräche von Hotelzim‐ mern sind am teuersten.

Internationale Vorwahl‐ nummern aus Amsterdam
Deutschland: 00 49
Österreich: 00 43
Schweiz: 00 41

Mobilfunkanbieter und -dienste Fragen Sie vor Ihrer Abreise bei Ihrem Anbieter nach Roaming-Gebüh‐ ren, und denken Sie daran, dass Sie auch für emp‐ fangene Anrufe zahlen müssen. Textnachrichten sind in der Regel günstiger. Wenn Sie länger unter‐ wegs sind, können Sie auch eine niederländische SIM-Karte kaufen, um Kosten zu senken.

WLAN und Internet Viele Hotels und Cafés bieten kostenloses WLAN an (einige traditionellere Hotels berechnen aber immer noch eine hohe stündliche Gebühr), Sie müssen Ihren eigenen Laptop mit‐ bringen. Internetcafés gibt es dagegen immer seltener.

SICHERHEIT

Gewaltverbrechen sind in der Stadt selten, aber Diebstähle sind häufig – vor allem in vollen Straßen‐ bahnen und bei beliebten Touristenattraktionen.

- Tragen Sie keine großen Geldbeträge oder Wertge‐ genstände bei sich.
- Besonders beliebt bei Taschendieben sind Züge zwischen Flughafen Schiphol und Centraal Station sowie Straßen‐ bahnen. Schwer bepackte Besucher werden von einem Dieb abgelenkt, während der andere ihnen die Taschen leert.
- Räder sollten Sie immer abschließen und über Nacht nicht draußen lassen (in den meisten Hotels gibt es Abstell‐ plätze): Amsterdam hat eine der höchsten Raten von Fahrraddiebstählen.
- Den Rotlichtbezirk De Wallen sollten Sie nachts insgesamt meiden, dann treiben sich dort trotz der starken Polizeipräsenz dunkle Gestalten wie Drogenhändler herum.

POLIZEI 112 ODER
0900 8844, WENN ES KEIN NOTFALL IST
FEUERWEHR 112
KRANKENWAGEN 112

Praktisches

GESUNDHEIT

 Krankenversicherung: EU-Bürger erhalten medizinische Behandlung mit der EHIC (European Health Insurance Card), aber eine private Zusatzversicherung ist ratsam und für alle nicht EU-Bürger notwendig.

 Zahnarzt: Eine verbilligte Notfallbehandlung erhalten EU-Bürger mit dem entsprechenden Formular, dennoch können die Kosten unter Umständen hoch sein.

 Wetter: Amsterdam liegt ungefähr auf der Höhe von Münster in Westfalen, und die Sommersonne kann hier durchaus brennen. Im Juni, Juli und August braucht man Sonnenschutz. Trinken Sie außerdem genug – nehmen Sie sich lieber eine Flasche Mineralwasser mit, als auf einer Straßenterrasse ein Bier zu trinken.

 Medikamente: Apotheken verkaufen viele Medikamente rezeptfrei. Entspannende Narkotika sollten nicht leichtfertig eingenommen werden; die Wirkungen auf Psyche und Körper können erheblich sein und verstärken sich oft noch in Kombination mit Alkohol.

 Trinkwasser: Leitungswasser kann bedenkenlos getrunken werden. Das Grachtenwasser dagegen ist höchst unbekömmlich und auch nicht zum Schwimmen geeignet. Mineralwasser in Flaschen (»Spa«) ist überall erhältlich.

ERMÄSSIGUNGEN

Studenten/Kinder: In manchen Museen werden Ermäßigungen angeboten und für Flugreisen gibt es manchmal Spezialangebote. Die seltenen Angebote einer »Studentenermäßigung« gelten gewöhnlich nur für Personen, die in Amsterdam studieren.

Senioren: Besucher, die 65 Jahre oder älter sind, erhalten in Museen und anderen Touristenattraktionen Ermäßigungen. Ausweis oder Pass sind erforderlich.

EINRICHTUNGEN FÜR BEHINDERTE

An vielen öffentlichen Gebäuden sind Aufzüge und Rampen installiert, und die öffentlichen Verkehrsmittel sind leicht zugänglich. Doch die einzigartige Stadtlandschaft von Amsterdam mit Kopfsteinpflaster, rücksichtslos geparkten Autos und schwer zugänglichen Grachtenbrücken kann für Rollstuhlfahrer zum Problem werden.

KINDER

Es gibt keine allgemein verbindliche Altersgrenze, bis zu der Kinder freien Eintritt oder Ermäßigungen erhalten. Besondere Attraktionen für Kinder sind im Buch durch oben stehendes Logo gekennzeichnet.

TOILETTEN

Pissoirs findet man leicht. Der diskretere Typus verfügt über einen runden Stahlmantel; in belebten Gegenden werden an Wochenenden Pissoir-»Säulen« aufgestellt, die nicht abgeschirmt sind.

FUNDSACHEN

Flughafen Schiphol Tel. 0900 01 41; Straßenbahn, Bus, U-Bahn Tel. 0900 80 11. In der Centraal Station: fünf Tage Aufbewahrung.

KONSULATE

Deutschland
☎ 020 574 77 00;
www.niederlande.diplo.de

Österreich
☎ 020 471 24 38;
www.bmeia.gv.at

Schweiz
☎ 020 717 34 16;
www.eda.admin.ch

Sprachführer

IMMER ZU GEBRAUCHEN

Ja/nein **Ja/nee**
Hallo **Dag/Hallo**
Guten Morgen **Goede morgen**
Guten Tag **Goede middag**
Guten Abend **Goeden avond**
Auf Wiedersehen **Dag**
Wie geht es Ihnen? **Hoe gaat het (met u)?**
Danke, gut **Goed, bedankt**
Bitte **Alstublieft**
Danke **Dank u** oder **Bedankt**
Entschuldigung **Het spijt mij/Sorry**
Verzeihung **Sorry**
Haben Sie …? **Heeft u …?**
Ich möchte … **Ik wil (graag) …**
Wie viel kostet das? **Hoeveel is het?**
Geöffnet **Open**
Geschlossen **Gesloten**
Drücken/ziehen **Duwen/trekken**
Damentoilette **Dames**
Herrentoilette **Heren**

REISE

Abfahrt/Abflug **Vertrek**
Ankunft **Aankomst**
Bahnsteig **Spoor**
Bus **Bus**
Fahrkarte **Kaartje**
Fahrkartenschalter **Loket**
Fahrplan **Dienstregeling**
Fahrrad **Fiets**
Flughafen **Luchthaven**
Flugzeug **Vliegtuig**
Nichtraucher **Niet roken**
Platz **Plaats**
Reserviert **Gereserveerd**
Straßenbahn **Tram**
Taxi **Taxi**
Zug **Trein**
Erste Klasse **Eerste klas**

Zweite Klasse **Tweede klas**
Einfach/Rückfahrkarte **Enkele reis/retour**

EBENFALLS NÜTZLICH

Gestern **Gisteren**
Heute **Vandaag**
Morgen **Morgen**
Ich verstehe nicht **Ik begrijp het niet**
Sprechen Sie Deutsch? **Spreekt u duits?**
Ich brauche einen Arzt **Ik heb een arts nodig**
Haben Sie noch Zimmer frei?
 Zijn er nog kamers vrij?
 – mit Bad/Dusche **met bad/douche**
 – mit Balkon **met balkon**
Einzelzimmer **Eenpersoonskamer**
Doppelzimmer **Tweepersoonskamer**
Eine Nacht/zwei Nächte **Een/twee nachten**
Preis **Prijs**

NACH DEM WEG FRAGEN

Wo ist …? **Waar is …?**
 – die Straßenbahnhaltestelle **de tramhalte**
 – das Telefon **de telefoon**
 – die Bank **de bank** (auch Sitzbank)
Gehen Sie nach links/rechts/geradeaus
 Ga naar links/rechts/rechtdoor
Hier/dort **Hier/daar**
Norden **Noord**
Osten **Oost**
Süden **Zuid**
Westen **West**

WOCHENTAGE

Montag **Maandag**
Dienstag **Dinsdag**
Mittwoch **Woensdag**
Donnerstag **Donderdag**
Freitag **Vrijdag**
Samstag **Zaterdag**
Sonntag **Zondag**

ZAHLEN

1	een	12	twaalf	30	dertig	102	honderd twee
2	twee	13	dertien	31	eenendertig	200	tweehonderd
3	drie	14	veertien	32	tweeëndertig	300	driehonderd
4	vier	15	vijftien	40	veertig	400	vierhonderd
5	vijf	16	zestien	50	vijftig	500	vijfhonderd
6	zes	17	zeventien	60	zestig	600	zeshonderd
7	zeven	18	achttien	70	zeventig	700	zevenhonderd
8	acht	19	negentien	80	tachtig	800	achthonderd
9	negen	20	twintig	90	negentig	900	negenhonderd
10	tien	21	eenentwintig	100	honderd	1000	duizend
11	elf	22	tweeëntwintig	101	honderd een		

Praktisches

IM RESTAURANT

Haben Sie einen Tisch für zwei?
Heeft u een tafel voor twee?
Ich möchte einen Tisch reservieren
Ik will een tafel reserveen
Ich bin Vegetarier **Ik ben vegetariër**
Die Rechnung, bitte **De rekening alstublieft**
Das habe ich nicht bestellt
Dit is niet wat ik besteld heb
Können wir am Fenster sitzen?
Mogen wij bij het raam?
Ist die Küche noch geöffnet?
Is de keuken nog open?
Wann schließen Sie? **Hoe laat gaat u dicht?**
Haben Sie einen Kinderstuhl?
Heeft u een kinderstoel?
Ist das sehr pikant/stark gewürzt?
Is dit gerecht pikant/gekruid?
Das Essen ist kalt **Het eten is koud**
Guten Appetit! **Eet smakelijk!**
Service inbegriffen **Bediening inbegrepen**
Service nicht inbegriffen **Exlusief bediening**
Abendessen **Diner/avondeten**
Café **Café**
Dessert **Nagerecht**
Durchgebraten **Doorbakken**
Flasche/Glas **Fles/glas**

Frühstück **Ontbijt**
Gabel **Vork**
Gebraten **Gebakken**
Gedeck **Couvert**
Getränk **Drank/drankje**
Hauptgericht **Hoofdgerecht**
Kalt **Koud**
Kellnerin **Serveerster**
Löffel **Lepel**
Medium **Medium**
Menü **Menu**
Messer **Mes**
Mittagessen **Lunch/middageten**
Nicht durchgebraten **Rare**
Ober **Ober**
Restaurant **Restaurant**
Scharf **Pikant (scherp)**
Speisekarte **Menukaart**
Spezialitäten **Specialiteiten**
Tagesmenü **Dagschotel**
Tisch **Tafel**
Trocken **Droog**
Vorspeise **Voorgerecht**
Warm **Warm/heet**
Weinkarte **Wijnkaart**

SPEISEKARTE A–Z

Aardappelen Kartoffeln
Ansjovis Anchovis
Appelgebak (met slagroom) Apfelkuchen (mit Sahne)
Azijn Essig
Biefstuk Steak
Bier oder **Pils** Bier
Bonen Bohnen
Boter Butter
Boterham belegtes Brot
Bouillon Fleischbrühe
Brood Brot
Broodje Brötchen
Carbonade Schweinekotelett
Champignons Pilze
Chips Kartoffelchips
Chocola Schokolade
Citroen Zitrone
Eend Ente

Ei Ei
Erwten Erbsen
Forel Forelle
Garnalen Garnelen
Hachée Eintopfgericht
Ham Schinken
Hamburger Hamburger
Haring Hering
Hertenvlees Wildbret
Honing Honig
Hutspot Eintopf
IJs Eis
Jenever Jenever
Jus Bratensoße
Kaas Käse
Kabeljauw Kabeljau
Kalfsvlees Kalb
Kalkoen Pute
Kip Huhn
Knoflook Knoblauch
Koffie Kaffee
Kreeft Hummer
Lamsvlees Lamm

Makreel Makrele
Melk Milch
Mineraal water Mineralwasser
Mosterd Senf
Oesters Austern
Olie Öl
Paling Aal
Pannekoeken Pfannkuchen
Patat Pommes frites
Peper Pfeffer
Rijst Reis
Rode wijn Rotwein
Rookworst Geräucherte Wurst
Room Sahne
Rundvlees Rind
Salade oder **Sla** Salat
Saus Soße
Schaaldieren Schalentiere
Schelvis Schellfisch
Schol Scholle

Sinaasappelsap Orangensaft
Soep Suppe
Spek Speck
Stamppot Wursteintopf
Suiker Zucker
Thee Tee
Tong Seezunge
Tosti Käsetoast
Uien Zwiebeln
Uitsmijter Strammer Max
Varkensvlees Schwein
Vis Fisch
Vlees Fleisch
Vruchten Obst
Water Wasser
Wild Wild
Witte wijn Weißwein
Worst Wurst
Wortelen Karotten
Zalm Lachs
Zout Salz

Cityplan

Kapiteleinteilung: siehe vordere Umschlaginnenseite

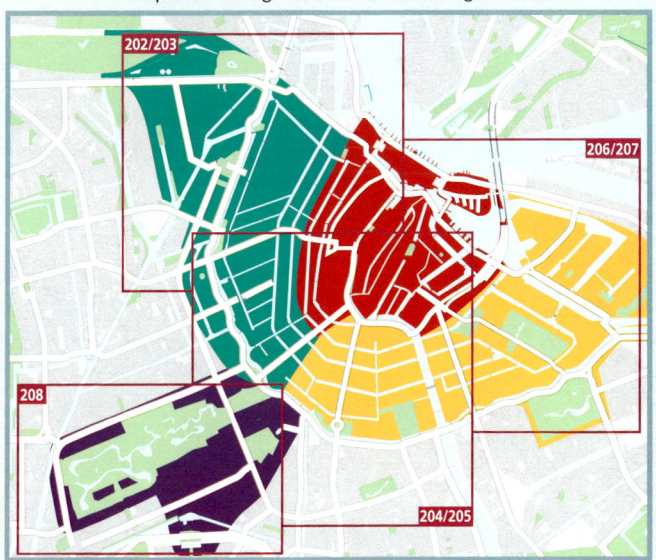

Legende

⌂	Information	⚓	Ankerplatz, Hafen
Ⓜ	Museum	🏠	Jugendherberge
🎭	Theater, Oper	🏠	Hallenbad
🌾	Windmühle	🅿🅿	Parkplatz; Parkhaus
✡	Synagoge	Metro	
☪	Moschee	⚜	Canal Bus
🗿	Denkmal, Monument		Bemerkenswertes/Öffentliches Gebäude
⛪	Kirche		Fußgängerzone
⊕	Krankenhaus		
✿	Polizei	★	**TOP 10**
✉	Post	㉖	**Nicht verpassen!**
		㉒	**Nach Lust und Laune!**

1 : 11.000

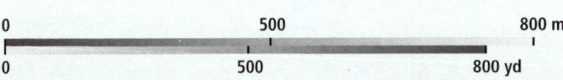

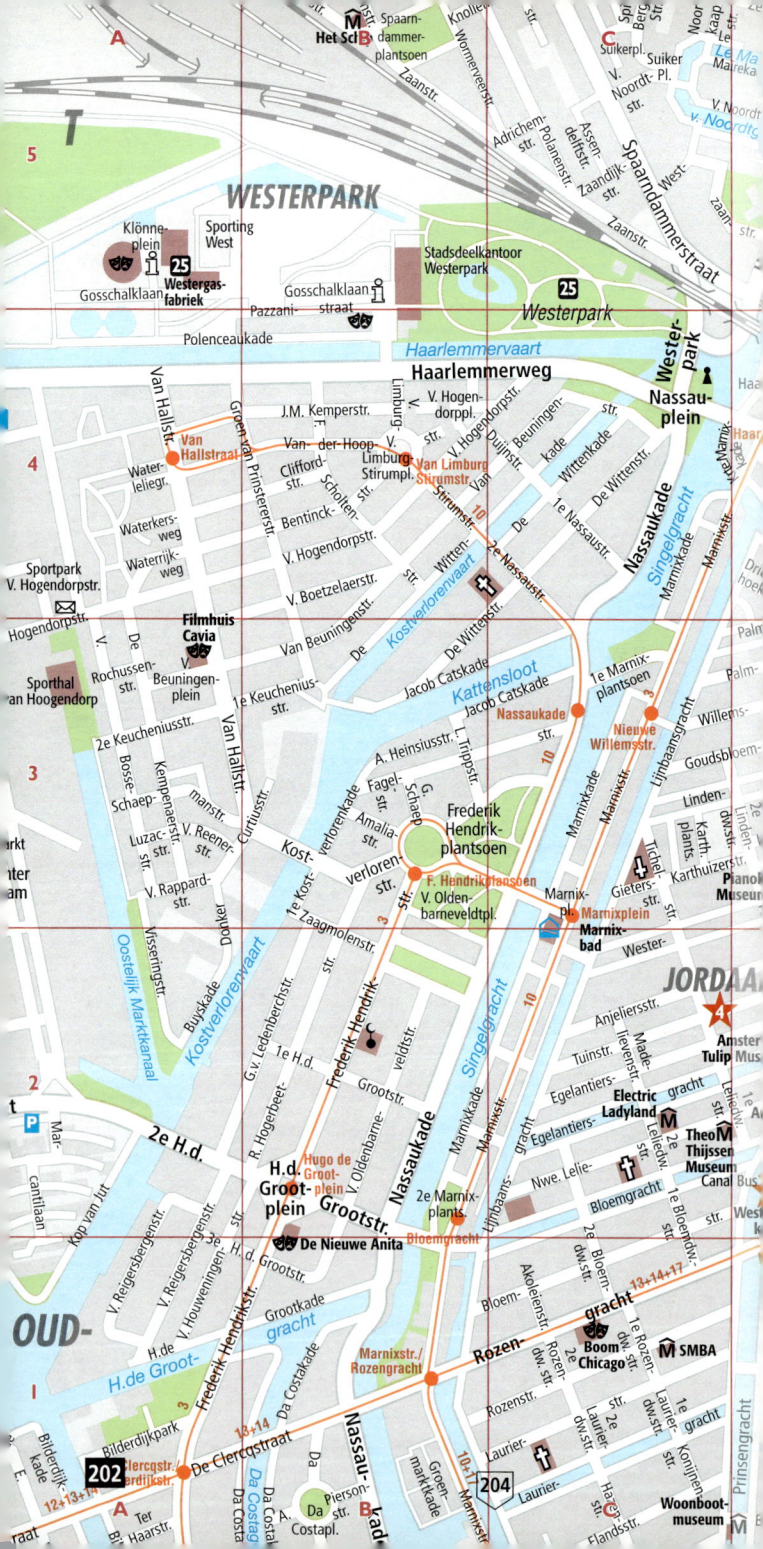

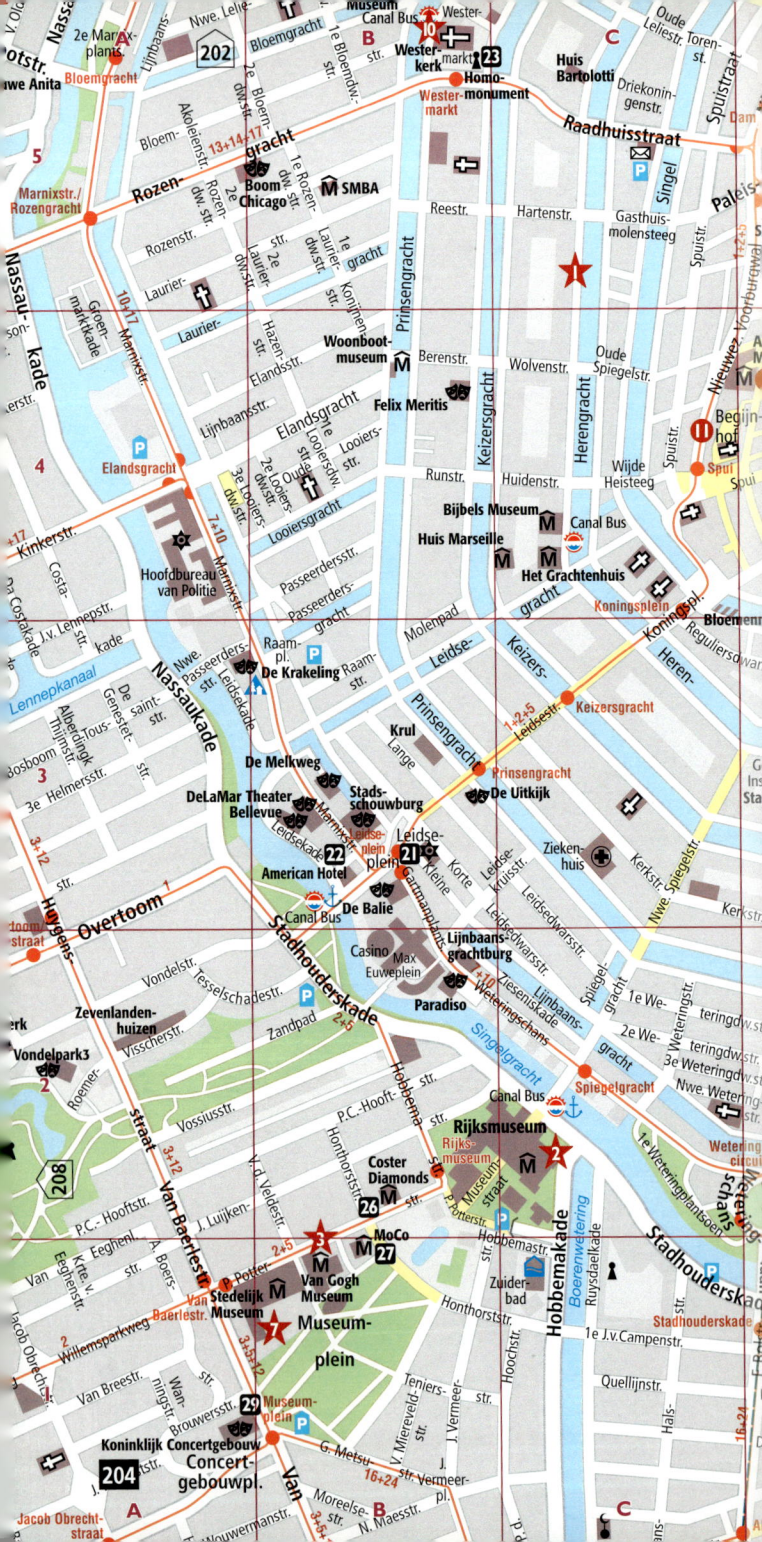

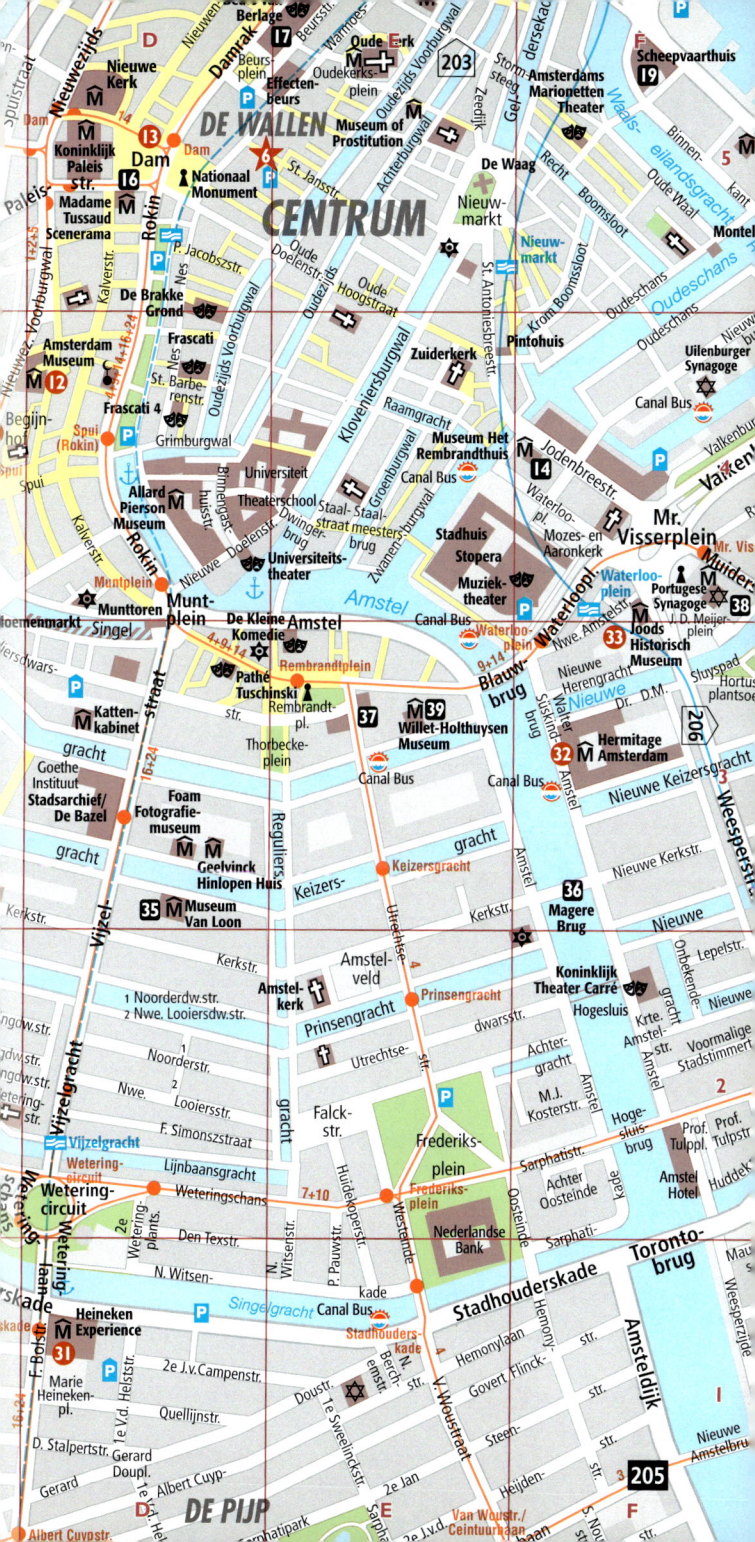

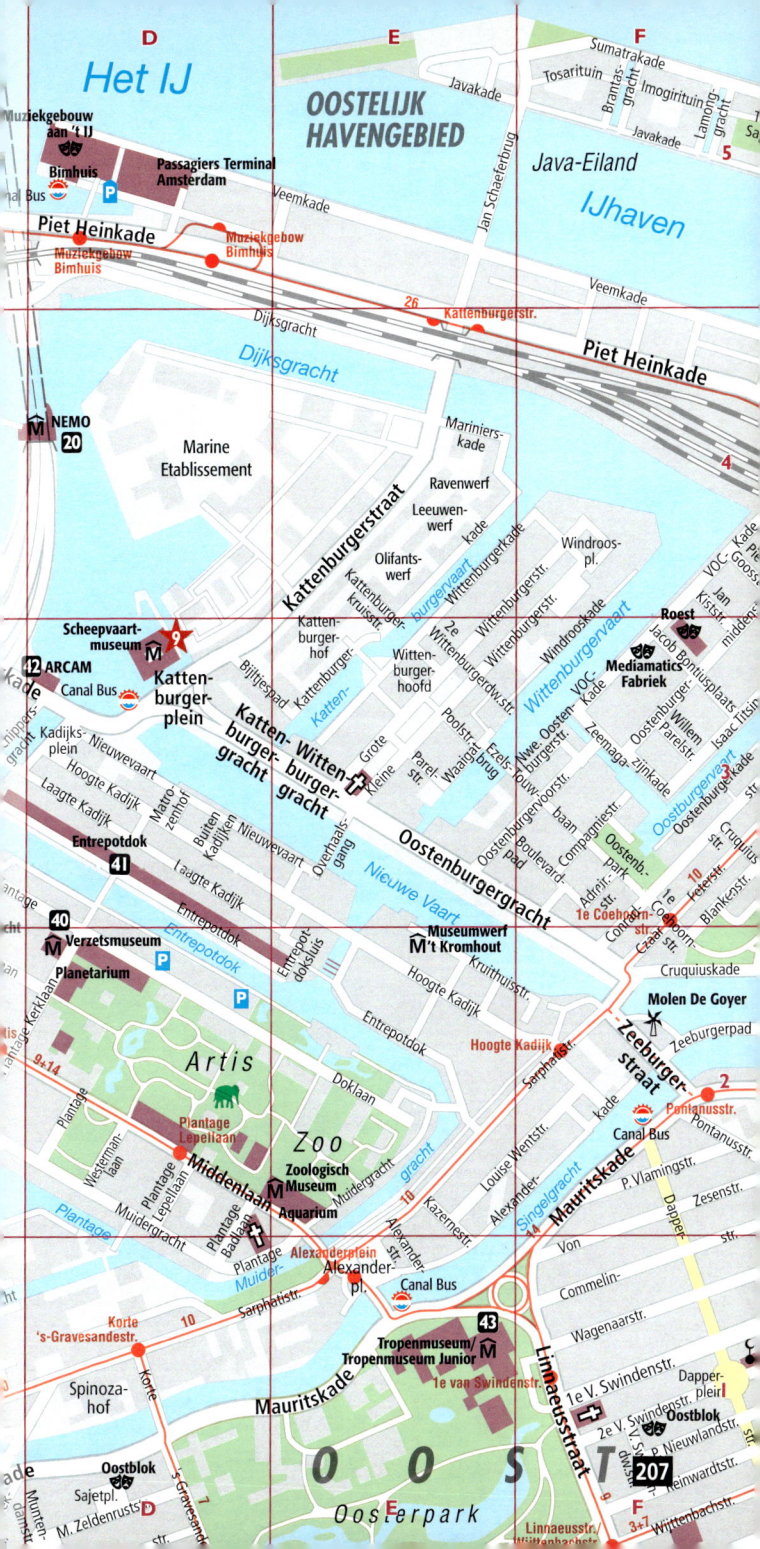

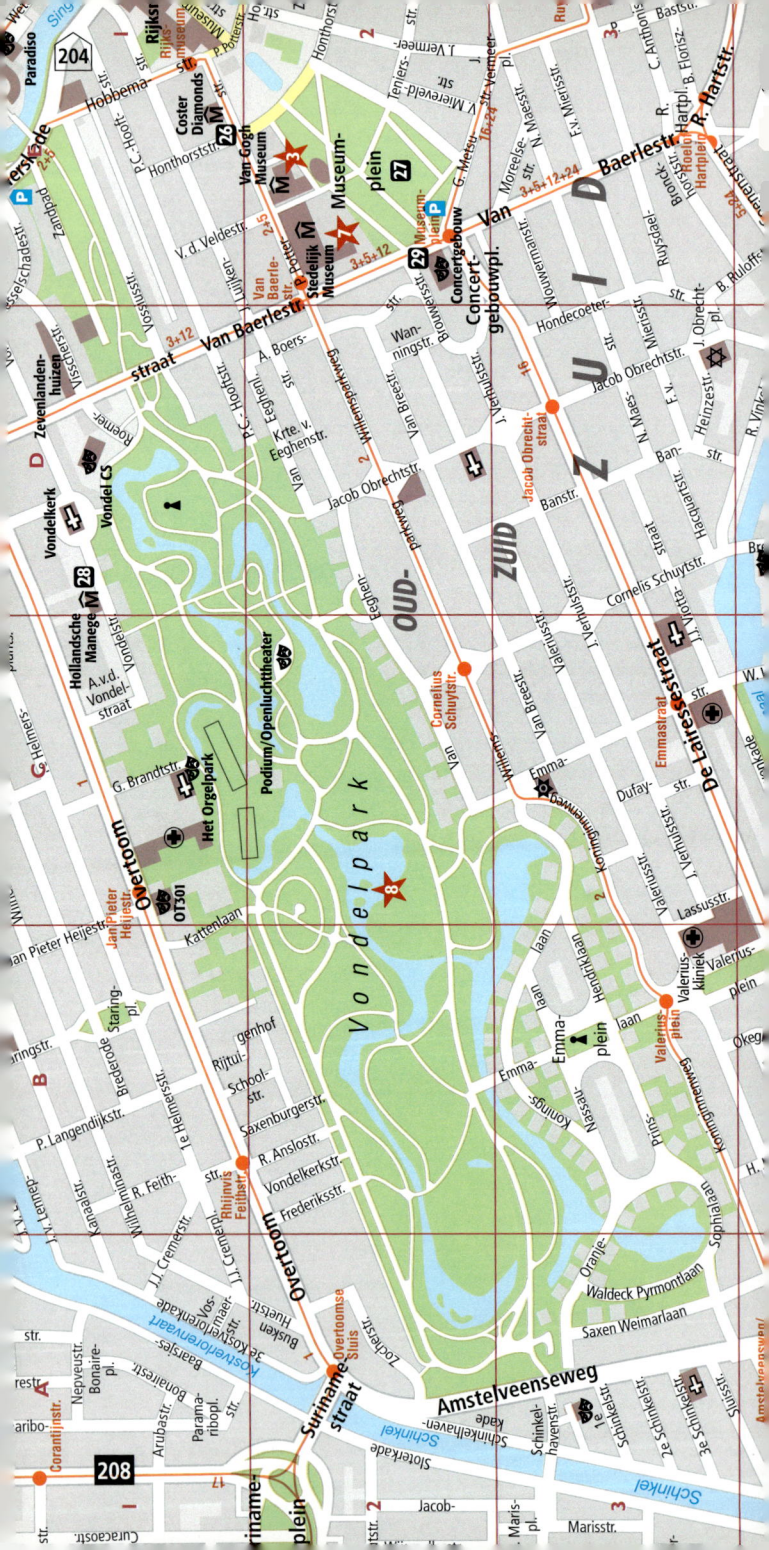

Straßenregister

Straßenregister

Oude Leliestr.	203 E2	Reyer Anslostr.	208 B2	Touwbaan	207 F3
Oude Looiersstr.	204 B4	Rhijnvis Feithstr.	208 B1	Touwslagerstr.	203 E4
Oude Spiegelstr.	204 C4	Rijtuigenhof	208 B1	Tuinstr.	202 C2
Oude Waal	205 F5	Rochussenstr.	202 A3		
Oudebrugst.	203 F2	Roelof Hartpl.	208 E3	U	
Oudekerkspl.	203 F2	Roelof Hartstr.	208 E3	Utrechtsedwarsstr.	205 E2
Oudeschans	205 F5	Roemer-Visscherstr.	204 A2	Utrechtsestr.	205 E2
Oudezijds Kolk	206 B4	Roetersstr.	206 C1		
Oudezijds Voorburgwal	205 D4	Roggeveenstr.	203 D5	V	
Overhaalsgang	207 E3	Rokin	203 E1	Valckenierstr.	206 C1
Overtoom	204 A3	Rombout Hogerbeetstr.	202 B2	Valeriuspl.	208 B3
		Roomolenstr.	203 E3	Valeriusstr.	208 C3
P		Rozengracht	202 C1	Valkenburgerstr.	206 B3
Paleisstr.	203 E1	Rozenstr.	202 C1	Van Baerlestr.	204 A1
Palmdwarsstr.	203 D3	Runstr.	204 B4	Van Beuningenpl.	202 A3
Palmgracht	203 D3	Ruysdaelkade	204 C1	Van Beuningenstr.	202 B3
Palmstr.	202 C3	Ruysdaelstr.	208 E3	Van Boetzelaerstr.	202 B4
Paramaribopl.	208 A1			Van Bossestr.	202 A3
Parelstr.	207 E3	S		Van Breestr.	204 A1
Passeerdersgracht	204 B4	Sajetpl.	207 D1	Van de Veldestr.	204 B2
Passeerdersstr.	204 B4	Sarphatikade	205 F2	Van Diemenstr.	203 E5
Paulus Potterstr.	204 A1	Sarphatistr.	205 F2	Van Eeghenlaan	204 A1
Pazzanistr.	202 B5	Saxen Weimarlaan	208 A3	Van Eeghenstr.	208 C2
Piet Heinkade	207 F4	Saxenburgerstr.	208 B2	Van Hallstr.	202 A3
Pieter Cornelisz Hooftstr.	204 B2	Schaepmanstr.	202 A3	Van Heemskerckstr.	203 D5
Pieter Jacobszstr.	203 F1	Schinkelhavenkade	208 A2	Van Hogendorppl.	202 B4
Pieter Langendijkstr.	208 B1	Schinkelhavenstr.	208 A3	Van Hogendorpstr.	202 B4
Pieter Nieuwlandstr.	207 F1	Schippersgracht	206 C3	Van Houweningenstr.	202 A1
Pieter Pauwstr.	205 E1	Schoolstr.	208 B1	Van Limburg-Stirumpl.	202 B4
Pieter Vlamingstr.	207 F2	Singel	203 E1	Van Linschotenstr.	203 D5
Planciusstr.	203 D5	Sint Antoniesbreestr.	205 E5	Van Miereveldstr.	204 B1
Plantage Badlaan	207 D2	Sint Barberenstr.	205 D4	Van Neckstr.	203 E5
Plantage Kerklaan	206 C2	Sint Jansstr.	203 F1	Van Noordtstr.	202 C5
Plantage Lepellaan	207 D2	Sloterdijkstr.	203 D4	Van Oldenbarneveldtpl.	202 B3
Plantage Middenlaan	207 D2	Sloterkade	208 A2	Van Oldenbarneveldtstr.	202 B2
Plantage Parklaan	206 C2	Sluisstr.	208 A3	Van Rappardstr.	202 A3
Plantage Westermanlaan	207 D2	Spaarndammerstr.	202 C5	Van Reenerstr.	202 A3
Polanenstr.	202 C5	Spiegelgracht	204 C2	Van Reigersbergenstr.	202 A1
Polenceaukade	202 A4	Spinozahof	207 D1	Van Woustr.	205 E1
Poolstr.	207 E3	Spuistr.	203 E1	Van-der-Hoop-str.	202 B4
Prins Hendrikkade	203 F3	Staalmeestersbrug	205 E4	Veemkade	207 E5
Prinseneiland	203 D4	Staalstr.	205 E4	Vierwindenstr.	203 D5
Prinsengracht	203 D1	Stadhouderskade	204 B2	Vijzelgracht	205 D2
Prins-Hendriklaan	208 B3	Staringpl.	208 B1	Vijzelstr.	205 D3
Professor Tulppl.	205 F2	Stationspl.	206 A5	Vinkenstr.	203 D3
		Stirumstr.	202 B4	Visseringstr.	202 A2
Q		Stormsteeg	205 E5	VOC-Kade	207 F3
Quellijnstr.	204 C1	Stromarkt	203 F3	Von Zesenstr.	207 F2
		Suiker Pl.	202 C5	Vondelkerkstr.	208 B2
R		Sumatrakade	207 F5	Vondelstr.	204 A2
Raadhuisstr.	203 D1	Surinamepl.	208 A2	Voormalige Stadstimmer-	
Raamgracht	205 E4	Surinamestr.	208 A2	tuin	205 F2
Raampl.	204 B3			Vosmaerstr.	208 A1
Raamstr.	204 B3	T		Vossiusstr.	204 A2
Rapenburg	206 C3	Taanstr.	203 E5		
Rapenburgerpl.	206 C3	Teniersstr.	204 B1	W	
Rapenburgerstr.	206 C3	Tesselschadestr.	204 A2	Waaigat	207 E3
Realengracht	203 E5	Thorbeckepl.	205 E3	Wagenaarstr.	207 F1
Recht Boomsloot	205 F5	Tichelstr.	202 C3	Walter Süskindbrug	205 F3
Reestr.	203 D1	Torenst.	203 E2	Wanningstr.	204 A1
Reguliersgracht	205 E3	Torontobrug	205 F1	Warmoesstr.	203 F2
Reinwardtstr.	207 F1	Tosarituin Imogirituin	207 F5	Waterkersweg	202 A4
Rembrandtpl.	205 E3	Toussaintstr.	204 A3	Waterleliegr.	202 A4

211

Straßenregister

Register

Register

Register

Notizen

Abbildungsnachweis

Impressum

© MAIRDUMONT GmbH & Co. KG
VERLAG KARL BAEDEKER

3. Aufl. 2017

Text: Simon Calder, Fred Mawer (»Wohin zum ...«), Jane Egginton, Anneke Bokern
Übersetzung: Dr. Eva Dempewolf, Starnberg; Beatrix Gehlhoff, Hamburg; Anne Pitz (»Das Magazin«)
Aktualisierung: Anneke Bokern
Redaktion: Dina Stahn
Projektleitung: Dieter Luippold
Programmleitung: Birgit Borowski
Chefredaktion: Rainer Eisenschmid

Kartografie: © MAIRDUMONT GmbH & Co. KG, Ostfildern
3D-Illustrationen: jangled nerves, Stuttgart

Anzeigenvermarktung:
MAIRDUMONT MEDIA
Tel. 0711/4502 0
media@mairdumont.com
media.mairdumont.com

Printed in China

Trotz aller Sorgfalt von Autoren und Redaktion sind Fehler und Änderungen nach Drucklegung leider nicht auszuschließen. Dafür kann der Verlag keine Haftung übernehmen. Berichtigungen, Kritik und Verbesserungsvorschläge sind uns jederzeit willkommen, bitte informieren Sie uns unter:

Verlag Karl Baedeker / Redaktion
Postfach 3162
D-73751 Ostfildern
Tel. 0711 4502 262
smart@baedeker.com
www.baedeker.com

10 GRÜNDE
WIEDERZUKOMMEN

1. Die **Grachten** sind zu jeder Jahreszeit schön – im Sonnenlicht oder festlich beleuchtet im Winter.

2. In keiner anderen Stadt ist **Radfahren** so selbstverständlich und vergnüglich zugleich.

3. Holländischer **Matjes** ist ein zartschmelzendes Erlebnis, das nach Meer schmeckt.

4. Das **Rijksmuseum** ist so groß, dass man bei jedem Besuch neue Werke entdecken kann.

5. Die zahllosen **kleinen Läden in der Altstadt** bieten endloses Stöberpotenzial.

6. Die Amsterdamer sind freundlich, **weltoffen** und unglaublich entspannt.

7. Es dauert eine Weile, bis man sich durch **Restaurants aus 55 Nationen** gefuttert hat.

8. In den **Braunen Cafés** kann man immer wieder erleben, was *gezelligheid* bedeutet.

9. Die stadtnahen Strände und die **IJsselmeer-Küste** wollen auch noch entdeckt werden.

10. Wenn die **Glocke des Westertoren** schlägt, wird es einem jedes Mal warm ums Herz.